养性理而务躬行
—— 明初理学巨擘曹端思想研究

王 蕾 ◎ 著

西南交通大学出版社
·成都·

图书在版编目（CIP）数据

养性理而务躬行：明初理学巨擘曹端思想研究 / 王蕾著. —成都：西南交通大学出版社，2015.6
ISBN 978-7-5643-3920-3

Ⅰ. ①养… Ⅱ. ①王… Ⅲ. ①曹端（1376～1434）—理学—研究 Ⅳ. ①B248.995

中国版本图书馆 CIP 数据核字（2015）第 111501 号

养性理而务躬行

——明初理学巨擘曹端思想研究

王蕾　著

责 任 编 辑	吴明建
封 面 设 计	墨创文化
出 版 发 行	西南交通大学出版社 （四川省成都市金牛区交大路 146 号）
发 行 部 电 话	028-87600564　028-87600533
邮 政 编 码	610031
网　　　　址	http://www.xnjdcbs.com
印　　　　刷	成都蓉军广告印务有限责任公司
成 品 尺 寸	170 mm×230 mm
印　　　　张	11.5
字　　　　数	200 千
版　　　　次	2015 年 6 月第 1 版
印　　　　次	2015 年 6 月第 1 次
书　　　　号	ISBN 978-7-5643-3920-3
定　　　　价	46.00 元

图书如有印装质量问题　本社负责退换
版权所有　盗版必究　举报电话：028-87600562

序之一

从文化学术守正开新、继往开来的角度言之,被誉为"明初理学之冠"的曹端(1376—1434)在理学史上占有重要的一席之地,应当引起足够的重视。

作为一种富有鲜明时代特色与厚重底蕴的思潮与学说,理学是在置身相应历史文化语境下的儒者回应复杂多样的时代问题的基础上,构建、发展起来的。它基于对儒释道三教的批判性反思与内在深度融摄会通、创造转化,推出了以心性论为根基,贯通天地人物的全新儒家哲学文化价值系统,高标了当仁不让于圣贤与王者的士人生命主体意识和庄严担当,空前深化、升华了儒学的底蕴与儒者的生命内涵,也是对人的生命价值与意义的带有重大里程碑性质的新体认与新开拓,为11世纪之后中华价值的重建与新东亚价值的形成,发挥了举足轻重的历史性作用,迄今仍影响不减。

接续中唐古文运动中坚韩愈、李翱、柳宗元等所引发的更新、复兴儒学思潮之序幕,北宋胡瑗、孙复、石介三先生等开时代风气之先,周敦颐、邵雍、张载、程颢、程颐五子继其后,初步构建起理学整体哲学文化价值系统的基本规模。南宋以降,朱子会通五子,重建儒家的经典系统,重构起具有典范意义的程朱一系的理学体系,陆九渊则反向转进,初步推出了心学一系的系统。朱子学与陆氏心学先是张力鲜明,继而和会互补,有力刺激、推进了理学的发展。随着科举制在元代的恢复,尤其是明代主流文化价值系统的确立与科举的继续推行,理学取得了官学的地位,最终拥有了从新价值观培育到天下平治的主导话语权与现实影响力。

曹端理学,正是在上述历史文化语境下诞生的。置身这样一种语境,曹端以其高度的时代问题意识自觉,文化自觉,使命担当,首先向世人阐发了朱子学的基本精神,有力助推了朱子学影响力深度与广度的实现。继而,回应朱陆和会的一定现实,他又从心学的一面,部分转进了理学的体系。由此,曹端历史性地成为理学承先启后的不可或缺的重要人物。

鉴于曹端的上述历史性贡献与所占有的历史地位，王蕾以《曹端理学思想研究》作为自己的博士论文题目，在认真研读文献资料，尽可能搜讨学界已有相关研究成果的基础上，基于"照着讲"与"接着讲"的分际区判，相当系统地探讨分析了曹端所重建起的理学体系，揭示了这一体系下的总体天人宇宙图景，对理学心性论根基的新诠释，由心性本然、实然向心性应然的过渡的工夫理路，终极人文关切及其总体宇宙关怀，经世济民视域下的政道与治道，最后归结了曹端理学思想对后世的影响及对当代的意义，可谓尽到了自己的心力。

王蕾硕士毕业之后，负笈山东大学，在我的指导下攻读中国哲学博士学位。她尊敬师长，团结同学，勤奋好学，努力思考，最终圆满完成学业。毕业后前往商丘师范学院执教，在学院相关领导、同事的关怀下，教学科研取得了可喜的进步，已升任副教授，期间，又回母校山东大学做过博士后研究，视野更加开阔，学养得以加深。如今，她又在博士论文的基础上，将文稿进一步修改完善，并将付梓问世。付梓之前，索序于我。作为她的博士生导师，我由衷欣慰其每一次的进步。当然，作为一位正在成长的年轻学人，学养所限，书中不免存在这样那样的不足，恳请专家时贤予以指正。是为序。

王新春

乙未春日于山东大学

序之二

曹端是明初朱子学之干城，在当时理学发展的大环境下，毅然以斯文道为己任，推尊太极，上溯濂洛关闽，学宗朱子，守先儒之正传，以存养性理为大端，对传统思想和文化特别是程朱理学进行了不遗余力的传承，使明初理学保留了朱子学之原貌，并被陈白沙所吸收借鉴，为宋明理学的接续和发展做出了巨大贡献。诚如明代学者陈建所誉，"本朝武功首推刘诚意（刘基），理学肇自曹静修（曹端）"，足见评价之高。

然而，由于各种原因，曹端的思想并没有受到学术界应有的重视。对于这样一位理学大家，当今学人将其思想作为选题进行专门研究的作品并不多见，基本没有专门的研究著作问世。这不仅与曹端历史性的学术地位不相称，也不利于宋明理学整体研究的深入。王蕾在详细占有第一手材料和广泛了解学界已有研究成果的基础上，撰写了这部著作，显然极大地丰富了当代曹端研究的成果，也为人们更清楚地认识明代理学的发展脉络做出了积极贡献。

本书把曹端思想放在中国思想史内做历史的、原本的考察。作者在还原明初理学语境的基础上，把思想史发展放在社会结构变动的过程中来审视，阐明了曹端思想的时代问题意识之所在，即通过对明初程朱理学独尊的学术大势的深刻理解，对和会朱陆学术思潮的反思以及如何在佛道思想流行的现实社会之中重新确立儒家的价值观等三个方面，全面梳理了曹端所建构起的涵纳太极与心性、穷理反躬与事心之学、终极关切与宇宙关怀、政道与治道诸问题的明初理学体系。简而言之，本书内容丰富，搜罗全面，论述得当，研究深入，是研究明代理学不可多得的一部重要著作。

王蕾于山东大学取得博士学位后，2008年来到商丘师范学院政法系工作。我也是学习宋明理学的，我们的方向非常一致，而且在系里都讲过中国哲学史，所以接触较多，也经常就理学方面的问题进行切磋交流。王蕾的勤奋好学，业精专进，多年来心无旁骛、矢志不渝地献身于学术研究，给我留下了深刻印象。2011年我和王蕾等联合申报并获批了国家社会科学基金项目"佛道与宋代儒学内部结构调整研究"，由于我既有教学任务，又担任学报的主编，事情较多，王蕾就承担了很重的课题研究工作。其实这期间，她正在山东大学博士后流动站从事研究，学习研究任务也很重，但王蕾却以惊人的毅力，不但认真完成了博士后的学习研究任务，而且在全国中文核心期刊和CSSCI（中文社会科学引文索引）刊物发表课题论文数篇，基本完成了10多万字的课题研究，令我非常感动！在与她合作开展课题研究过程中，我深感她治学严谨，乐观进取，能耐得住寂寞，坐得住冷板凳，了无醉心名利、喧嚣浮躁之治学心态，殊为可贵。君子以文会友，以友辅仁。相信本书中的观点及作者的治学态度和方法，会给广大读者带来益处。

承蒙王蕾的信任，约我为本书写序，盛情之下，却之不恭。希望她再接再厉，在理学研究的道路上取得更大的成绩！

高建立

2015年3月于商丘师范学院

前言

曹端（1376—1434），字正夫，自号"月川子"，学者称为"月川先生"，明初的著名理学家。因其对明初理学的重要贡献，被后人推尊为"明初理学之冠"，可见其在宋明理学史上的重要地位。然而，由于各种原因，他的思想没有受到应有的重视。这不仅与其历史性的学术地位不相称，也不利于宋明理学整体研究的深入。

在前人研究的基础上，为了更好地进一步研究曹端及其独具时代特色的理学思想，本书尝试从以下八个大的部分展开本选题的研究。这八个部分是：引言；理学视域下总体天人宇宙图景的重建；理学心性论根基的新诠释；由心性本然、实然向心性应然的过渡；曹氏理学的终极人文关切及其总体宇宙关怀；经世济民视域下的政道与治道；曹端理学思想对明代学术之影响；结语。

本书的引言部分，包括以下五方面的内容：学界研究现况之检讨与本书之立意，研究方法，创新之处，时代背景，生平、学行与著述。

学界研究现况之检讨与本书之立意。众所周知，只有在详细占有第一手原典材料和广泛了解学界已有研究成果的基础上，才能够站在合适的角度，更为深入地对研究对象展开进一步的研究。对于曹端思想的研究，自也不能例外。故引言的第一部分，对明代以来的曹端研究状况进行了扼要的回顾和衡评，指出学界对其思想的研究始自明代。进入20世纪，特别是近几十年以来，随着时代学术的发展，学界对于明初理学的研究日益广泛，提出了许多有价值的观点。这些观点集中体现在已经出版的著作、发表的论文和相关学位论文之中。虽然学者们根据自己的理解，对之作出了仁者见仁、智者见智的评价，但将曹端思想作为选题进行专门研究的作品，并不多见。学者们或将他的思想与其他哲学家相比较，或选取问题的某一方面来分析或阐发其思想。这就易于导致研究的简单化倾向，这种状况是与曹端"明初理学之冠"

的学术地位不相称的。

研究方法。本书采用文献、文本研究与实地考察相结合、多学科兼综以及哲学解释学的方法，试图展现曹端理学思想之全貌。

创新之处。本书提出明初理学思想研究的新视角，肯定了曹端思想在整个宋明理学发展史中的地位，在对前人的相关研究进行深入梳理把握的基础上，试图在研究路径、学科理论方法以及认识观点上都有所突破和创新，将曹端思想的产生发展及其影响做出较为全面的论证，以期为学界提供一个较为客观全面的综合研究材料。

时代背景。大量史料表明，在明初，理学经过宋、元两代的发展，理论体系上已经比较完备，"原夫明初诸儒，皆朱子门人之支流余裔"。(《明史·儒林传》)当时的学者，大多只是在继承前儒思想的前提下，根据时代背景提出一些细节性的新见。要想较为深入全面地研究明初理学和曹端的思想，对宋、元时期的理学状况有一个完整、通透的把握，就成为问题的重要一环。基于此，引言的第二部分从前期理学的发生、发展与演变，程朱理学之定为一尊，朱陆思想之和会与明初学术三个方面入手，着力展示了曹端所处的时代学术背景。

生平、学行与著述。对于思想家而言，其学术既是回应时代的产物，又具有自身独有的特征。这与他们个人的成长经历及人生感悟密不可分。此点已为越来越多明了中国哲学生命哲学特质的学者所共许。故引言的第三部分，着眼于其真实的生命，对曹端学术思想产生的理论渊源、发展、演变状况及其人生的主要经历等，作了一番重新梳理。

本书第一章论述了曹端理学视域下总体天人宇宙图景的重建。

这一章共分为以下三节内容：其一，时代问题意识之自觉；其二，天人万象终极根基的重新正定；其三，总体天人宇宙图景的重建。

第一节，时代问题意识之自觉。明初理学以程朱为宗，又深受和会朱陆思潮和佛道思想的影响与渗透，在保持理学原有风格的基础上，呈现出多样化的形态。以"笃践履，谨绳墨，守先儒之正传"(《明史·儒林传》)而著称的曹端，处于这一特殊的历史时期，自然而然地要以这一时期的学术思潮为蓝本而建立其学理体系。因此，本章第一节论述了曹端思想的问题意识之所在，主要有对明初程朱理学独尊的学术大势的深刻理解、对和会朱陆学术思潮的反思以及如何在佛道思想流行的现实社会之中，重新确立儒家的价值观三个方面。并指出，曹端正是基于这样一种问题意识之高度自觉，展开其学理体系建构的。这一建构的第一环节，就具体落实为理学总体天人宇宙图景的重建。

第二节，天人万象终极根基的重新正定。指出曹端在继承儒家思想，特别是程朱理学观点的基础上，建立了以"太极、理"为最高范畴的学理体系，并从太极与理、太极之动静两方面对这一体系进行了理论阐释。太极或理是其思想的终极根基，太极（理）与阴阳二气乃至宇宙万象的关系是形上与形下的相即不离的关系。太极之动静则是太极本有的性质，包括作为本体论意义上的动静和作为宇宙生成过程的动静两方面的涵义。在此基础上，指出曹端的太极动静学说是对朱熹相关观点的继承与发展，尽管它在事实的合理性方面表现得不够完美，但它在价值的合理性方面却值得我们肯定。它是在明初理学大背景下的富有思辨特色的理学诠释学理论的集中体现，与仅仅着力于名物之训诂的汉唐经学形成了极其鲜明的对照。

第三节，总体天人宇宙图景的重建。我们探讨了曹端理学视域下理一而分殊的总体天人宇宙图景的重建问题。首先，我们对"理一分殊"的渊源进行了梳理，认为这一个命题既可从原始儒家那里找到理论渊源，又可在佛教哲学中找到相关资源。它在宋明理学中，经过几位著名理学家如程颐、杨时、朱熹等的充分阐发之后，成为一个重要的哲学范畴。其次，从"万物统体一太极，一物各具一太极"的视域出发，曹端指出，世界上的万事万物的存在与流变都有其终极根基——太极或理，即理一；而对于每一事物而言，都完整禀受了这同一个太极作为其根基，但因气禀之异等因素而令此根基有了应然或非应然、这样或那样的不同展现与实现，即分殊。以此为据，他重新构建出一幅一本而万殊的总体天人宇宙图景，在这一图景中，宇宙万象都是太极本体大化流行的产物。它们彼此相互内在，一统于太极（理），但又由于禀气的不同，展现为彼此相对有别的表征各自之所以为自身的事物，从而整个宇宙得以存在，呈现为生机盎然的有序、和谐之生命世界。

在以天人相贯通为显著特色的儒家哲学特别是宋明理学那里，总体天人宇宙图景的提出，往往为的是给心性论提供哲学根基，曹端思想也不例外。基于此，本书接下来从曹端理学天人之学的视域出发，对其心性论思想进行了解读。

这一解读，首先落实为第二章的内容。在第二章，本书着力论述了曹端对理学心性论根基的新诠释。

这一章共分为以下三节内容：其一，儒家心性论源流；其二，心之判定；其三，对儒家心性理论的拓展。

第一节，儒家心性论源流。梳理了中国哲学史上有关人性与心性理论的发展史。指出曹端的心性论是在先秦、汉唐和宋元心性论（人性论）的基础上，尤其是吸收了周敦颐、张载、朱熹等人的心性论思想而建立起来的。

第二节，心之判定。我们对曹端思想中的"心"进行了判定，指出他虽然经常有心或本心的说法，却是指心的本然状态，与陆九渊本心的意涵有明显的不同；在陆氏心学体系中，本心即理，它不仅具有知觉和主宰的功能，而且是宇宙的终极根基；但在曹端那里，性即理，是宇宙的终极根基。心只是一个知觉和"统性情"意义上的心，是对朱熹的心的内涵的继承和发展，只有"形下"的功能，其特征是"虚灵知觉"，不具有本体的意义。

第三节，对儒家心性理论的拓展。我们从天命之性与气质之性，已发、未发与道心、人心两个角度，论述了曹端心性理论的哲学内涵。首先，本书指出在程朱那里，天命之性是纯然至善的太极或理。但现实世界中，由于禀气的不同，社会生活中的人不可能时刻保持天命之性的本然状态，而呈现为或善或恶的人性，即气质之性。曹端则在承续他们思想的基础上，进一步指出天命之性与气质之性两者并非完全对立，天命之性须依靠气质之性才能够得以彰显。其次，在二程、朱熹那里，道心是合天理的，人心是纵人欲的。曹端则在此基础上进一步指出，人心即"己"，泛指一切恶的、过分追逐利益或违背道德法则的感性欲念。道心即"礼"，出于纯粹至善的天理或性命之正，对人心有一定的规范和制约作用。再次，对于现实生活中的人为什么会有道心或人心的不同表现的问题，曹端在整合程朱学说的基础上指出，这是由心的未发、已发以及发用时的不同造成的。人的本心在未发之前都是纯然至善的，已发以后则随不同的情状，展现为"中节"与"不中节"两种状态。中节的是道心之展现，不中节的是人心之展现。

以上所论，是曹端理学心性本然、实然之所是。揭示这一切，在其理学视域之下，为的是进一步开显心性应然之所是与人生应然的价值追求。这就有了心性工夫论与其他观点的提出。我们看到，基于对善源乎禀受太极之理而来的天命之性与现实社会中恶来源于人性中的气质之性的清醒认识，曹端又特别重视涵养心性的工夫论，强调心性论构筑了工夫论形上的哲学内涵，对心性论的探讨必须通过对其相应工夫论的阐发才能最终得以彰显和实现。在宋明理学中，理学派与心学派由于对终极根基的认定不同，造成了他们工夫进路上的根本区别。一般来说，程朱理学以居敬穷理为工夫，陆王心学以发明本心为工夫。但理学发展到元代，深受和会朱陆思潮的影响，理学家的工夫理路也具有和会两家的趋向，并一直延续到明初，曹端即深受其影响。于是，就有了本书第三章所探讨的内容。

本书第三章,论述了曹端由心性本然、实然向心性应然的过渡的工夫理路。

这一章共分为以下两节内容:其一,立基于敬,体验于无欲;其二,穷理反躬与事心。

第一节,立基于敬,体验于无欲。本节详细阐发了曹端以"立基于敬、体验于无欲"为核心的工夫理路的哲学内涵。首先,我们对他即工夫即本体的"敬"之内涵作出解释,指出曹端的这一思想无疑是对大程"诚敬"、小程"持敬"和朱熹"居敬穷理"的相关思想的整合和转化,本体意义上的"敬"是敬之体,即一种自觉的警醒,是这本然的心自己在凝聚;工夫意义上的"敬"是敬之用,即从外在的仪表、行为与内在的心性、思虑两方面都要做到恭敬、持敬,而"立基于敬"则是指做心性工夫时必须保持内心上的恭敬与持敬。其次,我们指出曹端"体验于无欲"的工夫学说是建立在"天理人欲"之辨的基础上的。故本节先对前儒及曹端的天理人欲思想做出简单衡评,继之对曹端的"无欲"之意涵做出了解释,指出他的这一思想是对周敦颐等人"无欲"思想的继承和发展,是指心的一种专一和灵明的状态,即没有任何的私心杂虑,排除了外界一切人欲干扰的本心之湛然澄明之境,而"体验于无欲"是指在心的"无欲"状态下做心性涵养的工夫。再次,我们对曹端的"立基于敬,体验于无欲"的工夫论作出了深层次的研究和探讨,认为其理论是建立在对"礼"的研究基础上的。在他的体系中,"礼即天理",也就是说"天理"在人伦规范上的展现就是"礼"。所以,人们在日常生活中应遵守"礼"的规定,做"立基于敬、体验于无欲"的心性涵养工夫也必须合乎"礼"。

第二节,穷理反躬与事心。本节所要着力解决的是曹端心性涵养工夫的主要方法——穷理反躬和事心之学。其中,穷理反躬是对程颐"涵养须用敬"和朱熹"居敬穷理"工夫的继承和发展。它要求学者时刻以"敬"的态度来涵养心性,不断地穷究"理",并以此来躬行实践,即做任何事都谨遵礼法的规定。这是对程朱理学中格物致知、持敬主一方法的借鉴和运用。在此基础上,曹端更加注重心的知觉与主宰作用,提出事心之学的工夫论。这是一种反求诸己的工夫,又是对程朱后学工夫论"支离"缺陷的超越而向陆氏心学工夫论的靠拢,即强调对人的自主自律的敬畏之心的培养与约束,主张以一种内在的价值自觉的态度来做心性工夫。充分确立和发挥"心"的主宰作用,展现人的价值理性意识之自觉,保持道德生命的完整和圆融。

在理学的架构下,心性工夫论是为达成理想的人生、理想的社会以及理想的天人关系格局做准备的,后者以前者为基础,前者以后者为目标。透过以上的工夫论,曹端理学思想进一步开示了其终极目标。这一目标就是本书

第四章所将探讨的内容。

本书第四章论述了曹氏理学的终极人文关切及其总体宇宙关怀。

这一章共分为以下三节内容：其一，个体人格之期许；其二，理想社会之愿景；其三，天人和谐之追求。

曹端作为一名具有深沉责任感和忧患意识的儒家学者，倡导的境界是一种体用兼备的圣贤境界。这是对儒家一贯提倡的境界学说的拓展，体现了曹氏理学的浓郁人文底蕴。

第一节，个体人格之期许。探讨了曹端颇具时代特色的仁的境界说。指出他的这一思想是对前儒特别是程朱相关思想的继承和结合时代的创新。明代初期，由于受当时社会风气的影响，佛道二教在社会中的负面作用越来越明显，使得儒家思想在一定程度上难以发挥其效用。为了挽救时弊，首先，曹端从理论内涵与社会影响两个角度对佛道的境界学说进行了不遗余力的批判。其次，曹端提出了其视域下的仁的境界说。在此境界之中，对于个体人来说，其一，应把握"仁"的内涵，在社会人生中充分实现"爱之理、心之德"。其二，不应以追求富贵的不义生活为目标，而应向往精神上的无限快乐，即孔颜之乐。

第二节，理想社会之愿景。基于对明初的时代问题意识之自觉和士大夫充任王者之师的角色意识之自觉，曹端在继承前人的基础上指出，人的精神境界提升之后的第一个环节应落实在社会人生层面，彰显为以天下为己任而兼善天下的庄严担当，定位在首先是大一统帝制下能够经世济民的贤臣，然后更为重要的是作为帝王之师，教导帝王去成德淑世，实现有序、和谐的理想社会之愿景。具体而论，这一愿景包括三方面的内容。其一，为学者和士大夫树立了可资学习的圣贤之典范；其二，要求现实中的儒家学者作为能够实现理想社会的豪杰之士，不仅应具备高尚的人格，即内圣成德的一面，更重要的是还应拥有力行的品格和不惧权威、大胆实践的魄力，即外王济世的一面；其三，提出了他心目中的礼乐教化之下的有序、和谐的理想社会之愿景。

第三节，天人和谐之追求。曹端不仅关心人的精神境界的提升，注重社会的和谐与有序，更为重要的是提出在尽人之性之后做到尽物之性，进而"赞助天地造化发育之功"。指出人的精神境界提升之后的第二个环节应落实在天人关系层面，体现了他对天人和谐的追求。即追求由程颢提倡的，又被他发展了的"仁者浑然与物同体"的大而化之之境。就达致此一境界的人而言，应对包括自身在内的这一世界中的一切的所然与所以然，有着一种发自生命深处的透悟；应以儒家所特有的责任感、担当感与使命感，积极投身于"我"所生活的这一世界中，并促进整个宇宙的有序、和谐发展。

本书的第五章论述了曹端经世济民视域下的政道与治道。

这一章共分为以下两节的内容：其一，曹端政道与治道的伦理之维；其二，曹端论"政道与治道"。

第一节，曹端政道与治道的伦理之维。儒家自始至终将礼乐教化的道德理念放在至关重要的地位，并在这种理念的指导之下展开各自的经世济民之道的理论与实践之论证，曹端也不例外，这一内容的展开首先是通过伦理的向度来展现的。这一向度包括两个方面：其一，曹端将人类社会的一切礼法上升到"天理"的高度，变"礼"为"理"。为儒家的"礼"提供了形上哲学依据的论证，并以此说明了封建等级秩序永久存在的可能性而为当政者所采纳和使用。其二，对现实社会中必然存在的道德理念和价值观念用"天理"这个理学的最高本体来诠释，无疑是想告诉社会中的所有人"礼"与"理"互融互摄、完全一致，封建社会中的价值准则不容置疑。如此便构建了理学作为终极价值的天理与人类社会道德伦理的双向联系，实现了天道性命的圆融无碍之贯通。

第二节，曹端论"政道与治道"。在儒家学者那里，知识分子阶层负有儒家道德伦理理论构建，并作为王者师将当政者教育好的责任，由他们将儒家的仁政思想投入社会治理之中，彼此之间的权利与义务相辅相成。曹端的政道与治道思想也大同小异。他的思想包括四个方面：其一，他继承前人，论述了明初社会大背景之下的君主政道思想；其二，儒家一直看重君臣关系，官员在政权中的地位与影响也非常重要，曹端在仔细研究历朝历代官员腐败对朝廷政治的影响之后，提出了独具特色的"官箴"说，不仅对当时，对我们现在的社会发展也有一定的启示；其三，传统儒学所提倡的仁义道德观念绝不是书本上的理论，士大夫阶层之所以自认为他们的历史使命任重而道远，关键在于他们承担着儒家思想构建的重担。而这种道德伦理，他们必须将之付诸社会治理之中，作为构建社会秩序、实施社会教化的指导思想，作为儒家学者的终极使命才算完成，深受儒家思想熏陶的曹端也不例外；最后，曹端在论述政道与治道的相关观点之时，还对儒佛道关系作出解释。他在经过周密的社会调查后发现，佛道的奢靡之风对人们生活水平的提高和社会经济的发展是一个巨大的障碍，如不限制佛道的蔓延，对整个国家来说没有好处。他接续前朝儒士批判佛道的做法，继续对佛道开展猛烈的批判，我们认为他的观点不无道理，且对社会秩序的稳定和国家治理来说也有一定的实用价值。

本书的第六章论述了曹端理学思想对明代学术之影响。

这一章共分为以下两节的内容：其一，奠定明初理学之基础；其二，曹端理学思想在宋明理学史上的地位。

第一节，奠定明初理学之基础。本书认为曹端的思想与明初理学的几位著名学者如薛瑄、胡居仁的思想联系极为密切，正是在他们的共同努力下，明初理学保留了朱子学之原貌，并被陈白沙所吸收借鉴，为明中后期心学的兴起与大盛奠定了思想之根基。包括两方面的内容：其一，对薛瑄的影响。本节指出曹端在理气关系、心性、工夫等方面对薛瑄的影响，并认为薛瑄思想之所以能独成一家，受到清人的重视，在于曹端对明初理学界的重要贡献，并被薛瑄所吸收与借鉴。其二，对胡居仁的影响。本节指出曹端在理气论、心性论、境界论等方面对胡居仁思想的影响，认为他的思想继承了程朱理学，为后人研究程朱学术做出了很好的铺垫，并为明中期以后阳明心学之大兴、学术方向的转向提供了很好的理论先声，而在明初理学史上占有重要地位，这便是曹端理学研究之价值。

第二节，曹端理学思想在宋明理学史上的地位。我们认为曹端的理学思想对明初的时代学术作出了较好反思和回应，是理学自身发展的必然产物。他的学术地位与历史贡献就在于：首先，曹端的思想在继承前儒特别是程朱理学的基础上，重新探索了天人关系，对相关问题提出了新的理解。其次，处于明初理学大环境下，学术上的传承较之于理论上的创新更为重要。曹端则在对此问题有清醒认识的基础上，对传统思想和文化特别是程朱理学进行了不遗余力的传承，为宋明理学的延续和发展做出了巨大的贡献。因此，他的思想，至今仍值得我们借鉴和阐发。这不仅是研究他的思想的需要，是研究宋明理学发展、演变过程的必须路径，而且对于我们今天的学术研究也有很大的启发意义。

在探讨曹端之学丰富内容的基础上，本书的结语部分对全书做出了总结和概括。我们认为，在现代社会中研究以曹端学术思想为代表的明初理学具有十分重大的理论意义：这一思潮在深受元代理心交融思想影响的前提下与时代大背景相结合，对官方钦定的程朱理学以自己的生命与生活环境为注脚做出了新的理解与诠释，使它的发展呈现出多样化的态势。一是更加注重对天理的体认，下学上达的道德践履工夫在这里得到了充分发展，形成明初理学的一大特色；二是继承了陆氏心学的相关内容，凸显"心本体"，为后世阳明心学之大兴做出最佳理论铺垫。而作为这一思潮的具体实践者，曹端注重道德实践，通过乡村教育、教化的实践让地方风俗得到极大的净化，在日常生活中时时处处以儒家伦理的标准严格要求自己、乡民以至一切人，并以此来对抗佛道的虚幻与不实。我们认为，这样一种学术发展和对待学术的态度也是值得深思的。在当前大力弘扬优秀传统文化的学术大背景中，本书的写作目的便是以曹端为个案，力图重新阐释传统儒家思想在现在与未来的关联，指出它的现代性。

作 者

2014 年 10 月

目 录

引 言 / 1

第一章 理学视域下总体天人宇宙图景的重建 / 23

第一节 时代问题意识之自觉 / 23
第二节 天人万象终极根基的重新正定 / 26
第三节 总体天人宇宙图景的重建 / 37

第二章 理学心性论根基的新诠释 / 44

第一节 儒家心性论源流 / 44
第二节 心之判定 / 49
第三节 对儒家心性理论的拓展 / 51

第三章 由心性本然、实然向心性应然的过渡 / 60

第一节 立基于敬,体验于无欲 / 61
第二节 穷理反躬与事心 / 74

第四章 曹氏理学的终极人文关切及其总体宇宙关怀 / 80

第一节 个体人格之期许 / 81

第二节　理想社会之愿景 / 95
　　第三节　天人和谐之追求 / 99

第五章　经世济民视域下的政道与治道 / 106

　　第一节　曹端政道与治道的伦理之维 / 106
　　第二节　曹端论"政道与治道" / 110

第六章　曹端理学思想对明代学术之影响 / 125

　　第一节　奠定明初理学之基础 / 125
　　第二节　曹端理学思想在宋明理学史上的地位 / 135

结　语 / 139

附录一　曹端思想研究文献综述 / 145

附录二　作者发表的有关曹端理学思想研究的论文目录 / 160

参考文献 / 161

后　记 / 165

引 言

明初理学是宋明理学发展史上一个重要的学术阶段。它上承宋元，下启明清，在和会朱陆学术思潮和佛道二教思想的影响下，既吸收了程朱理学、陆氏心学的慧识，又扬弃了佛道二教的相关内容，加以融会贯通，将兴起于北宋中叶的理学思想发扬光大。明初理学不仅是宋、元、明三代更替，社会时代变迁的折射，也体现了这一时期学术文化的总体特征与变化趋势。

明初，在当政者的极力推崇下，意识形态领域的程朱理学继续保持了官方哲学的统治地位不动摇。但是，在元代南北学风互融互通大环境浸润的延续下，理学学术发展出现了前代所未有的新景象：一方面在当政者的强力统治下，思想家谨守朱子学之学规不敢逾越；另一方面，明初许多理学家在佛道和其他社会思潮的影响下，学术不由自主地出现转向，他们在不超越朱子学思想大范围的前提下对它进行了与社会发展有关的体认和阐发，虽无惊世之突破，却极大地促进了理学的发展。由于各种原因，这一时期的理学不能与宋代理学和明代中后期的阳明心学相提并论，但它不仅传承了宋元理学的理论精华，更为明代中后期阳明心学的大兴做出了不可磨灭之贡献，是程朱理学转向阳明心学的过渡阶段，具有较为重要的研究价值。

明初理学呈现南北分立的格局，在典籍中留名的理学家灿若繁星，如方孝孺、吴与弼、胡居仁、薛瑄等。他们或接受心学的观念来修正程朱理学的思想，或将程朱之学之理念放在社会生活中加以实践与体认，为社会的稳定和明政权的巩固做出重要贡献，而曹端便是这一时期北方理学思想的重要代表人物。他面对明朝新政权初建之时百废待兴之社会现实和朱元璋政权的严刑峻法，以儒家学者的责任与义务感，借鉴程朱之学与元代理心交融之研究方法而自成一家之言，被《明史》称为"明初理学之冠"，对于理学的发展起到学界有目共睹之影响。我们认为研究明初理学思想，对探讨理学史的整体演进过程至关重要，而探讨明初理学就必须了解曹端，只有对其思想有通透的了悟，才可以思路清晰地探索明代社会演变的总体大趋势和那个时代思想家所关注的社会问题。这对于理解明代哲学之问题意识及整个明代学术思潮的发展与演变都有重要意义。

曹端（1376—1434），字正夫，自号"月川子"，学者称为"月川先生"，河南渑池人，明初理学家。《明史》称："（曹端）专心性理，其学务躬行实践，而以静存为要。……自明兴三十余载，而端起渑、渑间，倡明绝学，论者推为明代理学之冠。"①《明儒学案》称："先生以力行为主，守之甚确，一事不容假借，然非徒事于外者，盖立基于敬，体验于无欲。……所谓有本之学也。"②刘蕺山把他与理学开山大儒周濂溪相比，认为，"先生之学，不由师传，特从古册中翻出古人公案，深有悟于造化之理，而以月川体其传，反而求之吾心，即心是极，即心之动静是阴阳，即心之日用酬酢是五行变化，而一以事心为入道之路，故其见虽澈而不玄，学愈精而不杂，虽谓先生为今之濂溪可也。"③清代学者对他由衷地推崇，指出："明初醇儒以端及胡居仁、薛瑄为最，而端又开二人之先。"④可见其思想与学术地位的重要性。他的思想虽然对宋明理学有比较重要的影响，但由于后世学者的忽视，其思想在学术研究领域中并没有得到应有的重视。曹端的著作很多，根据中华书局2003年版王秉伦先生的点校本《曹端集》可知，曹端从二十岁左右开始写《性理文集》直到五十七岁所作的《孝经述解》止，写出了《太极图说述解》《通书述解》《西铭述解》《夜行烛》《家规辑略》《存疑录》《儒家宗统谱》《孝经述解》《四书详说》等十几本著作。但只有《太极图说述解》《通书述解》《西铭述解》《夜行烛》《家规辑略》等比较完整，而《孝经述解》《四书详说》《存疑录》《儒家宗统谱》仅序文及后学评价存世，《性理录》等则仅存题目。即便如此，我们仍可从这些著作中一窥其哲学、政治、伦理以及社会思想的博大精深。

笔者认为其学说虽处于明初朱子学一统天下的时期，却能够不为当时单

---

① [清]张廷玉：《明史》，中华书局1974年版，第7238~7239页。
② [清]黄宗羲：《明儒学案》，中华书局1985年版，第1064页。
③ [清]黄宗羲：《明儒学案》，中华书局1985年版，第2页。
④ [清]永瑢等：《四库全书总目》，中华书局1965年版，第776页。

一的学术氛围所局限,一方面立足于时代大背景,积极吸取时代学术之精华,另一方面又能够从他的真实生命和人生慧见出发,体现出独特的价值。有鉴于此,本书将在前人研究的基础上,来探讨其思想,并期望通过对其思想的研究,来透显明初理学思想的理论内蕴以及理学向心学嬗变的内在向度与机理。

(一) 学界研究现况之检讨与本书之立意

曹端思想与明初理学的研究,从他之后便已开始,并绵延至今无间断,古人多以学案、传记、颂赞等方式来对其生平与思想进行赞美。进入20世纪之后,学人开始用现代学术的研究方法来对曹端的思想及其社会影响、价值进行衡评,产生了大量的研究成果,主要分为学术论文、学位论文与书籍等几个方面,关于他的具体研究成果参见附录《曹端理学思想研究综述》。

纵观前人的研究成果,虽然学者们根据自己的理解,运用现代学术研究的手段,对曹端作出了仁者见仁、智者见智的评价,提出了许多有价值的观点,显示了明初理学研究的新气象,但将其思想作为选题进行研究的作品并不多见。这种状况,是与曹端"明初理学之冠"的学术地位不相称的。

笔者认为,对于曹端思想的研究虽然已经取得了一定成果,但仍有进一步研究和发掘的必要与可能。因此,笔者将依据目前学界对曹端的研究状况,在深入阅读曹端相关著作和广泛参阅明初理学、宋明理学和中国哲学相关著述的基础上,立足于现代学术视域,加以融会贯通。采用文本与现代哲学诠释学相结合的研究方法,将曹端的思想置于宋明理学发展、演变的历史大背景中,结合曹端的生活境遇,按照道体—心性—工夫—境界的理论思路,对其进行全面、系统的研究,以试图展现这位有着"明初理学之冠"之誉的理学家之哲学思想。

现代诠释学证明,纯粹客观的研究历史人物是不可能的,历史的距离与言意之间的距离,使我们难以完全接近其思想的本真。但作为研究,我们却应尽全力做到全面、真实。因此,本书首要的任务是力图把曹端的思想放在它适当的历史文化背景中,同它过去、现在和未来的各种有关的因素联系起来,看到其思想的可取之处、可贵贡献,以及我们能够从它那里吸纳、借鉴什么。进而对其思想体系形成较为全面、合理的认识,体现出这一时期理学发展的问题意识及其理论特色,这也是笔者写此部著作所着力研究的重点和难点之所在。

（二）研究方法

第一，加强文献、文本研究与实地考察相结合。本书坚持从历史典籍和资料出发，辅之以必要的现场考察，使研究建立在充分、扎实、可信的资料基础之上，不下臆测性的主观结论；

第二，采用多学科研究方法。本书的研究涉及哲学、历史学、社会学、管理学等领域，在研究时博采相关学科的理论方法，以期达到最佳效益；

第三，哲学解释学的方法。解释学，又称诠释学（hermeneutics），是一个解释和了解文本的哲学技术。在西方，它开始于对《圣经》的诠释。20世纪以后，由于现象学的兴起与海德格尔、伽达默尔等人的努力，诠释学迅速成为当代西方哲学的重要研究方法。在当代有不少学者如汤一介先生等呼吁构建中国诠释学，并且有的学者已进行了有益尝试的学术大背景之下，[①]激发出中国哲学研究学者创建"中国诠释学"的努力非常必要，可以说在当代的中国哲学界，关于"中国诠释学"或"中国解释学"的提法已经相当普遍。黄俊杰教授定义说："所谓'中国诠释学'，是指中国学术史上源远流长的经典注疏传统中所呈现的，具有中国文化特质的诠释学。"[②] 我们认为，不仅现代中国哲学界存在解释学，在古代思想的发展中解释学就早已存在和有所发展，[③]而理学问题的出现便是中国特色的诠释学理论长期发展的结果。所以，本书的研究也将大量采用这种方法。

（三）本书的创新之处

第一，提出明初理学思想研究的新视角：认为明初的理学思想是以理学和心学为主体依据的思想。它首先应对人之所以为人这一概念做出完整的解释，即人不仅是具有生命的人、社会现实层面的人即形下之人，同时人的本

[①] 景海峰：《中国哲学的现代诠释》，人民出版社2004年版，第23～33页。
[②] 黄俊杰：《中国孟学诠释史论》，社会科学文献出版社2004年版，第412页。
[③] 林忠军：《中国早期解释学：〈易传〉解释学的三个转向》，见《学术月刊》，2007年第7期。

质还决定了人的形上性。因此，本研究首先从道体—心性—工夫—境界的角度来比较全面地论证曹端思想，以弥补已存在的研究成果只是从一方面如理气关系、儒佛关系等角度却没有完整地对其思想做出论证的不足。传统思想属于过去，思想传统影响着现在。从曹端对于"人"的理解及人格培养设计的角度探索其思想中人格培养的现代性，具有非常强烈的现实意义。

第二，肯定了曹端思想在整个宋明理学发展史中的地位，认为正是他的思想的出现才在一定程度上保持了宋明理学的完整性，同时我们认为中国封建社会之所以能够存在两千多年，宋明理学的延续之功不可埋没。所以，研究曹端思想十分重要。

第三，在对前人的相关研究进行深入梳理把握的基础上，试图在研究路径、学科理论方法以及认识观点上都有所突破和创新，对曹端思想的产生发展及其影响做出较为全面的论证，以期为学界提供一个较为客观全面地综合研究材料。

（四）时代背景

任何一种思想、学术体系都有它产生的时代背景，时代背景和作者思想的形成具有十分紧密的联系。钱穆先生说："治一家之学，必当于其大传统处求，又必当于其大背景中求。"[1]因此，我们在正式研究曹端的学说之前，首先应对他所处的时代背景进行溯源式的梳理和考察，这样才能够更好地与他的真实生命相契合，站在合适的角度来阐释他的理学思想。

历史事实已证明，学术文化一旦为当政者所使用，上升为占主导地位的官方思想，它就将成为支配这一社会中人们思想和行为的重要力量，并在支配中逐渐转化为他们的内在信念和价值观。同时，思想家们学术体系的建立也往往围绕着这一主流的思想来进行，曹端也不例外。众所周知，曹端生活的时代，正是明初理学大行其道的时期，它是在新的历史条件下，对宋元理学的继承与发展，如想深入地了解其发展大势，须从以下几个方面着手。

1. 前期理学的发生、发展与演变

公元960年，北宋王朝建立。然而，与中国历史上其他朝代的更替不同，

---

[1] 钱穆：《朱子学提纲》，生活·读书·新知三联书店2002年版，第223页。

它的建立并没有带来社会的安定。由于连年的征战、佛道理念的渗透、异族的入侵、思想的动荡、道统观的危机,反而使宋代的社会文化出现了重大变革,而社会文化的变革,必然体现在作为时代精神的哲学层面。正如陈来先生所说:"(宋代文化变革)是摆脱了中世纪精神的亚近代的文化表现,它正是配合、适应了社会变迁的近世化而产生的整个文化转向的一部分,并应在'近世化'范畴下得到积极的肯定与了解。……当然,精神文化的发展有其内在的逻辑与课题,古典儒家的复兴是适应于整个合理化的近世化过程,而建立一种什么形态和特质的新儒学则不能离开思想的内部渊源与外部挑战。"①理学便是随着这一时代精神而应运出现的。

为了解决社会的危机问题,回应日益壮大的佛道思潮对儒学的挑战,一种不同于汉唐经学"注不破经、疏不破注"的陈旧解经理念的新理念产生了。它以义理诠释儒家经典,逐渐导致了学者们的兴趣由五经的系统转向四书的系统。这种转型不仅使得学者们在建构学理体系的过程中借鉴和吸收了佛道思想中的有关内容,而且直接导致了疑经思潮的产生。正是在这种社会文化背景下,一种空前哲学化了的崭新儒学形态——理学产生了。理学兴起后,学者们不再整日埋头于书本之中"皓首穷经",开始了对天道性命贯通之学的探讨,将为学的主题转向人的自身价值,开启了提升生命境界、彰显人道神圣与庄严的心性义理之学。这一时期的学术研究气氛热烈,内容非常丰富而广泛,体系十分博大,呈现出多样化的态势,成为中国古代哲学思想发展的高峰。对于理学发展的情况,《宋史·道学传》做出了较为详尽的论述,②我们可以从中发现这一时期理学发展之盛况:

道学之名,古无是也。三代盛时,天子以是道为政教,大臣百官有司以是道为职业,党、庠、术序师弟子以是道为讲习,四方百姓日用是道而不知。是故盈覆载之间,无一民一物不被是道之泽,以遂其性。于斯时也,道学之名,何自而立哉。……千有余载,至宋中叶,周敦颐出于春陵。乃得圣贤不传之学,作《太极图说》《通书》,推明阴阳五行之理,命于天而性于人者,了若指掌。张载作《西铭》,又极言理一分殊之旨,然后道之大原出于天者,灼然而无疑焉。仁宗明道初年,程颢及弟颐寔生,及长,受业周氏,已乃扩大其所闻,表章《大学》《中庸》二篇,与《语》《孟》并行,于是上自帝王传心之奥,下至初学入德之门,融会贯通,无复余蕴。

---

① 陈来:《宋明理学》,华东师范大学出版社2004年版,第14页。
② 站在现代学术的观点加以审视,我们认为这一论述存在明显的缺陷,即作者只列出了我们现在称为程朱派的理学发展状况,而忽视了心学及其他的学派。

迄宋南渡，新安朱熹得程氏正传，其学加亲切焉。大抵以格物致知为先，名善诚身为要，凡《诗》《书》六艺之文，与夫孔孟之遗言，颠错于秦火，支离于汉儒，幽沉于魏晋、六朝者，至是皆焕然而大明，秩然而各得其所。此宋儒之学所以度越诸子而上接孟氏者欤。①

理学从创始期开始，就以其思辨化的学术形态显示了强大的生命力。在理学先驱的基础上，出现了"北宋五子"，即第一代理学家群体周敦颐、邵雍、张载和二程。虽然不同的人生经历使得他们在学术取向和风格上有所不同，但他们能够结合自己的时代与人生，扬弃佛道二教的学说，并在前人的基础上，创造性地转化了儒学，使之成为一种以心性本体论为根基、以义理之学为特征的崭新学术思想。

在二程之后，对理学进行研究的学者虽然很多，但缺少像北宋五子那样的大家。这种局面一直持续到南宋，直到朱熹、陆九渊等大儒出现后才有了改观。这一时期的学术团体很多，出现了学术发展的多样化倾向，主要的有考亭学派、象山学派、金华学派及永康、永嘉学派等；他们在学术上屡有争论辩难，如关于朱陆异同的争论、陈亮与朱熹的义利王霸之辩等；在本体论、心性论和工夫论上都出现了不同的理论体系，如以"天理"为最高哲学范畴，以"格物致知、居敬穷理"为工夫的朱熹理学和以"心"为最高范畴，以"发明本心、切己自反"为工夫的陆九渊心学等；理学在这一时期发展的状况虽盛，它的学术地位却不高，在北宋中叶兴起之后，就一直因为政治的、经济的、社会的以及其他的各种原因，在很长时间内遭受压制，理学家们也常常因此受到打击和不公正的待遇，如程颐所遭遇的编管涪州、朱熹所经历的"庆元党禁"等。

2. 程朱理学之定为一尊

虽然庆元党禁于南宋嘉泰二年（公元1202年）结束，但是，理学真正复兴的时代却晚在南宋理宗时期。这时的南宋皇朝已进入末期，面临着内忧外患的双重危机，在此种状况下，当政方选择了理学作为其政权合法性的理论根据。据《宋史·理宗本纪》载：

淳祐元年春正月，……诏："朕惟孔子之道，自孟轲后不得其传，至我朝周敦颐、张载、程颢、程颐，真见实践，深探圣域，千载绝学，始有指归。中兴以来，又得朱熹精思明辨，表里混融，使《大学》《论》《孟》《中庸》之

---

① [元]脱脱：《宋史》，中华书局1977年版，第12710页。

书，本末洞彻，孔子之道，益以大明于世。朕每观五臣论着，启沃良多，今视学有日，其令学官列诸从祀，以示褒奖之意。"①

可见不早于淳祐元年（公元 1241 年），理学才正式得到官方的真正认可，并开始在意识形态领域中起作用。虽然如此，这时理学的官方地位与元代和明代还是不能相提并论的。正如葛兆光先生所说："尽管南宋后期理学已经从边缘走向中心，在理宗以后逐渐得到官方的认可，可是，毕竟没有成为制度。换句话说，由于程朱理学的知识与科举仕进的前途之间，还没有形成制度化的链接，所以基本上它还是一种自由的知识和思想，信仰者只能由自己的理解来保证自己对这种知识思想的信服，因此反过来，这种知识与思想则在这种自由心情的支持下，拥有转变和超越的可能性。然而，历史常常出乎逻辑的意料，这种来自汉族文明的知识和思想，没有在宋代完成它与汉族制度权力的结合，却在异族入主中国以后的元代，完成了它的制度化过程，实现了向政治权力话语的转变。"②因此有许多学者认为元代是理学真正登上官方哲学历史舞台，并在经济、政治以及其他各领域起重要作用的开始。③

理学在元代一改其在两宋时期一直遭受排斥、打击的局面，正式登上官方哲学的历史舞台，不仅在人们日常生活，而且在意识形态领域发挥了重要作用。这是历史上理学首次真正获得这样的地位，正是由于元朝当政者的大力支持，程朱理学的相关学说被科举考试所采用，它在短时间内繁荣起来，成为科举考试法定经典诠释权威，得到士人学子的广泛重视，并找到了新的学术生长点，获得新的时代生命。

众所周知，元帝国建立之后，虽然各地政治经济发展状况不同、各民族之间存在着巨大差异，但蒙古铁骑所到之处从客观上还是大大促进了民族融合和文化传播，少数民族游牧文化与中原农耕文化冲撞激荡，进而相互吸收、相互融合。元代统治者为了巩固自己的统治地位，一方面采取极端残酷的措施对汉族遗民进行打击，同时也采取一些贤明大臣的建议，沿袭前朝的相关教化措施并加以改进，以期从思想上对民众进行控制。

从教化途径上来说，元朝政府在汉族大臣的指导下，借鉴宋代乃至上古的一些方法，通过官学教化、书院教化以及民间喜闻乐见的教化方式对社会

---

① [元]脱脱：《宋史》，中华书局 1977 年版，第 821 页。
② 葛兆光：《中国思想史》（第二卷），复旦大学出版社 2005 年版，第 282 页。
③ 如侯外庐等：《宋明理学史》（上），人民出版社 1997 年版，第 681 页。郭齐勇：《宋明儒学与长江文化》，湖北教育出版社 2004 年版，第 5~6 页等。

各阶层进行思想熏陶和行为引导。在政府层面延续前朝政策，继续对孔子进行加封与褒奖，对合乎朝廷需要的人进行大面积表彰。在学校教育层面，建立完整的国学、地方官学、私学体系，将理学教化思想传播到尽可能远的地方，想方设法让国内的所有人都服从朝廷的政令；另一方面，新的教化途径随着元帝国疆域的开拓也在不断出现。北宋以来的市民化趋势在元朝继续发展，各种形式的市民文艺产生，其中元杂剧的出现、宋元话本的普及，对于儒学教化的大众化起到十分明显的效果。

从教化的典籍上来说，元代统治者吸取宋代平民思想过于活跃对统治不利的教训，加强对国民的思想统治，将教化的典籍控制在四书五经的范围内，并以科举的方式获得明显的效果："元朝共举行科举16次。从皇庆二年（公元1313年）到元统三年（公元1335年）有7次，从至元六年（公元1340年）恢复科举到至正二十六年（公元1366年）举行了9次。"①科举考试的具体内容则采用以下方式："汉人、南人，明经经疑二问，《大学》《论语》《孟子》《中庸》内出题，并用朱氏章句集注，复以己意结之，限三百字以上；经义一道，各治一经，《诗》以朱氏为主，《尚书》以蔡氏为主，《周易》以程序、朱氏为主，以上三经，兼用古注疏，《春秋》许用《三传》及胡氏传，《礼记》用古注疏，限五百字以上，不拘格律。第二场古赋诏诰章表内科一道，古赋诏诰用古体，章表四六，参用古体。第三场策一道，经史实时物内出题，不矜浮躁，唯物直述，限一千字以上。"②此种对儒家经典的推崇与利用方式，可以说大大促进了程朱理学思想在元疆域内的普及与流传。

但是，元代理学从学术的角度与两宋相比，无论是思想上的原创性还是学派上的争鸣，都不是非常令人满意的。正如清代经学家皮锡瑞所指出的："论宋、元、明三朝之经学，元不及宋，明又不及元。……宋儒学有根底，故虽拨弃古义，犹能自成一家。若元人则株守宋儒之书，而于注疏所得甚浅。"③现代学者葛兆光先生对此也有深刻的认识："在理学的知识与思想方面，他们却很少有新的进境，远远比不上朱熹、张栻、吕祖谦和陆九渊那一代人，甚至还比不上那一代人的弟子。从《宋元学案》的记载来看，他们讨论的命题仍然拘守在'天理''人心''格物''致知'上。"④也就是说，虽然元代学者们广泛而热烈地研究程朱学说，但是他们读书的目的与宋儒相比，有了很大

---

① 李子广：《科举与古代文学》，内蒙古教育出版社1999年版，第255页。
② [明]宋濂：《元史》，中华书局1976年版，第2019页。
③ [清]皮锡瑞：《经学历史》，中华书局2004年版，第205页。
④ 葛兆光：《中国思想史》（第二卷），复旦大学出版社2005年版，第287页。

的不同，宋儒特别是程朱本人，他们读圣贤之书，为圣贤著作作出诠释，是为了解决异族入侵、佛道思潮流行下的社会危机以及在此种社会环境下如何使人的性命得以安立的问题，而多数元代学者读程朱之书只是为了科举考试的成功，为了个人名利的实现。所以，他们是为考试而读书，在理学深层次内涵上并没有多少发明与新见。

然而，任何问题都有两面性，元代理学不仅在宋明理学发展史上起到承前启后的重要作用，而且是占据思想意识领域主导地位的官方哲学，由于当政者的重视和褒奖，在这一时期还是出现了一些颇有学术造诣的理学家，对理学的传承和发展，起到了不可磨灭的作用。如有"南吴北许"之称的吴澄、许衡等。正如《宋元学案》中的评价："考朱子门人多习成说，深通经术者甚少，草庐《五经纂言》，有功经术，接武建阳，非北溪诸人可及也。"①认为吴澄在经学方面有较大的成就。"文正兴绝学于北方，其功不可泯"②。认为理学在元代之所以能够传承和发展，许衡是功不可没的。在他们的努力下，程朱理学得以在全国范围内广为流行。可以说理学在元代已经受到官方的足够重视，正是有了理学在元代的进一步传播和发展，它才能够在有明一代勃然大兴。

3. 朱陆思想之和会与明初理学

虽然程朱理学在南宋理宗以后，逐渐取得了官方哲学的学术地位，学界基本上是以程朱理学为范本来展开和发展其研究的，但是这一状况并不等于以程朱为代表的学说垄断了整个学界，南宋中后期出现的陆九渊心学，并没有因此而消亡，它依旧以自己的方式生存着，并在江西、浙东一带流传，而且它以简单直接的为学工夫吸引了一大批士人、学者。它的影响在南宋时主要在江西和浙江两地，即"槐堂诸儒"和"甬上四先生"。大致说来，"槐堂诸儒"学术根基较浅，对于陆九渊的心学思想没有多少发明，他们对陆学发展的贡献不在学理的阐发上，而在以实际行动为陆氏学说确立学术地位。"甬上四先生"则在思想学说方面对陆学有进一步的阐发与扩充。③正是在他们的努力下，陆氏心学得以传承，如对陆学十分推崇而对朱学加以排斥的陈苑、赵偕以及"江东四先生"等几位学者。同时，受宋明理学内在发展不同学术理路的影响，在朱、陆之后不久就出现了和会、兼综两家学说的倾向，并逐

---

① [清]黄宗羲，全祖望：《宋元学案》，中华书局1986年版，第3037页。
② [清]黄宗羲，全祖望：《宋元学案》，中华书局1986年版，第3003页。
③ 侯外庐等：《宋明理学史》（上），人民出版社1997年版，第580~606页。

渐演化成为一股学术潮流。在这一学术思潮的影响下，理学家们以超越狭隘学术门户的胆识与气魄，积极吸收朱陆两家学术精华，形成了崭新的天道性命相贯通的天人之学体系。最具代表性的是许衡以朱子学为宗的和会朱陆之学和吴澄以陆学为依据的和会朱陆之学，虽然它们的出发点不同，但都不同程度地借鉴和吸收朱熹理学和陆九渊心学的内容，对朱熹"居敬穷理"和陆九渊"发明本心"的心性工夫论采取兼综的策略，并以之为基础发明新的工夫论方法等，它们较好地总结了宋代理学，扭转了南宋以来朱陆后学支离或易简的缺陷与流弊，并以此开启了元代理学发展的新纪元。

所以，这一时期理学的一个重要特征便是程朱理学在学界占主导地位状况下的和会朱陆思潮。而这一思潮，不仅反映了元代朱陆异同思想的发展与演变，同时也预示着理学的嬗变方向，并对明初理学的产生和发展产生了重要的影响。

葛兆光先生曾对古代中国知识阶层对皇权的把握做过评价。他指出："在古代中国，知识阶层对于皇权的制约手段，就常常是运用超越政治权力的文化知识。"[①]笔者认为这一评价也适用于明代。明王朝建立后，当政方接续元代官方对理学的相关措施，选择理学作为政权建立的理论根基，并奉为法定的官方哲学思想。明代理学始盛于洪武年间，在学宗程朱的金华学派几位儒者如宋濂等人的倡导下，洪武三年（公元1371年）朝廷正式恢复科举考试，内容以程朱理学为主。此后，解缙上万言书，建议以"上溯唐、虞、夏、商、周、孔，下及关、闽、濂、洛，根实精明，随事类别，勒成一经，上接经史"[②]为目的编纂理学著作，初步确立了程朱理学在官方的学术地位。

明成祖永乐十二年（公元1414年），胡广等人奉敕编纂了《五经大全》《四书大全》，据载：

甲寅，上谕行在翰林院学士胡广，侍讲杨荣，金幼孜曰：《五经》《四书》阐圣贤精义要道，其传注之外，诸儒议论，有发明余蕴者，尔等采其切当之言，增附于下。其周、程、张、朱诸君子性理之言，如《太极》《通书》《西铭》《正蒙》之类，皆《六经》之羽翼，然各自为书，未有统会，尔等亦别类聚成编。二书务极精备，庶几以垂后世。命广等总其事，仍命擢朝臣及在外教官有文学者同纂修。开馆东华门外，命光禄寺给朝夕馔。十三年九月己酉，《五经、四书大全》成。广等以进上，览而嘉之。亲制序于卷首。[③]

第二年，朝廷以程朱的注解为底本颁布了御纂的三部《大全》，即《五经

---

① 葛兆光：《中国思想史》（第二卷），复旦大学出版社2005年版，第181页。
② [清]张廷玉：《明史》，中华书局1974年版，第4116页。
③ 引自侯外庐等《宋明理学史》（下），人民出版社1997年版，第8~9页。

大全》《四书大全》和《性理大全》。将宋元时期的理学家言论、著作加以整理、汇集、汇编，并由朱棣亲自作序，在全国范围内颁布，作为读书人和科举考试的教科书。同时，为了加强对读书人思想的控制，凡与朝廷颁布的理学著作不相符合的任何书籍都被视为异端而加以排斥，有些读书人甚至还因此而遭遇刑祸。所以，明初的大多数读书人看似认真研习程朱学问，实则尽弃宋代学术之精华而成为明政府官方思想之附庸。正如顾炎武的评价：

时儒臣奉旨修《四书五经大全》，颁餐钱，给笔札，书成之日，赐金迁秩，所费于国家者不知凡几。将谓此书既成，可以牵一代教学之功，启百世儒林之绪，而仅取已成之书抄誊一过，上欺朝廷，下诳士子……一时士人尽弃宋元以来所传之实学，上下相蒙，以饕禄位，而莫之问也。①

因此，读书人包括真心研究理学的学者们，纷纷对理学进行研究，尽量不再涉及其他方面，以官方面目出现的理学思想取得了前所未有的独尊地位，形成了学术大盛，蔚为大观的氛围。

《明史·儒林传·序论》称：

明太祖起布衣，定天下，当干戈抢攘之时，所至征召者儒，讲论道德，修明治术，兴起教化，焕乎成一代之宏规。虽天挺英姿，而诸儒之功，不为无助也。制科取士，一以经义为先，网罗硕学，嗣世承平，文教特盛。而英宗之世，河东薛瑄以醇儒预机政，虽弗究于用，其清修笃学，海内宗焉。吴与弼以名儒被荐，天子修币，聘之殊礼，前席延见，想望风采。……自是积重甲科，儒风少替。……原夫明初诸儒，皆朱子门人之支流余裔，师承有自，矩矱秩然。曹端、胡居仁笃践履，谨绳墨，守先儒之正传，无敢改错。学术之分，则自陈献章、王守仁始。宗献章者曰江门之学，孤行独诣，其传不远。宗守仁者曰姚江之学，别立宗旨，显与朱子背驰，门徒天下，流传逾百年，其教大行，其弊滋甚。……要之有明诸儒，衍伊、洛之绪言，探性命之奥旨，错铢或爽，遂启歧趋，袭谬承误，指归弥远。至专门经训授受源流，则二百七十余年间，未闻以此名家者。经学非汉、唐精专，性理袭宋、元之糟粕，论者谓科举盛而儒术微，殆其然乎。②

元朝异族统治以及灭亡的教训，使朱元璋认识到儒家教化对民众道德素养培养和巩固国家统治的重要性。老百姓对朝廷拥护，不外乎两点：生活有保障、服从政府教化。他说："今天下初定，所急者衣食，所重者教化。"③在

---

① 顾炎武：《日知录》卷十八。
② [清]张廷玉：《明史》，中华书局1974年版，第7221页。
③《明太祖实录》卷二六，吴元年冬十月癸丑，第1册。

教化的不同方法中，朱元璋对手段非常看重，认为国本确立和民心的向背决定最终的成效，如何立本则在于统治者的化民政策。他主张"威人以法不若感人以心，敦信义而励廉耻。此化民之本也"。①在他看来这个"本"就是上古帝王制定的用来调节社会关系的礼法制度。而"本"要顺利推行，则靠手段："古昔帝王之治天下，必定礼制，以辨贵贱、明等威。"②这便是曹端所生活时代的学术大背景，他的理学体系也以此为蓝本而展开。

  对于这一时期的学术发展情况，虽然有不少学者认为这是一个"理学的知识和思想的俗化越来越严重"的时代，如葛兆光先生认为："不过，在这种时代，儒家特别是理学的知识和思想的'俗化'可能越来越严重，……在这些具有高度权威性的道德训诫与高度真理性的空洞话语的双重制约，以及政治与经济的利益的双重诱惑下，知识与思想的制度化与世俗化已经相当严重。……本来是批评性相当深刻的程朱学说，一方面深入社会生活，成了一般思想世界普遍接受的知识和原则，另一方面渐渐失去了站在政治体制外的超越和自由立场，成了政治权力与意识形态的诠释文本。"③还有学者认为这是"制造成若干陋儒"的年代，如容肇祖先生认为："到明太祖时，更把经义的体裁，严密的规定了，这叫做八股，考试制度，以八股为去取的标准。……这种考试制度，只可造就成若干陋儒。到永乐间，敕撰《五经大全》《四书大全》，由胡广等主编，集合若干宋元以来的陋说，在经学上的价值远比不上唐代的《五经正义》。……这是和明代的思想有很大关系的。"④但如果我们能够从当时理学家的真实生命出发去理解之、体会之，便可发现这一时期的理学家虽然十分推崇程朱学派的思想，却不是盲目遵行。加之其他诸多因素如延续至明初的和会朱陆思潮、佛道思想在社会上的广泛传播等的影响，他们也能够因不同的学术思想渊源、人生经历感悟，在"体认""躬行实践"前儒思想之时，发明新义，产生了与前代理学并不完全相同的思想和多样的为学路向。如方孝孺提出"古之人自少至长，于其所在皆致谨焉而不敢忽，故行跪揖拜饮食言动有其则，喜怒好恶忧乐取予有其度"的观点，⑤认为社会发展的根本在于青年一代行为准则的规范有礼，从道德方面来发挥其理学思想；刘基提出"观其著以知其微，察其显而见其隐，此格物致知之要道也。不研其性，不字其故，括于耳目而止，非知天人者矣""儒者之道，格物以致其知，

---

① 《明太祖实录》卷四四，洪武二年八月戊子，第2册，第873页。
② 《明太祖实录》卷五五，洪武三年八月庚申，第2册第1076页。
③ 葛兆光：《中国思想史》（第二卷），复旦大学出版社2005年版，第290~292页。
④ 容肇祖：《明代思想史》，开明书店1941年版，第1~2页。
⑤ 方孝孺：《幼仪杂箴》。

贵能推其类也"①的观点，从天人合一的角度指出知微阐隐的重要性，从格物致知的层面拓展理学内涵；还有薛瑄的理学思想，以及崇仁学派的吴与弼、胡居仁理学思想等，这些不同的思想派别使得明初理学出现了丰富多彩的情状。正如林继平先生所述："明代理学，乃宋代理学的延续，但在延续中，却有极大的扩展，其思想独特的意境，往往为两宋理学诸儒所不及。其中关键性人物，固然是元代的许鲁斋（衡）。鲁斋建议元世祖定程朱理学为官学，并以宏扬程朱理学为己任。在此政治、学术双重压力影响下，程朱之学，尤其是程朱理学，遂成为此时中国思想的主流。由元而明，相沿不替。……我们如深一层研究，即使程朱派的理学家，举其著者，如明初的曹月川……我们可以这么说，如果没有他们，程朱哲学在形上哲学，其意境之高妙，即不可以完成。这是南宋以来，程朱派思想的重大突破与发展，惜乎近人囿于黄梨洲著《明儒学案》的见解，多把他们思想上的特殊贡献忽略了。"②鉴于前人对明初理学思想研究的不足，我们仍有必要对这一时期的学术思想和有重要影响的理学家的问题意识加以研究。

综上所述，宋、元、明三代变迁，特别是元、明易代之时，在社会动荡、佛道思想刺激、理学独尊的社会大背景之下，如何才能够维持儒家的传统学术与文化的纯正性，使之能够永葆学术原创性及生命力，这一问题就很现实地摆在理学家的面前。曹端是如何解决这一问题的？由此，便引出了我们对其生平、学行与著述的探究，并希望通过这一探究的过程，发现曹端的问题意识之所在。

（五）生平、学行与著述

既然我们对北宋至明初的理学发展大势已明，继之，我们将以此为依据展开对曹端理学思想的研究。作为一名生活在明初的理学家，面对此时学术思想之主流——程朱理学的独尊，其学理体系自然而然地要以之为根据来建立和发展。同时，作为一名在学术上有所建树的思想家，其思想不仅有时代的烙印，更有自己的鲜明特色。他自幼年开始研习圣贤经典，一生不曾背离，对理学的研究和体认过程贯穿了他的整个生命之始终。在学术思想上，他并

---

① [明]刘基：《诚意伯刘文成公文集》，《文渊阁四库全书》，第1225册，上海古籍出版社，1987年版。
② 林继平：《明学探微》，台湾"商务印书馆"1984年版，第6~7页。

没有像其他同时期的学者那样消极接受已有的理学知识体系，而是在学宗程朱的基础上，积极主动地去探索和思考问题，以求体悟到理学的精蕴所在。所以，要想对其理学思想进行深入的研究，准确地把握其思想的精髓，体悟其学术的真精神，我们还必须对其生平、学行和著作进行一番回顾和梳理。

据《明史·儒林传》"……及长，专心性理。其学务躬行实践，而以静存为要。读宋儒太极图、通书、西铭，叹曰：'道在是矣。'笃志研究，坐下着足处，两砖皆穿。……端初读谢应芳《辨惑编》，笃好之，一切浮屠、巫觋、风水、时日之说屏不用"①和黄宗羲《明儒学案》"……初，先生得元人谢应芳《辨惑编》，心悦而好之，故于轮回、祸福、巫觋、风水、时日世俗通行之说，毅然不为所动"②的记载，我们认为曹端思想体系的形成，立足于明初理学大背景，并深受北宋五子、朱熹以及谢应芳等人的影响。

第一，曹端与明初理学大背景。对于时代问题，他能够从自身的生命与智慧出发，融会前人观点提出独到的见解，对于明政府这样一个中央集权的大一统国家来说，儒学教化是其治理国家、整合社会的基本手段，尤其是在官方文化一统天下、民间文化尚未充分发展的明前期。基于对明初问题意识之自觉和士大夫充任王者之师的角色意识之自觉，作为学官的曹端表现了对礼乐教化的重视，体现出他面对社会历史新情况所作出的新思考：他以简明扼要的理学话语系统阐明了礼乐教化的天道与心性根基，向世人清晰明白地交代了当时礼乐教化的特质，并将之与圣贤君子的治世理想紧密联系在一起，以期接续宋代以来的礼乐教化传统，并将发源于先秦的这一儒学思想在明代社会中继续发扬光大。我们认为在思想创新相对不足的明初理学阵营中，他的思想无疑是卓越的，在整个明代思想中也有一定的历史地位。

第二，曹端与北宋五子。北宋五子是在前儒基础上为理学形成做出重要贡献的理学家周敦颐、张载、邵雍和二程。他们上承汉唐经学下启宋明理学，继承和转化了原始儒学中的相关资源并融会了佛道哲学思想中的相关慧见，来重新阐发儒家的天人关系学说，对儒家人文价值理想作出新的合理解释，并提到哲学本体的高度进行论证。他们的理学思想、易学体系、对佛道的批判和对社会人生的看法等都对曹端思想体系的形成产生过非常重要的影响。曹端对他们也十分钦佩，曾花费大量时间研习他们的著作并根据自己的心得体会写出《通书述解》《太极图说述解》《西铭述解》等新著述。他之所以会

---

① [清]张廷玉：《明史》，中华书局1974年版，第7238页。
② [清]黄宗羲：《明儒学案》，中华书局1985年版，第1063页。

使用大量篇幅来记录五子著作,并在自己理解的基础上稍加注释,将之应用于教化生徒、乡民之实践,说明其对北宋五子的崇敬与认可。正如后人的评价:"有明曹月川先生,所谓不言躬行之古君子也。然尝考其得力所自,则实于濂溪之太极、横渠之西铭,好学深思,心知其意,以庶几于涣然冰释、怡然理顺之候者,故能默契厥旨、触处会通,于在天之月喻万殊之原于一本焉,于万川之月喻一本而散为万殊焉,且于川竭有时、月自依旧者,喻万感知俱寂、一理之常存焉。然则太极之统体发用,皆真精妙合所周流,而西铭之事亲事天,皆乾坤体性素自具,先生一以贯之矣。夫太极、通书,元公尝手受二程,若西铭一篇,又二程子所取其说以示门人者也。先生产伊、洛之乡,追踪前哲,笃信力行……是以立身行己,卓然坚定。其学在天人、理欲之辩,其事在人伦日用之常,其功在宁静专一、坦然平正之处。"①指出周敦颐、二程、张载的为学特色以及曹端对他们思想的继承主要集中于太极与理一分殊等方面,将曹端思想的渊源、研究内容、躬行实践的品格以及为学之特色展现得清晰明白,给后世学人的研究提供了便利,本书的研究也将顺此线索而展开。

第三,曹端与朱熹。众所周知,朱熹(1130—1200),字元晦,是近古学问最渊博、影响最深远的哲学家。他上承前儒之余绪,特别是先秦以来的孔孟道统,在此基础上加以融会贯通,独到地阐发了一系列理学观点,如理气先后、理气动静、理一分殊、理气同异、已发未发、性之诸说、心之诸说、主敬涵养等,并通过对未发、已发、中和的讨论,进一步研究了心性、性情问题,②深入结合了易学与理学之精华将其融为一体,完成了宋代儒学的体系建构而成为一代大家。他的这些观点对曹端也产生了深刻的影响,可以说曹端的理学体系是以其为蓝本而建立起来的。正如曹端自己所述,"及朱子出,而为易图说启蒙之书,则羲易有传矣。不惟羲易千载之一明,而实世道人心之万幸也。……亦惟朱子克究厥旨,遂以为经而注解之,真至当归一说也",③"《西铭》大意明理一分殊,文公注之,明且备矣。然初学者或未得其说,端为分经布注以注解之"。④又如后世学者的相关评论:"原夫明初诸儒,皆朱子门人之支流余裔,师承有自,矩矱秩然。曹端、胡居仁笃践履、谨绳墨,守儒先之正传,无敢改错。"⑤所以,我们认为研究曹端理学思想,

---

① [明]曹端:《曹端集》,中华书局2003年版,第353页。
② 参见陈来《朱子哲学研究》,华东师范大学出版社2000年版,第10~14页。
③ [明]曹端:《曹端集》,中华书局2003年版,第2、3页。
④ [明]曹端:《曹端集》,中华书局2003年版,第118页。
⑤ [清]张廷玉:《明史》,中华书局1974年版,第7222页。

最重要的一点就是阐释曹端是如何在明初统治刚刚稳固的社会大环境下论证朱子学的合理合法地位、社会功用和针对社会现实的理论改变的。

第四，曹端与谢应芳。谢应芳，元明之际学者。《明史》卷二八二记载："谢应芳，字子兰，武进人也。自幼笃志好学，潜心性理，以道义名节自励。元至正初，隐白鹤溪上，构小室，颜曰'龟巢'，因以为号。郡辟教乡校子弟，先质后文，诸生皆循循雅饬。疾异端惑世，尝辑圣贤格言、古今明鉴为《辨惑编》。有举为三衢书院山长者，不就。及天下兵起，避地吴中，吴人争延致为弟子师。久之，江南底定，始来归，年逾七十矣。徙居芳茂山，一室萧然晏如也。有司征修郡志，强起赴之，年益高，学行益劭，达官缙绅过郡者必访于其庐。应芳布衣韦带与之抗礼，议论必关世教、切民隐，而慕善之志不衰。诗文雅丽，蕴藉而所自得者理学为深。"①他在批判佛道，开导愚迷，化民成俗等方面做出过较大的贡献并产生较深远的社会影响，而曹端许多观点的提出正是深受其影响。正如曹端在《辨惑编·序》中所自述："余二十岁得是书，如获重璧，昼夜诵习，力行不息，虽寝疾出外，未尝释手。盖喜其明正道辟邪说，粹然一出于正者也。"②可以说日后曹端执政学官之时，在乡村教化中推行的很多政策，特别是对佛道不遗余力的批判等，都与《辨惑篇》的思想如出一辙。

综上所述，我们认为曹端之学既是时代的产物，又极具鲜明的特色。据《明史·儒林一》《明儒学案·诸儒学案上》、明代学者张信民的《曹月川先生年谱》以及其他学者所写的颂赞和相关资料，来考察他的学思经历，我们可以更好地把握其思想发展的脉络，领悟其独特的学术关怀与思想意蕴。

（1）从洪武十七年（公元1384年）到洪武二十六年（公元1393年），是曹端学习古圣先贤经典著作、学问体系逐渐形成的时期。从曹端年八岁初入里学，到年十八岁初入邑庠，共十年时间，这短短的十年是曹端人生中的重要时期。他孜孜不倦地学习了儒家的重要经典著作，如《忠经》《孝经》《四书》《尚书》《毛诗》《礼记》《周易》《春秋》《通鉴纲目》《仪礼》《周礼》等。并且研习每一本著作时都有自身的心得与体会。如读《忠经》《孝经》时认为："事君以忠，事亲以孝，似二道，然孝也可事君，忠也可事亲，实相须也。"③读《周易》时体悟到"学者须要天理人欲之间见得分明，方始有益。一毫相

---

① [清]张廷玉：《明史》，中华书局1974年版，第7224、7225页。
② [明]曹端：《曹端集》，中华书局2003年版，第262页。
③ [明]曹端：《曹端集》，中华书局2003年版，第259页。

杂，则学非其学而德非其德矣"①等，大体上形成了对儒家学术思想的系统认识与理解，可以说，这时他的思想已臻于成熟并向圣人之道迈进。即如后世学者所评价的："明正道、辟邪说粹然一出于正者也。"②虽然他曾经师从宜阳马子才，太原彭宗古，但其学问体系的形成却与他自己刻苦自学、反求深思和不囿于成说分不开。因此，明末的心学大师刘宗周对他十分推崇，称赞他"先生之学不由师传，特从古册中翻出古人公案。深有悟于造化之理，而以月川体其撰，反而求之吾心"，③可谓至当之论。

（2）曹端发扬儒家传统，倡明理学的时期。这一时期，从他二十岁开始，贯穿生命之始终。

第一，曹端以儒家的价值理念对佛教和道教进行批判。

他生活的明朝初年，由于官方对佛道二教的重视以及佛教、道教思想向儒家哲学的渗入，使得中国思想史上早已出现的三教合一思想至明代有了进一步发展，正如任继愈先生所指出的，"隋唐统一后，即有意识地使三教融合，当时有识之士也看到三教合一的必要性"。④既然隋唐之时儒家学者已看到了三教合一的必要与重要，宋明时期随着佛道在民间社会的进一步渗透，这种三教合一的趋势在明初有增无减。当时，无论是儒学、佛教还是道教，都在倡导三教合一。随着佛教、道教思想在民间的广泛流传，其影响也深入到民间百姓之中，并在一定程度上给当时的社会造成了动荡和不安。

这种思想斗争的形势和社会的危机问题是比较严峻的。就明初理学家来说，如果不能从深层次的学理内涵上把握宋代理学特别是程朱理学的真精神，彻底改变南宋末年以来朱陆末学的学术流弊，在宇宙论和心性论方面重新有所建树，从天道性命相贯通的角度为当时的人们提供一种足以取代佛道二教的人生观，就无法延续理学的学术生命。为了针砭时弊，曹端这位怀具忧患意识的学者即以儒家的价值理念，对佛道二教从理论和现实层面进行了深入而无情的批判。他指出："物本乎天，人本乎祖，人能敬天而不违其理，敬祖而能继其志，是谓报本。人人事佛、事神而言行违理，何能报本？"⑤并以此来警醒世人。

洪武二十八年（公元1395年），曹端年二十岁，读元明之际学者谢应芳

---

① [明]曹端：《曹端集》，中华书局2003年版，第260页。
② [明]曹端：《曹端集》，中华书局2003年版，第262页。
③ [清]黄宗羲：《明儒学案·师说》，中华书局1985年版，第2页。
④ 任继愈：《中国哲学发展史》（隋唐卷），人民出版社1994年版，第17页。
⑤ [明]曹端：《曹端集》，中华书局2003年版，第263页。

的著作《辨惑编》,深有所得,开始了他坚决批判佛道,躬行实践的一生。正是该书思想的影响,使他坚定了"反佛辞辟"的信念,旗帜鲜明地对"异端邪说"进行了坚定而又顽强的斗争。正如年谱所载:"先生至是意志坚定,内不溺于章句文辞之习,外不惑于异端邪说之谬,卓然以斯道为己任。"①

第二年,他又与当地一位十分熟悉佛法的老僧进行过一场针锋相对的辩论。老僧认为曹端:"秀才勤学笃孝,但不信神佛,未善。佛主轮回,神主祸福,事则报本。"曹端以儒家学者的视域,对此做出了回应:"物本乎天,人本乎祖,人能敬天而不违,尊祖而继志,是谓报本。若事神佛,而言行违礼,何云报本?且佛法自汉明帝始入中国,汉去开辟数千余年,岂汉以前无轮回,独汉以后有轮回哉?"②"夫积善之家,必有余庆,积不善之家,必有余殃,天道福善祸淫,鬼神不能移也"。③指出儒家学者不应该相信鬼神、佛道,天道流行自有它的公正,人只需敬天而不违便可。

洪武三十一年(公元1398年),对于同族人用堪舆术营葬,他力诋之并吟诗进行讽刺:"葬家风水果何由,举世滔滔苦信求。我道如依风水说,阴阳个个做王侯。"④一年以后,他的父亲准备参加赛神活动,他以"罢食"进行规劝,痛切地指出:"赛神无益。设有利害,愿以身当之。行神赛,从人欲也;罢神赛,从天理也。圣贤千言万语,只是遏人欲、明天理而已。"⑤从天理人欲的角度,指出赛神活动的错误之处。

永乐二年(公元1403年),曹端得了重病,他的家人为了使他能够尽快好转,没有经他同意,便采用了当时盛行的"祷诸鬼神、巫觋以禳之,又以秤称衣,名曰'取魂'"⑥的治病方法。即便在此时,曹端仍然以顽强的意志坚决反对这样的做法。他提出"祸非禳而去,福非祷而至。且人生阴魂阳魄,未尝相离,……魂魄离则死矣,岂有取魂招魄之理?敬鬼神而远之可也,何必亵渎为惑于邪说?溺于流俗,圣贤之罪人也"⑦的观点,以本于儒家价值文化的理念,批判了当时人们为了求福避祸,盲目相信鬼神和佛道的错误做法,并指出其背后所隐藏的社会根源就是"渎乱伦理,阳奉神,阴图财,诳

---

① [明]曹端:《曹端集》,中华书局2003年版,第262页。
② [明]曹端:《曹端集》,中华书局2003年版,第263页。
③ [明]曹端:《曹端集》,中华书局2003年版,第353页。
④ [明]曹端:《曹端集》,中华书局2003年版,第363页。
⑤ [明]曹端:《曹端集》,中华书局2003年版,第265、266页。
⑥ [明]曹端:《曹端集》,中华书局2003年版,第267页。
⑦ [明]曹端:《曹端集》,中华书局2003年版,第267页。

世惑众，伤风败俗"。①

永乐二十年（公元1421年）春，曹端服丧期满，改任山西蒲州儒学学正。当时蒲州学垣倾坏，他命工修治，有人以太岁在东和时值土旺为由，劝他不要动工，但他以阴阳五行相生相克之理为众人解除疑惑，不避太岁，修治学垣。不避土旺，修理公廨。②在其影响下，当地人都身受教化，积极毁淫祠，以尊崇儒家的文化价值理念为己任，如冯祥"闻先生明正道，拒邪说，毁淫祠，行家礼，以身为教，奋然从之，践履笃行，惟恐不及"；谢琚"始知淫祠相宜毁，佛道书宜弃，悉取其像与书火之，惟先生之教是尊是信"等。③此外，能够有力说明曹端批判佛道、化民成俗的事例还有永乐四年（公元1405年），劝彭、郑二先生勿赴水陆会；④永乐十八年（公元1419年），友人设斋醮，请先生祖先姓名奉之，先生隐其姓名不赴；⑤永乐十九年（公元1420年），夏赴河南府，折郡吏不信鬼神之问；⑥永乐二十一年（公元1422年），学生想做佛事来埋葬亲人，曹端以儒家先贤的经典学说为依据，对他进行教诲，使他打消了这种念头等。⑦

可以说，在曹端的一生中，根据儒家的相关经典著作如《周易》《四书》等对佛道二教进行了坚决而又深刻的批判，提出了许多颇有价值的观点。与前代的儒者相比，曹端的批判锋芒不仅体现在道德伦理和社会政治领域等形下的层面，而且体现在形上的哲学层面，使他的论点比前儒更加犀利、更加有理论深度，也取得了更好的社会效应。在此，需要指出的一点是，曹端只是从是否与儒家的价值理念相符合以及社会危害的角度对佛道二教进行了不遗余力的批判。对于佛道之人，他还是十分尊敬的，⑧也就是说曹端是就事论事的公平的批判，而不是为了个人利益的胡乱批判，由此也可见曹端的为人和他的公平正义。

第二，曹端作为一名儒家学者、管理地方学校的官员，一生所做出的另外一个贡献就是不遗余力地传播儒家先贤经典著作，使之深入人心，内化为学者们日常生活的准则与规范。

---

① [明]曹端：《曹端集》，中华书局2003年版，第268页。
② [明]曹端：《曹端集》，中华书局2003年版，第280页。
③ [明]曹端：《曹端集》，中华书局2003年版，第281页。
④ [明]曹端：《曹端集》，中华书局2003年版，第269页。
⑤ [明]曹端：《曹端集》，中华书局2003年版，第278页。
⑥ [明]曹端：《曹端集》，中华书局2003年版，第279页。
⑦ [明]曹端：《曹端集》，中华书局2003年版，第285页。
⑧ [明]曹端：《曹端集》，中华书局2003年版，第280~281页。

早在永乐元年（公元 1402 年），曹端 28 岁之时，就已经表现出他对儒家经典著作超出常人的领悟力，为以后传播儒家文化奠定了坚实的基础。据年谱载："有庠师，初莅任，命诸生讲《中庸》，闻先生发明亲切，条分缕析，无不中理，大惊异。……曰：'公真秀才也！用何工夫至此？我辈止于记诵文辞、涉猎科目耳，未闻讲论精微到此地位者。'"①

永乐七年（公元 1408 年）曹端 34 岁时赴京参加会试，登乙榜第一。4月，任职为山西霍州儒学学正，负责管理当地的学校教育，从而开始了他长达 25 年，且终其一生的教育生涯。曹端初到霍州时，当地人李德执教于讲坛，邀请他同登讲席，"相与答问论辩"。②李德十分佩服曹端的学问，对诸生说："学不厌，教不倦，不迁怒，不贰过，不狭长，不狭贵，曹先生之盛德也。其知古今之宜，达事变之节，尊所闻，行所知，区区莫能及之，倡明道学，继往开来，必先生也。古人云：'经师易得，人师难逢。'今得人师矣，可不自勉。"③永乐十七年（公元 1428 年），大使邢端重修五岳庙，请曹端为他撰写告文，这件事对于曹氏来说是非常荣耀的。但由于这种行为并不符合儒家的礼乐之序与文化价值理念，曹端不仅言辞激烈地拒绝了他，而且告诉他这种做法的错误与危害。④

宣德元年（公元 1426 年），曹端在试院与同列论太极。同列中有人提出"先有无极而后有太极"⑤的观点，他以本于儒家文化价值理念的视域对这一说法进行了批驳，指出："只此一句，便见所见之差，流于老、庄之说，如此则于不相离之言实不相蒙，与老子'道生一而后生二'、庄子'道在太极之先'之说同归于谬，岂周敦颐之意哉？"⑥即周敦颐的《太极图说》作为儒家的经典作品，其首句只能是"无极而太极"。无是指无形象、无方所，太极是理的别名。其他的说法只是后人没有明白周敦颐的原意而产生的误读。曹端以儒家学者的价值理念来解读儒家先贤的经典著作，不仅澄清了学者们的错误认识，也维护了官方理学（主要是程朱之学）的纯正性。

总之，曹端的教学实践活动正如霍州学生高文质所评价的："观曹先生书籍，听曹先生说话，饥可以忘食，寒可以忘衣，可轻其身从流俗乎。"⑦真正

---

① [明]曹端：《曹端集》，中华书局 2003 年版，第 267 页。
② [明]曹端：《曹端集》，中华书局 2003 年版，第 271 页。
③ [明]曹端：《曹端集》，中华书局 2003 年版，第 271~272 页。
④ [明]曹端：《曹端集》，中华书局 2003 年版，第 277 页。
⑤ [明]曹端：《曹端集》，中华书局 2003 年版，第 289 页。
⑥ [明]曹端：《曹端集》，中华书局 2003 年版，第 289 页。
⑦ [明]曹端：《曹端集》，中华书局 2003 年版，第 276 页。

取得了"修明圣学，诸生服从其教，郡人皆化之，耻争讼"，①较为明显的净化学者心灵、提升精神境界的效果，他的这些模范言行也随着周围人们的遵行而流传后世，为学者所赞美和崇敬。

第三，我们从现存资料中发现，曹端的著作十分丰富，无论是大部头的著作还是诗作都不少，从二十岁为教导学者们如何做人，采用《胡仲子文集》中的若干精华，编写成《性理文集》开始，到五十七岁为阐发"六经之精义奥旨"，②"取唐玄宗、许鲁斋二解述其精当者，分经布注解之"③而作《孝经述解》止，在三十七年的时间内，写出了《孝经述解》《四书详说》《周易乾坤二卦解义》《太极图说述解》《通书述解》《西铭述解》《性理文集》《儒学宗统谱》《存疑录》等十几本著作和若干诗文。由于时代的变迁，这些著述没有完整地保存下来，但我们从存世的作品中，可以明晓曹端对理学传承的拳拳之心。如从各种述、解、序中，我们发现他对先贤著作的解读大多使用权威理学家的成说，只是"未易晓者"，才"辄以所闻释之"。④而他对儒家先贤著作的推崇，撰写大量的述解类著作，则是为初学理学思想者提供方便，使他们能够更容易地接受理学特别是程朱理学的教导与熏陶，从这一方面来说，曹端的学问著述与教书育人是相辅相成的。

通过对曹端学术思想渊源、生平、学行与著述的论述，我们认为其思想体系的形成，不但融会了宋、元、明三代理学家的相关慧识，极具鲜明的时代烙印，而且具有自身独特的理论特色。正如后世学者所述："先生之学，自格物致知而推及于治平之大，自洒扫应对而推及夫位育之至。穷理以尽性，明善以诚身，道学君子也。士大夫见其诗则曰'工于诗者也'，见其文则曰'工于文者也'，见其讲论经书则曰'明于性理者也'，见其著书立言则曰'志于道德者也'，见其谈论人物则曰'考究精详者也'，见其辟邪攘异则曰'志意坚定者也'。合六者而并观之，则曰'博学而无所成名者也'。然则先生其一贯者乎！……先生足所履者，圣贤之迹；身所处者，圣贤之道；从容乎仁义之府，周旋乎礼法之场，循规而蹈矩，立忠而行孝。濂、洛、关、闽之后，道学之传，心法之微，先生一人而已！"⑤综观其人生经历，可谓名副其实！

---

① [清]张廷玉：《明史》，中华书局1974年版，第7238页。
② [明]曹端：《曹端集》，中华书局2003年版，第300页。
③ [明]曹端：《曹端集》，中华书局2003年版，第299页。
④ [明]曹端：《曹端集》，中华书局2003年版，第3页。
⑤ [明]曹端：《曹端集》，中华书局2003年版，第304～305页。

第一章　理学视域下总体天人宇宙图景的重建

在引言中，我们在前人研究的基础上，对曹端所生活的时代背景，他的生平、学行与著述进行了探究，接下来我们所要着力进行的是对他的学术体系本身较全面的探讨和研究。我们认为他的思想是时代特征的产物，具有高度的时代问题意识之自觉。

第一节　时代问题意识之自觉

受文化、哲学、政治、经济等因素的影响，在中国历史上，每一个朝代都有其独特的时代问题。古往今来每一位在学术上有所创建的哲学家都会以自己独到的思考方式来回应这个社会，形成问题意识。如前所论，元代以后程朱理学上升为官方哲学思潮。然而，它的发展却进入相对迟缓、徘徊的状态。这是一个少见的学术相对贫乏的年代，在这样的年代，开展学术思想的创新工作固然很难，原原本本地守其成也并非易事。这一情形到了明初，仍没有根本性的改变。就明初的思想家来说，宋、元、明三代交替，外族入侵、社会动荡，使得儒家的伦理道德观念受到了异族以及佛道思想的严重挑战，急需一种理论完备的官方指导思想来对整个社会的混乱状况在思想、行为上加以控制。然而，这一时期在学术文化和意识形态领域同时占主导地位的理学的发展却不尽如人意：一方面，明王朝建立后当政方选择理学作为政权建立的理论根据，他们接续元代官方对理学的相关措施，并奉之为法定的官方哲学思想，从而形成思想文化高度集中，程朱理学独尊的局面；另一方面，由于受各种因素制约，明初理学在学理上的发展早已进入举步不前的状态，学术空间也远没有宋代宏阔，它在一定程度上已经失去了生命创新活力与内在发展动力。因此，如何更好地应对来自各方面的挑战，传承、维系儒家的传统思想与文化，就成为当时社会的重要课题很现实地摆在了理学家的面前。

关于这一时期理学发展的状况，无论是当时还是后来的学者，都对此有着清醒的认识，他们毫不留情地指出这一时期理学发展的弊病之所在，如黄宗羲评论道："习熟先儒之成说，未尝反身理会，推见至隐所谓'此亦一述朱，彼亦一述朱'耳。"①认为这一时期的学术思想几乎没有原创性，学者们只是因循守旧，"习熟先儒之成说"。但是，作为有责任感的儒家学者，他们不甘心绵延几千年的儒学就此而衰落，又尽可能地提出解决问题的办法。如薛瑄尝云："自考亭以还，斯道已大明，无烦著作，直须躬行耳。"②认为理学发展到朱熹，无论是学理体系之建构还是对圣人之道的理解都已经非常完备，后来的学者就不用再在这一方面下工夫，只需按先贤的教导去做即可。

因此，对于明初理学家来说，面对理学官方地位独尊，其思想发展却大不及两宋的理论困境，挽救学术时弊又不触犯当政者的利益便成为他们的当务之急。在这一学术背景下，他们往往从程朱理学的学理体系出发，在其框架之下阐发自己的新观点、发挥自己的新思想，使明初理学以新的面目和姿态出现在中国哲学发展史上，呈现出三方面的特征：其一，学宗程朱；其二，和会朱陆；其三，批判佛道。如被黄宗羲誉为明代理学开山，推尊为"有明儒学之祖"的方孝孺之方正之学。他在理学上颇有一些创建，比较注重经世致用，主张从学理上批判佛道二教。刘宗周称赞他"考先生在当时，已称程朱复出。后之人，反以一死抹过先生一生苦心"，③可见其对理学的贡献。又如以"达于性天"为宗旨，以笃实躬行为特点的理学家薛瑄。他从"无极而太极，理一分殊"的宇宙观、"知性与复性"的人性学说、"格物与居敬"④的

---

① [清]黄宗羲：《明儒学案》，中华书局1985年版，第179页。
② [清]张廷玉：《明史》，中华书局1974年版，第7229页。
③ [清]黄宗羲：《明儒学案》，中华书局1985年版，第1页。
④ 张学智：《明代哲学史》，北京大学出版社2000年版，第20页。

工夫论等方面传承了理学,并提出一些新见。在理气关系问题上,他以"日光载鸟"为喻,既继承了朱熹的理气关系,又有所发明,既赞同曹端在理气关系中对朱熹的批判,又不完全赞成曹端的《辨戾》等。正如张学智先生的评价:"河东之学学风平实,而于平实中见精彩。"①可见此时理学家对学术传承与发展的一片苦心,而此时的学风,如我们仔细分析,也不是沉寂一片,而是在大致平静的前提下间或有一丝丝的精彩。

曹端作为一名生活于明初,被誉为"明初理学之冠"的理学家和朱子后学,应时代之际会和理学发展之趋势,在"深有悟于造化之理"的学术自觉激励下,选择了程朱理学作为其学术体系建构之蓝本,以弘扬和光大儒家的文化价值理念作为自己的学术使命。其学说自然要比以上几位更加契合时代要求,理论体系也更加圆融,从而成为一位真正能够较好地解决时代课题,提出许多真知灼见,并形成自己独特问题意识的思想家。其具体表现为:对明初学术大势的深刻理解;对和会朱陆学术思潮的反思;在佛道思想流行的现实社会中如何重新确立儒家的价值观三个方面。与之相对应,他以学宗程朱理学、兼采陆氏心学的为学路数来建构其学术体系,包括五个方面,即宇宙观、心性论、工夫论、境界论和经世致用视域下的政道与治道。宇宙观从本体的层面论述了人生活在这个世界上所凭借的价值根基;心性论表达了人成就圣贤所必备的价值资源;工夫论强调涵养心性,以达致圣贤境界为目标;境界论则说明了天理的顺畅发用,并为人所完整地禀受,不仅可以使人成就内圣之德性,而且可以达成外王之事功,最终实现天人一体的圣贤境界;而政道与治道的理念则抒发了曹端的理想社会之愿景并对治国措施加以论证。总而言之,曹端的思想对宋、元理学的继承和发展做出了较大的贡献,彰显了在时代背景之下的问题意识与学术取向,体现了其思想在明初理学思潮中的岐出和独特的理论特征。本书将在以后的章节中逐步加以展开,此处便不详细讨论了。

在中国哲学特别是宋明理学中,学理体系之建立首先要具有明确的整体大宇宙意识,这是一切问题的出发点。曹端对此也有很深的体会,他提出:"太极,理之别名耳。天道之立,实理所为。理学之源,实天所出。……圣心一天理而已。圣作,一天为而已。……而理学之传有宗焉。"②认为太极或理是理学得以产生的源头和终极根基,对于理学思想的探讨应从这里

---

① 张学智:《明代哲学史》,北京大学出版社2000年版,第25页。
② [明]曹端:《曹端集》,中华书局2003年版,第1页。

开始。所以，我们所研究和探讨的曹端思想，首先落实为理学总体天人宇宙图景的重建，而此一宇宙图景之重建，其核心内容则是天人万象终极根基的重新正定。

第二节　天人万象终极根基的重新正定

对于天人万象终极根基是什么的问题，在古今中外不同哲学家那里，有着不同的回答。在西方哲学中，古希腊的泰勒斯首先提出"水"是万物的"始基"，认为宇宙万象都是由水而产生的。此后，又有阿那克西米尼的"气"、赫拉克利特的"火"、德谟克利特的"原子论"等将某种世界上存有的物质确定为宇宙万象终极根基的直观之诠解，这些观点开启了古希腊思想史上关于宇宙产生和宇宙本原问题的哲学探索。后来的哲学家在此基础上把宇宙的本原问题加以抽象，上升到形上的高度就产生了本体的概念。如埃利亚学派的著名哲学家巴门尼德提出"存在"的概念，柏拉图则以苏格拉底的思想为基础创造了"理念"的范畴等。

对于什么是世界本原的问题或者说世界是如何起源的问题，在中国哲学中却因为哲学家自己特有的人生观、世界观和宇宙观而各具特色。无论是道家的"道""太一"；佛教的"万法唯识""圆融无碍"；还是儒家的"诚""太极""理""心"等，都与西方许多哲学家所倡导的主客二元对立的观点截然不同，它们最大的特点是并不过分注重理性的分析和逻辑结构的严整、缜密，而将侧重点放在境界的高远和直觉的涵摄上。所以，在读中国哲学家的许多作品时，我们往往感觉不到那种咄咄逼人的严整逻辑体系或是一个个有着完整定义形式的哲学概念和范畴。即便如此，在大多数的中国哲学家那里，还是明确承认意义世界是有其终极根基的，"即宇宙中之最究竟者，古代哲学中谓之'本根'"。[①] 如果说先秦、汉唐时期的学者对于这一问题的认识还是基本倾向于宇宙生成论，到了宋明理学时代，由于受到佛道思辨哲学和本体论

---

① 张岱年：《中国哲学大纲》，中国社会科学出版社1982年版，第6页。

思想的影响，无论是邵雍，还是以后程朱一系的理学派、陆王一系的心学派，虽然他们在宇宙本原或本体问题上有自己独特的理解，如邵雍的"心为太极"，二程与朱熹的"天理"以及陆九渊的"本心"等，但他们所认同的宇宙万象的终极根基无一例外地具有形上的本体意蕴。即在理学的发展中，宇宙生成论的说法逐渐被抛弃，而以本体论为学理根基的宇宙论日益成为理学家所推崇的主流。如果说在理学开山周敦颐那里，"无极而太极"的说法还带有明显的宇宙生成论的倾向，[1]到了朱熹，他对"无极而太极"的解释已经完全是本体论意义上的了。此外，朱熹还提出了他的一系列其他相关理论，如理气动静、理一分殊等，共同组成了以"太极（理）"为宇宙万象之所以为宇宙万象的终极根基的学理体系。

在中国哲学中，"太极"是一个十分重要而又出现频繁的理论范畴，早在春秋时期的哲学著作中就已经发现了它的踪迹，如《庄子·大宗师》提出："自本自根，未有天地，自古以固存；神鬼神帝，生天生地。在太极之先而不为高，在六合之下而不为深，先天地而不为久，长于上古而不为老。"[2]笔者认为太极在这里，只是庄子宇宙论的一个组成部分，尚未达到本体的高度，但其对"太极"的玄远论证，却给后学的研究提供了无限可能。在儒家著作中，"太极"一词首见于《易传·系辞上传》："是故易有太极，是生两仪。两仪生四象。四象生八卦。八卦定吉凶。吉凶生大业。"[3]作为儒学的一个重要范畴，历来的学者都对它非常重视，依据时代背景和学术需要，从不同的角度进行诠释和发挥，赋予了这个范畴丰富的内涵。从易学的视域下审视这一变迁，我们发现：在汉代经学时期，无论是古文派还是今文派，由于受象数易学的影响，他们对"太极"的诠释，多少都与象数有关，"太极"的哲理性内涵并不突出。魏晋之后，在玄学学风的影响下，易学的研究由象数转向义理，学者们结合周易、玄学，对"太极"展开了全新的解读，一个显著的特征就是把"太极"与"有""无""体""用"等范畴结合，"太极"的哲学意蕴大大加深了。北宋兴起以后，由于理学家的提倡，"太极"成为他们建构思想体系的重要依据。他们大多从本体论的角度阐释太极的义理内涵，升华了太极的哲学意蕴。如张载的"一物而两体其太极之谓"；[4]朱熹的"所谓太极者，只是二气五行之理，非别有物为太极也。以理言之，则不可谓之有；以

---

[1] 陈来：《宋明理学》，华东师范大学出版社2004年版，第39~40页。
[2] [清]王先谦：《庄子集解》，上海书店1986年版，第40页。
[3] 周振甫：《周易译注》，中华书局1991年版，第248页。
[4] [宋]张载：《张载集》，中华书局1978年版，第183页。

物言之，则不可谓之无"①等。经过这些理学家的大力挖掘与阐发，"太极"已经成为宋代理学研究中不可回避的哲学范畴。

这一范畴经过元代理学家的传承和发展，到了明代初期，依旧是理学家研究、探索的重点对象，曹端也深受影响。在这样的大背景之下，他即以易学的视域，揭示了一幅太极即理而为万有终极根基的总体天人宇宙图景，提出了许多独到而有学术价值的观点。

1. 太极与理

在曹端的学理体系中，"太极"和"理"是十分重要的哲学范畴。它不仅是宇宙万象大化流行和社会人生得以产生和发展的终极根基，也是其理学思想的逻辑起点和终极根基。其内涵有如下数端：

第一，曹端以易学的视域来解释天道和理学的起源。他指出："太极，理之别名耳。天道之立，实理所为。理学之源，实天所出。是故河出图，天之所以授羲也；洛出书，天之所以锡禹也。羲则图而作易，八卦画焉；禹则书而明范，九畴叙焉。且以羲易言之，八卦及六十四卦次序方位之图，曰先天者，以太极为本，而生出运用无穷，虽欲绍天明前民用，然实理学之一初焉。厥后，文王系卦辞，周公系爻辞，其义始明且备，命曰周易。及孔子十翼之作，发明羲画、周经之旨大明悉备，而理学之传有宗焉。"②他创造性地将自己所理解的易学精神，具体运用到了其理学体系的建构中，以简明扼要的语言概括了易学视域下理学天人之学的真实内涵与哲理意蕴。在曹端看来，太极作为理的另外一个名称，属于同一层次的哲学范畴，是人与宇宙万象的终极根基。理学也因此而产生。天之所赋的河图、洛书之学，伏羲易学和先天易学则是"理学之一初"。在此之后，经"文王系卦辞，周公系爻辞"而产生的《周易》是对上述学说的具体阐释，使之意蕴明了完备。孔子则通过自身的努力作十翼，更加光大和彰显了伏羲之学，易经之学，从而使理学得以传承。因此，笔者认为，在曹端那里，理学与易学在学理上完全合一，他所理解的理学，是一种易学视域下的理学。

第二，曹端继承了朱熹太极本体论的理念，创造性地转化和阐发了《易传·系辞上》"易有太极，是生两仪"和周敦颐《太极图说》"无极而太极"，"太极动而生阳，静而生阴"的宇宙生成论的观点。在博综各家学说的基础上，

---

① [宋]周敦颐：《周敦颐集》，岳麓书社2002年版，第7页。
② [明]曹端：《曹端集》，中华书局2003年版，第1页。

形成了他自己的天道观。他提出:"太极者,象数未形而其理已具之称,形器已具而其理无朕之目。……生之者皆太极焉。无谓无形象,无声气,无方所。极谓至极,理之别名也。太者,大无以加之谓。……惟理则无形象之可见,无声气之可闻,无方所之可指,而实充塞天地之间,贯彻古今。……太极,理也。阴阳,气也。有理则有气,气之所在,理之所在也。……太极是就阴阳之动静,而指为是动静之本体也。"①即太极(理)是形上的哲学本体,是其思想的最高范畴和整个学术体系的终极根基。它无声臭、无形象、无方所,是一恒常性终极实存,不会因人和物的因素发生一丝一毫的改变。阴阳二气的动静、宇宙万象的大化流行皆无一例外完整地涵具了它。宇宙万象息息相通,一本于太极(理),正是太极(理)令它们内在地连为一无限宏大之有机生命性整体。太极(理)是微渺无形状的,气是显著有形体的,太极(理)与阴阳二气乃至宇宙万象的关系是形上形下和不即不离。这是以《程氏易传》中所提到的"体用一源,显微无间"的显微关系解释理(太极)气关系:"微"无论在程颐还是曹端那里,都是无形象、无方所、无声臭的形上之天理,而"显"则指理与气相结合以后所形成的宇宙万象及其大化流行的所然与实然。

第三,曹端批判了老庄视域下把"太极"与"道"看成两种概念;"太极"不是万物之本原,"太极"之上更有"一"或"道"为本原的太极观和孔子以后许多儒家学者以气论"太极"的观点,以本于理学的视域来诠释太极的意蕴。他指出:"盖孔子而后论太极者皆以气言。老子道生一而后乃生二,庄子师之曰:'道在太极之先。'曰一,曰太极,皆指作天、地、人三者气形已具而混沦未判之名。道为一之母,在太极之先,而不知道即太极,太极即道。"②"气以理而生,理以气而实,无彼此之间也。"③"所谓太极者,只二气五行之理,非别有物为太极也"。④依曹氏之见,太极与道、理一样都是具有超越性、形上性和内在性等本体性质的第一序的哲学范畴,是产生气以及宇宙万象的所以然或终极根基。它的真实存在、圆融发用和彰显,产生了宇宙万象互相依存、生生不息的有机生命世界。气则是形下的,第二序的范畴,宇宙万象产生的载体。它的变化交感也为理所主宰和制约。所以气不能作为宇宙之所以为宇宙,人之所以为人的终极根基,不能作为产生宇宙万象的形上依据。从而明确指出了这些观点的错误就在于降低了太极的本体性地位,

---

① [明]曹端:《曹端集》,中华书局2003年版。第1~5页。
② [明]曹端:《曹端集》,中华书局2003年版,第2页。
③ [明]曹端:《曹端集》,中华书局2003年版,第7页。
④ [明]曹端:《曹端集》,中华书局2003年版,第11页。

无论是把"太极"或"道"看成两种概念,认为"太极"不是万物的本原,还是把"太极"理解为气,太极自身都不具备完足性,在其上还必须有一个更为终极的根基来产生它。这就等同于庄子哲学"道在太极之先"的观点,进入"老氏以虚为道"①的理论误区,而不是理学家②所倡导的"所谓太极者,只二气五行之理,非别有物为太极"③的价值理念。

然而,这一总体天人宇宙图景是如何实现和彰显的呢?曹端认为,在逻辑上其表现为太极—阴阳—五行—万物的一个逐步、逐层次展开的过程。在现实中,则具体通过"太极动静"的方式,由体及用而实现。他提出,"太极以静而立其体,以动而行其用,则天下万事之体用由之,序《易》者有曰'体用一原',一原即太极也",④对宋明理学中的一个重大理论问题——"太极动静"进行了探讨。

2. 太极之动静

在中国哲学中,哲学家很早便使用太极这一命题来解释宇宙的起源或世界的本原。但太极如何产生宇宙万象以及丰富多彩之现象世界?他们虽经竭力思考,却一直没有很好的解决方式。直到北宋中叶,周敦颐提出太极动静的学说,认为宇宙万象和社会人生的产生和流变,是由于太极动静的作用,才在一定程度上解决了这一理论问题。他简约而明确地提出:"无极而太极。太极动而生阳,动极而静;静而生阴,静极复动。一动一静,互为其根;分阴分阳,两仪立焉。阳变阴合而生水火木金土,五行顺布,四时行焉。五行一阴阳也,阴阳一太极也,太极本无极也。"⑤认为宇宙万象和社会人生的终极根基是太极,太极在运动变化中,逐渐产生了阴阳二气,阴阳二气交感流行出现了水、火、木、金、土五行,随后又产生了春、夏、秋、冬四时。这样,一个丰富多彩的有机生命世界便出现了。他开启了宋代理学家讨论"太极动静"问题之先河,并为他们提供了理论思路。

与周敦颐同时代而稍晚的另一位理学家张载也十分重视太极学说和太极动静的问题,但是他与周敦颐的学说有很大的不同。他提出"一物两体,其太极之谓欤!阴阳天道,象之成也。刚柔地道,法之效也。仁义人道,性之立

---

① [清]张廷玉:《明史》,中华书局1974年版,第7238页。
② 曹氏学宗朱熹,因此在他的学理体系中,朱熹为最正统的理学家。
③ [宋]周敦颐:《周敦颐集》,岳麓书社2002年版,第7页。
④ [明]曹端:《曹端集》,中华书局2003年版,第6页。
⑤ [宋]周敦颐:《周敦颐集》,岳麓书社2002年版,第3~5页。

也。三才两之，莫不有乾坤之道也。一物两体者，气也。一故神（两在故不测），两故化（推行于一），此天之所以参也。两不立则一不可见，一不可见则两之用息。两体者，虚实也，动静也，聚散也，清浊也，其究一而已"①的观点。在张载这里，太极有两种意涵：其一，太极是造化"阴阳天道""刚柔地道"和"仁义人道"的终极根基。其实质是"一物两体"的气。其二，太极是阴阳的统一体，太极在变化中所呈现的"虚实""动静""聚散""清浊"等现象称之为阴阳。在其动静不已的神妙变化中，宇宙万象得以产生和流行。

"太极动静"经过北宋几位理学家的阐释和发挥，到了朱熹那里，又有了很大转变。他提出，"盖太极者，本然之妙也；动静者，所乘之机也。太极，形上之道也；阴阳，形下之器也"。②"阳动阴静，非太极动静，只是理有动静，理不可见，因阴阳而后知，理搭在阴阳上，如人跨马相似。……太极理也，动静气也。气行则理亦行，二者相依而未尝相离也"③，创造性地转化了周敦颐、张载的太极学说，第一次把太极解释为理，认为太极和理没有任何区别。它们是同一层次的哲学范畴，形上的本体，宇宙万象、阴阳动静的所以然之根基，或者说是动静之理。太极自身不会动静，只能够搭在阴阳二气上，依随它们的动静而动静，就像人骑马一般。继之，他指出："自其著者而观之，则动静不同时，阴阳不同位，而太极无不在焉。自其微者而观之，则冲穆无朕，而动静阴阳之理已悉具其中矣。"④动静属于形下的现象世界（著者），太极是理，它属于形上的意义世界（微者），只能涵具在现象世界的动静之中，并通过现象世界的动静具体表现出来。然而在《太极图说解》中，朱熹这样来解释周敦颐的"太极动静"观点："太极之有动静，是天命之流行也。"⑤从字面意思来看，似乎太极可以动静，结合上文，便容易使人产生疑问，即在朱熹那里，太极到底能不能动静？所谓"太极之有动静，是天命之流行也"又是指的什么？

如果我们稍加分析，就会发现，朱熹的太极动静理论建立在"盖太极者，本然之妙也；动静者，所乘之机也"的基础上，朱熹理学体系中的"理"无论在哪里都是洁净空阔的理世界，它不会动静，只是宇宙万象动静背后的所以然，能够动静的是形下的事物如宇宙万象的大化流行等。正如朱子在《答杨子直》

---

① [宋]张载：《张载集》，中华书局1978年版，第235页。
② [宋]周敦颐：《周敦颐集》，岳麓书社2002年版，第3页。
③ [宋]黎靖德：《朱子语类》，中华书局1986年版，第2374，2376页。
④ [宋]周敦颐：《周敦颐集》，岳麓书社2002年版，第3页。
⑤ [宋]周敦颐：《周敦颐集》，岳麓书社2002年版，第3页。

中为学者们解惑时所说的，"盖谓太极含动静则可（朱熹自注：以本体而言也），谓太极有动静则可（朱熹自注：以流行而言也），若谓太极便是动静则是形上下不分"。①此时的太极（理）已经不是那"洁净空阔的理世界"而是与气相结合的"理搭在阴阳上"的理乘气动，即"气行则理亦行，二者相依而未尝相离也"。所以说，在朱熹那里，本体意义上的太极不会动静，可以动静的是太极发用之后所产生的阴阳二气。它们在现实世界中的具体动静过程，使得太极的动静之理得以彰显。从这一意义上说，我们不应该把朱熹对此一问题的理解称之为"太极动静"，而应从他的学理体系出发，称为"理气动静"更为合适。

在此基础上，我们将谈到曹端所理解的"太极动静"问题。

第一，在他的学术体系中，太极是理，宇宙万象的所以然之根基，它自身是可以动静的。他提出，"极为至极，理之别名也。太者，大无以加之称。……惟理，则无形象之可见，无声气之可闻，无方所之可指，而实充塞天地，贯彻古今，大孰加焉？……太极者，本然之妙，而有动静焉。动静者，所乘之机也，而无止息焉。……太极之动，不生于动而生于静，是静为动之根。太极之静，不生于静而生于动，是动为静之根。静，则太极之体立而阴以分；动，则太极之用行而阳以分。于是天地定位而两仪立矣"②。依曹端之见，太极是宇宙万象之所以为其本身的最高哲学范畴。一方面，他与朱熹一样，都承认宇宙万象的终极根基——太极是理，具有"无形象、无声气、无方所"和"本然之妙"的特征。另一方面，从太极能否动静的问题上，又与朱熹所认为的太极自身不会动静，只是动静背后的所以然之理，有着本质区别，而在一定程度上归复于周敦颐的太极动静观点。

依曹端之见，太极动静具有作为本体意义上的动静和作为宇宙生成过程的动静两方面的意涵，即一方面是形上层面的动静，另一方面是形下层面的动静。从形上的本体层面分析，太极因其所本身涵具的动的特性，自发运动而产生阳的性质，又因其自身的特性自发静止而产生阴的性质。太极"动"的性能之所以能够产生，并不是因为动自身的发动，而是来源于它的对立面——静，反之亦然。此阴此阳、此动此静之间又相互涵摄。在动而生阳的过程中同时蕴含着阴的性质和静的可能性、在静而生阴的过程中同时蕴含着阳的性质和动的可能性。当动静处于抽象状态之时，是太极动静所以为太极动静之理，属于形上的动静状态。它们"互为其根"，在一定条件下可以相互转化，即"静，则太极之体立而阴以分；动，则太极之用行而阳以分。于是

---

① [宋]朱熹：《朱熹集》，四川教育出版社1996年版，第2154页。
② [明]曹端：《曹端集》，中华书局2003年版，第11，12页。

天地定位而两仪立矣"。从形下的现实层面分析，太极动静就表现为宇宙大化流行的实际产生和流变过程。当动静在宇宙大化流行中真正产生之时，太极动静之理便开始发用，进入形下的现实领域。这时的动静就不再单纯地表现为一种性质，而展现为具体的过程。即太极因动的性质产生阳气、称之为"阳动"，因静的性质产生阴气，称之为"阴静"。此时，阴阳也不再是阴阳之所以为阴阳的阴阳之理，而表现为有形可见的阴阳二气。阴阳二气出现以后，便接续太极，开始发挥它们的作用："阳变而阴，而生水金。阴合而阳，而生火木。土则生于变合之中而阴阳具，故中和焉……木气布而为春，万物以生。火气布而为夏，万物以长。金气布而为秋，万物以敛。水气布而为冬，万物以藏。土气则寄于四序之间，而四时行矣。"①呈现出宇宙生化过程的复杂性，进一步分化为水、火、木、金、土五行。继之，五行所具有的不同特性，使它们顺次而行，产生了春、夏、秋、冬的四时更替。总而言之，太极动静是太极作为宇宙万象终极根基的内在本质，是太极能够是太极而不是他物的一种性能。正是在太极动静的抽象与现实过程中，宇宙万象得以产生和大化流行。

第二，曹端认为，在太极动静的过程中，太极（理）与其产生的阴阳二气之间的关系是"气以理而生，理以气而实，无彼此之间也"；②"太极，理也。阴阳，气也。有理则有气，气之所在，理之所在也，理岂离乎气哉"；③"理虽在气中，却不于气混杂，此周子既图之于阴阳动静之中，而又特揭于上，以著理气之不相杂也"。④从而引出理气关系的问题。主要有三层内涵：其一，理气先后。从上文，我们发现，虽然在现实世界中，理气"无彼此之间"，但"气以理而生，理以气而实"，理是形上的本体，产生气及宇宙万象的所以然，因气而得以彰显。气是形下的阴阳二气，现实中的具体存在物。它们之间并非并列，而有先后。理作为气的终极根基，它必须先于气，由形上而形下，由本体而现象。但这只是一种逻辑上的推理，不是现实世界中的真实表现。其二，在现实层面，理与气，互诠互显，不可分离。理作为"无形象、无声气、无方所""而实充塞天地，贯彻古今"⑤的形上之本体，在形下的现实层面，无法显现其作用，必须依靠气，通过具体的宇宙万象等有形体的事物才能够表现出来。因此，理就在气中。即"有理则有气，气之所在，理之所在，

---

① [明]曹端：《曹端集》，中华书局2003年版，第6，7页。
② [明]曹端：《曹端集》，中华书局2003年版，第7页。
③ [明]曹端：《曹端集》，中华书局2003年版，第2页。
④ [明]曹端：《曹端集》，中华书局2003年版，第5，6页。
⑤ [明]曹端：《曹端集》，中华书局2003年版，第5页。

理岂离乎气"。其三、理气不离不杂。在逻辑上它们浑沦无间，是一内在的有机整体。在现实中却理是理、气是气，界限分明，不可将理看作气，或将气看作理。理是宇宙万象的终极根基，气是具体的、个别的有形体之事物。它们分指形上形下，不可混淆，所以说"理气之不相杂"。

第三，他认为在朱熹的学理体系中，对太极动静的内涵没有很好把握，从而产生了"自相龃龉"的说法。为了澄清这一问题，他写下了著名的理学论文——《辨戾》。从这篇文章我们可以看出曹氏虽学宗朱子，作为一名具有问题意识的理学家却不囿于成说，在学术考辨之中也不乏自己的见解。因此刘蕺山称赞他说："所学不由师传，特从古册中翻出古人公案，深有悟于造化之理，反而求之吾心。"①《辨戾》全文如下：

先贤之解太极图，说固将以发明周子之微奥，用释后生之疑惑矣。然而有人各一说者焉，有一人之说而自相龃龉者焉，且周子谓"太极动而生阳，静而生阴"，则阴阳之生，由乎太极之动静。而朱子之解极明备矣，其曰"有太极，则一动一静而两仪分。有阴阳，则一变一合而五行具"，尤不异焉。及观语录，却谓"太极不自会动静，乘阴阳之动静而动静"耳，遂谓"理之乘气，犹人之乘马，马之一出一入，而人亦与之一出一入"，以喻气之一动一静，而理亦与之一动一静。若然，则人为死人，而不足以为万物之灵，理为死理，而不足以为万化之原，理何足尚而人何足贵哉？今使活人乘马，则其出入、行止、疾徐，一由乎人驭之何如耳。活理亦然。不之察者，信此则疑彼矣，信彼则疑此矣，经年累岁，无所折衷，故为辨戾，以告夫同志君子云。②

这篇文章是曹端在仔细研读周敦颐的《太极图说》、朱熹的《太极图解》、黎靖德的《朱子语类》以及许多宋元时期学者研究《太极图说》的文章资料后，经过多年的潜心思索后得出的系统结论。文中的语录指的是《朱子语类》，曹端在文中指出无论是周敦颐的《太极图说》还是朱熹的《太极图解》都主张太极自身会动静，而《朱子语类》却说太极自身不运动，只是有形可见的事物（气）运动的所以然之理，只能承载在气上才能够动静，这时的理就如死人骑马，成为一种被动的、受阴阳之气所支配的东西，理（太极）的活灵活现生化万物的作用完全被隐藏了起来，又怎么能够成为宇宙之本原呢？所以，他特别强调太极自会动静，不存在"太极乘阴阳之动静而动静"的问题。同时，理对于宇宙间的大化流行本然地起到支配与能动的作用，与气一体，

---

① [清]黄宗羲：《明儒学案》，中华书局1985年版，第2页。
② [明]曹端：《曹端集》，中华书局2003年版，第23、24页。

也不存在"理乘气"的问题。如果非要用人骑马来比喻理与气的关系,那么也应是活人骑马,理应该主动地支配和驾驭气的流行和变化,而不是理随气的流行、变化而显现其作用。这样才是符合周敦颐原意的解释,朱熹的见解是错误的。并且因为在研究中发现了先贤朱子的错误而惴惴不安,把这篇论文定名为《辨戾》。

其实,结合上文有关周敦颐和朱熹"太极动静"的论述,我们认为,曹端对这一问题的理解是对周敦颐和朱熹的太极动静学说的理论发展,他一方面采用朱子的理气论(理气浑融无间与理气不离不杂)来解释宇宙万象的所然与所以然,另一方面又利用周敦颐的太极动静学说来解释整个宇宙的产生与存在。无疑是将两者的观点都融入了他自己的学理体系,并在其指导下进行了新的整合与转换。即在曹端的理学视域中,太极作为终极根基,并不完全等同于朱熹的太极内涵,它可以动静,并在其动静不已的过程中,宇宙万象得以产生和大化流行。在这种预设下,太极在未发用之前是理,在发用之后,便是气。理气相即不离。理无论何时都可主动支配气的流行,因此,他反对朱熹的"理乘气动"的观点,而以"活人骑马"为喻,"提出"理驭气动"的观点。他的这一新见,无疑在宋明理学诠释学史上具有重要的理论意义。

但后人在对曹端的这一观点进行评价时,却因为个人理解的不同而出现了分歧,甚至认为是曹端对朱熹学说的误读。如黄宗羲指出:"先生之辨虽为明晰,然详以理驭气,仍为二之。气必待驭于理,则气为死物,抑知理气之名,由人而造,自其浮沉升降者而言,则谓之气,自其浮沉升降不失其则者而言,则谓之理。盖一物而两名,非两物而一体也。"①从理气二分的角度来阐释曹端的太极动静学说,显然不甚符合其本意。

钱穆先生则指出:"朱子乘马之喻,特谓理必载于气,气必载理而行,月川看呆了,遂有死人乘活马之疑。因疑此理亦是死理。但朱子言理气,主要在言宇宙自然界,故有理弱气强之说,若使宇宙自然界,理之乘气,亦如活人乘马,出入行止徐疾,一由乎理之驭之,则此宇宙自然,当已一切尽美尽善,更何待乎人之赞育?……朱子则谓天下未有无理之气,而理却不曾造作,日用间运用,都由这个气,而气又必不违乎理。故理与气,必当合而观,又当离而观。无极而太极,此太极指理。太极动而生阳,此太极乃是指气。故曰太极非是别为一物,即阴阳而在阴阳也。月川所疑,盖因过分看重了理气之合而为一,而不曾细看得理气之可离而为二也。"②他认为在朱熹的学理体

---

① [清]黄宗羲:《明儒学案》,中华书局1985年版,第1064页。
② 钱穆:《朱子新学案》(第一册),台湾三民书局1982年版,第279~282页。

系中,理气关系是二分的,但在曹端的理学思想中,理气是完全一体的。正因为两人对理气关系的理解不同,才导致了曹端对朱熹学说的误读。

牟宗三先生也曾对此问题发表见解:"曹端(号月川)见出濂溪之意实是'太极动而生阳','静而生阴','阴阳之生由乎动静',此是也,但以朱子之注语亦是'明备'而'不异'乎此,则非是。彼不解朱子注语之背景。彼以为注语与《语录》相矛盾(相戾),此则为注语表面辞语所迷惑,而不知朱子思理实一贯也。……故注语之言'太极有动静'须另眼相看,其表面辞语虽'不异',而其意指实有异也。此则为曹端所看不出来矣。至于彼以为濂溪所言之太极是'活理',是也,但以为朱子注语所说太极亦是活理,至《语录》才成为'死理'则非是。朱子注语与《语录》既一贯,则朱子实认'太极不自会动静,乘阴阳之动静而为动静耳'。理固无所谓死活,但朱子所意谓之理是只存有而不活动者则无疑。彼知'死理'为非是,但不知朱子之意实如此也。彼以为理应当是'活理',此不错,但不知理如何能成为活理,亦不知濂溪所言之太极何以是活理也。只看'太极动而生阳'一语便认为是'活理',宜其看不出朱子注语之有所殊指也。此而看不出,则其对于理之死活之关键未有所知亦明矣。"①认为曹端对周敦颐的"太极",朱熹的"理"的内涵没有真正把握。朱熹的理是"只存有而不活动者",周敦颐的太极则是"活理",它即存有而即活动,曹端却将它们当成一回事。所以便得出了错误结论。

综上所述,我们对曹端的"太极动静"学说进行了衡评。如果我们进一步从现代哲学诠释学的角度出发,来分析这个问题,可以得出如下之结论:

首先,对于"太极动静"问题的争论,我们作为当代学人,自然不应拘泥于他们的学术理念,而应该用一种超越性的人文历史理性之视域,着眼于中国文化与思想发展的特有思路来加以审视之、评判之。在此理路之下,我们从诠释学的角度出发,认为曹端对周敦颐"太极动静"学说和朱熹"理气动静"学说的理学诠释,纵然在事实的合理性方面表现不够完美,但它在价值的合理性方面却值得我们肯定。它是在明初理学的时代大背景下的富有思辨特色的理学诠释学理论的集中体现,与仅仅着力于名物之训诂的汉唐经学形成了极其鲜明的对照。这种理论将疑经思想贯彻到对经典的诠释之中,最大的特点就在于它不以圣人及经典著作本身为最高权威,克服了汉唐经学"注不破经、疏不破注"的理论缺陷,代表了当时中国古代诠释学理论发展的大方向。

其次,我们认为它体现了这样一种特色,即文本原创者的本意对于后来的

---

① 牟宗三:《心体与性体》(上),上海古籍出版社1999年版,第332~333页。

解读者而言,从现实方面几乎不可能原原本本地加以复现。文本一旦产生,其本意与意蕴就成为两个永远不能完全重合的范畴,前者是一既定的历史性存在,它可以独立于后来的解读者而存在。而文本的意蕴却是一历时性的存在,它会随着解读者的不同而随时变化,不断产生新的理解。这也正是伽达默尔所赞成的"文本的意义超越它的作者,这并不只是暂时的,而是永远如此的,因此理解就不只是一种复制的行为而始终是一种创造的行为。……如果我们一般有所理解,那么我们总是以不同的方式在理解"①的真实内涵之所在。

　　总之,曹端的太极动静学说在宋明理学史上具有较为重要的学术地位。它是对前儒如周敦颐、朱熹等学说的继承和发展,对于理学的传承做出了很大的贡献。更为重要的是,曹端在本之于儒家文化价值系统的宏大理学视域下,以其独特的哲学诠释学之进路和勤于思考、敢于怀疑的治学态度所著之《辨戾》,不但是对宋儒疑经思潮的继承、理学诠释学理论的一大综合,而且它将时代背景融入学术研究之中,成为中国古代诠释学理论发展的一个高峰。在当代有不少学者如汤一介先生等呼吁重建中国诠释学,并且有的学者已进行了有益尝试的学术大背景之下②,对曹端的理学诠释学思想就更为深入研究的必要,并可借此来推动中国古代诠释学理论的研究。

　　曹端理学的价值在于,它不但能够传承前儒的学术思想,而且能够将前儒的思想依据时代背景、社会的需要进行一番学理上的转化,并以此来建构新的学术思想。接下来,我们将探索曹端关于太极即理而为万有终极根基的总体天人图景的重建问题。

第三节　总体天人宇宙图景的重建

　　如前所述,在中国哲学关于总体天人宇宙图景的建构问题上,太极一直是一项重要的学术资源。如先秦的庄子认为作为万物本原的"道"具有自本

---

① 伽达默尔:《真理与方法》,第301~302页,转引自洪汉鼎:《诠释学——它的历史与当代发展》,人民出版社2001年版,第2页。
② 景海峰:《中国哲学的现代诠释》,人民出版社2004年版,第23~33页。

自根的特性，是比太极更先在与终极的物物者，那么什么是太极呢？在先秦时期太极更多不是指本体而是天地未分、混沌一团、阴阳合一的状态，也就是元气。正如唐孔颖达的疏："太极谓天地未分之前，元气混而为一，即是太初、太一也。"①自庄子之后，后世学者多用太极的概念形容迷离恍惚、混沌未分的气的状态，并以此为起点，展开对宇宙万象生成的论证，也就是说他们认为人只要遵循宇宙万物的产生、发展与演变的自然规律，掌握好阴阳的变化规律，就能对整个世界的未来走向做出正确预测，那么物质的需求也就没有那么重要，完全可以超越从而达致忘我的境界。可以说这是中国先哲超人的智慧之凝聚。不仅庄子，汉唐经学、魏晋玄学等对此也多有论及。宋代之后，随着道士陈抟做《无极图》，太极的理念有了新的转换，它不再是混沌未分的代名词，而更多地成为宇宙万象之本体，如周敦颐提出："无极而太极。太极动而生阳，动极而静，静而生阴，静极复动。一动一静，互为其根。分阴分阳，两仪立焉。阳变阴合，而生水火木金土。五气顺布，四时行焉。五行一阴阳也，阴阳一太极也，太极本无极也。"②认为太极是产生万物的本原，在太极的不断动静中出现了阴阳二分的状态，之后阳变阴合，五行产生，四时运行，丰富多彩的大自然就此出现。如果向上推去，大自然中的一切又都可以归复到"太极"这一原始混沌的万物本原。邵雍提出"道为太极"的说法，到了南宋，朱熹将各家对太极的理解加以总结而提出"太极只是万物之理。在天地言，则天地中有太极；在万物言，则万物中各有太极"，③"本只是一太极，而万物各有禀受，又各自全具一太极耳"④等观点，认为"太极即理"，宇宙万象由此产生，其产生的具体方法则是"理一分殊"。元代的吴澄认为："盖夫子所言之太极，指道而言，则不可言分。言分者，是指阴阳未判之时，故朱子《易赞》曰：'一肇判，阴降阳升。'不言太极，而言太一，是朱子之有特见也。朱子《本义》解'易有太极'云：易者，阴阳之变，太极者，其理也。朱子只以阴阳之变解易字，太极者是易之本原。"⑤认为"太极即道"是宇宙中第一序的哲学本体，而不是前人所说的"太一"，即阴阳未分之气。

---

① [唐]孔颖达：《周易正义》，中国致公出版社2009年版。
② [宋]周敦颐：《周子通书》，上海古籍出版社2000年版。
③ [宋]黎靖德编，王星贤点校：《朱子语类》（第一册），中华书局1986年版，第4页。
④ [宋]黎靖德编，王星贤点校：《朱子语类》，中华书局1986年版。
⑤ [元]吴澄：《吴文正集·答海南海北道廉访副使田君泽问》（卷三），《景印文渊阁四库全书》第1197册，台湾"商务印书馆"，1986年，第39页。

曹端则继承前人，在明初理学的时代大背景下，以太极为终极根基，提出了一个崭新的一本而万殊的总体天人宇宙图景。他提出"天地之间，人物之众，其理本一，而分未尝不殊"①的观点。通过对这一观点的考察，我们认为它具有深厚的学理之渊源。为了能够更好地明确这一范畴的哲学意蕴，我们首先对它的理论渊源进行一番回顾和衡评，并以此引出曹端对这一命题的理解。

1. 理一分殊问题的提出

理一分殊，在原始儒家那里就出现了萌端，②在佛教③那里也可以找到相关理论资源。继之，在几位著名理学家如程颐、杨时、朱熹等的大力发展下，成为宋明理学中的一个重要哲学范畴。

虽然"理一分殊"的思想渊源我们可以上溯到先秦，但直到北宋年间，"理一分殊"的命题才第一次出现在中国哲学史上：程颐用来解答杨时对张载《西铭》的质疑。《西铭》因其阐述了许多理学上的重要范畴，在成书之后得到了理学家的广泛赞扬。如大程认为"秦汉以来学者所未到"，④小程认为"明理一分殊之理"⑤等。但大程的弟子杨时，虽聪明颖悟，而且经过了多年程门义理之熏陶，却没能体会乃师对张载的评价，而是认为"墨氏兼爱，固仁者之事也。其流卒至于无父，岂墨子之罪耶？孟子力攻之，必归罪于墨子者，正其本也。故君子言必虑其所终，行必稽其所弊，正谓此耳。《西铭》之书，发明圣人微意至深。然而，言体而不及用，恐其流遂至于兼爱。则后世有圣贤者出，推本而论之，未免归罪于横渠也"。⑥针对杨时的疑问，程颐作出了以下的答复：

《西铭》之论，则未然。横渠立言，诚有过者，乃在《正蒙》。《西铭》之为书，推理以存义，扩前圣所未发，与孟子性善养气之论同功，（注：二者亦前圣所未发）岂墨氏之比哉？《西铭》明理一而分殊，墨氏则二本而无分。（注：老幼及人，理一也。爱无差等，本二也）分殊之弊，私胜而失仁；无分

---

① [明]曹端：《曹端集》，中华书局2003年版，第23页。
② 朱熹提出："圣贤之言，夫子言'一贯'，曾子言'忠恕'，子思言'小德川流，大德敦化'，张子言'理一分殊'，只是一个。"（[宋]黎靖德：《朱子语类》，中华书局1986年版，第692页）。
③ 熊琬：《宋代理学与佛学之探讨》，台湾文津出版社1985年版，第156~168页。
④ [宋]程颢，程颐：《二程集》，中华书局2004年版，第22页。
⑤ [宋]程颢，程颐：《二程集》，中华书局2004年版，第609页。
⑥ [宋]杨时：《龟山集》，卷十六。

之罪，兼爱而无义。分立而推理一，以止私胜之流，仁之方也。无别而迷兼爱，至于兼爱而无义。分立而推理一，以止私胜之流，仁之方也，无别而迷兼爱，至于无父之极，义之贼也。子比而同之，过矣。且谓言体而不及用。彼欲使人推而行之，本为用也，反谓不及，不亦异乎？①

程颐用它来分析儒家"爱有差等"之仁爱与墨家"爱无差等"之兼爱在学理上的根本区别。在小程看来，虽然墨家的兼爱与儒家的仁爱从表面上看，都是要求当事人在实施过程中要抛弃个人的一己之私利，把广泛无私之爱无偿给予他人，让他人感受到人间的温暖、社会的关爱，但它们在学理上的意涵根本不同，这一不同不仅造成了儒、墨两家学术体系上的巨大差异，也是杨时没有理解《西铭》思想之真蕴的根本原因。即杨时虽然对《西铭》玩味多时，却没有弄明白其中所涵具的"体"与"用"之深意。在墨家那里，主张"爱无差等"，人与人、人与物之间在理论上是没有分别的，因此是"二本而无分"。其理论缺点在于"兼爱而无义"。而这一理念与儒家学者所一贯提倡的，以"仁"为特色的，有体有用的理一分殊之价值理念格格不入。如果说儒家的理念体现了"一本"的行为，那么墨家的理念则是没有价值根基的"二本"行为。

在程颐以"理一分殊"为标准来判定儒家仁爱与墨家兼爱理论区别的教导下，杨时对这个问题重新进行了深入思考，提出了他视域下"理一分殊"之理论。他说："孔子曰：'老者安之，少者怀之'则无事乎推矣。无事乎推者，理一故也。理一而分殊，故圣人称物而平施，兹所以为仁之至，义之尽也……何谓称物？远近亲殊各当其分，所谓称也。何谓平施？所以施之，其心一焉，所谓平也。"②这里，杨时纠正了他原来把《西铭》所示之义理与墨家之兼爱混为一谈的看法，得出"理一"是指对宇宙中的万事万物、社会中的各色人等，都能以一颗平等的包容心去对待之、爱戴之。"分殊"则是对于这些所有的事物又不能不分主次和亲疏远近，一概用同一种方式来对待的新结论。他把这一新的结论称为"圣人称物而平施"。并指出以前的错误认识在于："时昔者窃意《西铭》之书有平施之心，无称物之义，故曰言体而不及用，盖指仁义为说也；故仁之过，其弊无分，无分则妨义；义之过，其流自私，自私则害仁，害仁则杨氏之为我，妨义则墨氏之兼爱。"③关键是没有弄清楚《西铭》的哲理内涵，错会了张载"民胞物与"思想的儒家义理之所示。因为

---

① [宋]程颢，程颐：《二程集》，中华书局2004年版，第609页。
② 杨时：《龟山集》，卷十一。
③ 杨时：《龟山集》，卷十一。

只讲"理一"而不讲"分殊"就是"言体而不及用""无分则妨义",就会流于"自私""害仁",成为杨朱、墨翟那样的人。这也正是墨家兼爱与儒家仁爱在理论上的根本区别。

继之,杨时继承程颐的相关慧见,从体用的角度分析了"理一分殊"思想的深层哲理内涵:"用未尝离体也,以人观之,四肢百骸具于一身者,体也。至其用处,则首不可以加履,足不可以加冠,盖即体而言,而分已在其中矣。"①从人的四肢百骸这一简单的例子入手解释了"理一"与"分殊"的密不可分关系。即"理一"是体,它包含了"分殊";"分殊"是用,它由"理一"所决定,并彰显了"理一"。这就是"理一分殊"的体用兼举之思想。

在程颐和杨时提出"理一分殊"的理学命题之后,经过杨时的两代弟子罗从彦、李侗的继承与发展,到了第三代弟子朱熹这里已经成为一个比较完备的哲学体系和朱子理学系统的重要组成部分。②他提出:"合万物而言之,为一太极而一也。自其本而之末,则一理之实万物分之以为体,故万物之中各有一太极。"③即天地万物是一个完整的有机世界,太极便存在于其中。它是这个整体的终极根基。即"为一太极而一";而对于这个整体中的每一事物而言,都完整地禀受了这个太极(理)而产生,并因禀气的不同,而在现实之中呈现为不同的情状,即"一理之实万物分之以为体"。这些无疑都成为曹端思想的来源。

2. 理一分殊意涵的进一步突显

曹端的"理一分殊"思想来源于三方面。其一,通过对前儒如周敦颐、张载④等人思想的凝练而成。其实在周敦颐的著作《太极图说》和张载的《西铭》中并没有直接提到"理一分殊"的问题,但后世学者认为在他们的思想中,直接体现了这一问题。如朱熹提出:"周敦颐谓:'五殊二实,二本则一。一实万分,万一各正,大小有定'。自下推上而去,五行只是二气,二气又只是一理。自上推而下来,只是此一个理,万物分之以为体,万物之中又各具一理。"其二,通过程颐、杨时等对这一问题阐释的再阐释来提出一些自己的

---

① 杨时:《龟山集》,卷十一。
② 在朱熹的理一分殊体系中,包括宇宙论和人生论两部分。本书只论述其中的宇宙论。
③ 《通书解》引自《周敦颐集》,第31页。
④ [宋]黎靖德:《朱子语类》,中华书局1983年版,第2374页。《宋史·道学传》提出:"张载作《西铭》,又极言理一分殊之旨。"([元]脱脱:《宋史》,中华书局1977年版,第12710页)

观点。在周敦颐和张载的思想中，虽然有"理一分殊"思想的发端。但是，周敦颐在哲学本体论意义上的天道观思想尚不十分明显。①张载在本体意义上比周前进了一步，却没有从形上的角度来论述"理"。程颐与杨时所认为的《西铭》明理一分殊之理，又只是从伦理的角度加以分析，没有提到本体的高度。真正对"理一分殊"这一哲学问题进行较为全面阐释的，应该开始于朱熹。其三，曹端则在朱熹的基础之上，吸收了他关于"理一分殊"的观点，将"理一分殊"的义理内涵贯彻到自己的哲学体系，并以此而重建了"合而言之，万物统体一太极也，分而言之，一物各具一太极也"的一本而万殊的总体天人宇宙图景：

二五之气，聚而成形，则人有男女，物有牝牡；合而成偶，则形交气感，遂以形化，而人物生生，而变化无穷矣。自男女而观之，则男女各一其性，（是分而言之）。而男女一太极也。（是合而言之）。自万物而观之，则万物各一其性，（是分而言之）。而万物一太极也。（是合而言之）。盖合而言之，万物统体一太极也；分而言之，一物各具一太极也。所谓天下无性外之物，而性无不在者，于此可见其全矣。②

第一，从合而言之的角度，曹端提出"万物统体一太极也"。此处，统体是指在现实中存在的宇宙万象之总体。而"统体一太极"，则从本体的角度说明了万物之所以能够产生和存在都是禀受了同一个天理——太极。它是一形上的超越性存在，宇宙中万事万物的终极根基，整个宇宙都受它支配，即"理一"。继之，太极因其本有的发用和动静之功能，进入形下的现实领域，产生二气与五行。它们"聚而成形""形交气感，遂以形化"，便出现了男女、万物以及丰富多彩的现实世界。太极作为"理一分殊"中的"理一"、生化万物的终极根基，理所当然存在于其中，并时刻制约着宇宙生化的整个过程，进而在这一过程中得以展现和彰显。

第二，从分而言之的角度，"一物各具一太极也"，这里的太极（理）是指事物之所以为其所示之分理而不是"理一"之理。宇宙万象之所以能够真实存在，在现实中展现为一个丰富多彩的世界，就在于它们虽然禀受了同一个太极，具有完全彰显这个本体的使命，但由于万物的大小不同、所禀受的气有清浊，它们在展现本体之时就会由于各种原因呈现出不同的情状。即定分和分位。曹端认为这也就是张载在《西铭》中所提到的"民吾同胞，物吾

---

① 陈来先生认为《太极图说》是宇宙发生学，参见《宋明理学》，第40页。
② [明]曹端：《曹端集》，中华书局2003年版，第16页。

与也"①的内涵之所在。即张载写作《西铭》的实质就是为了阐明这样一个道理:"西铭大意明理一而分殊。"②它构建了一个天道性命贯通的有机生命共同体。我们在关照这一共同体时也应该按照分殊的观点来加以分析:虽然在宇宙之中,天地人物一体无隔,我们却不应无条件地一视同仁。它们在生生不息的宇宙大化流行中都有自己合适的定位与分别。如"民吾同胞,物吾与也",就十分真实地体现了这种分别。显然"胞"和"与"这两个命题的义理内涵不同,虽然它们都是天理在宇宙万象和社会人生中的彰显和实现,但前者比后者的关系更密切。因此,在包括曹端在内的理学家看来,虽然在这个世界中,"我"与社会中的各色人等、宇宙中的万事万物所构成的有机生命共同体或有机生命体,都源自同一个形上之终极根基——太极或天理,但在现实中的展现、实现方式并非毫无差别,它们只能在各自的分位上,依其所禀气的不同,而展现天理,成为现实中的所然与实然,即"分殊"。

第三,"理一分殊"的哲学意义在曹端那里我们可以概括为万物统一于"理""太极",同时又是"理""太极"的表现。正是根据这一思想,他借用朱熹"月映万川"的比喻,作《川月交辉图》来说明最高的"理""太极"与宇宙万象所具有的"万理"的关系。正像月亮照在江湖水面上一样,天上只有一个月亮,但照在江湖上的有千万个月亮,而且江湖上的每一个月亮都完整地涵具了天上的月亮,而不是分有了其中的一部分。即理一之理决定了世界上的万事万物,它们的存在与流变都有其终极根基——太极或理,事物禀受此理成其为事物,却不是分有此理的一部分,而是在此理的朗照下通体得以圆融地展现与彰显;分殊之理则决定了一事物是其本身而不是其他事物,从即超越即内在的角度为我们建构了一个和谐、有序的总体宇宙之图景。

我们通过对曹端太极即理而为万有终极根基的总体天人宇宙图景的论述,明确了他理学思想的逻辑起点及本体论之形上根基。在儒家哲学特别是宋明理学那里,总体宇宙图景的提出一般要为价值追求提供哲学依据。基于此,在理学天人之学的基本视域下,曹端又对理学的心性论作出了新的诠释与解读。

---

① [宋]张载:《张载集》,中华书局1978年版,第62页。
② [明]曹端:《曹端集》,中华书局2003年版,第118页。

第二章　理学心性论根基的新诠释

从某种意义上讲，中国哲学作为"生命的学问"①，它所探讨的天人之学在实质上是一种关于人的学问，研究天人关系的最终目的是为了探索人生所然、所以然与应然的问题，并对之作出合乎时代的解释。而明晓人之为人，人之所以为人，适切安顿人的生命，不间断地实现人生每一个当下的超越，成就生命的价值与意义，一直是中国的心性（人性）哲学所关注的核心问题。"人性论发生于人文精神进一步的反省，所以人文精神之出现，为人性论得以成立的前提条件"②。既然这是中国哲学的一个重要研究课题，作为"明初理学之冠"的曹端自然也不例外。因此，他在对总体天人宇宙图景进行了重新诠释与正定之后，即以涵具深沉责任感和忧患意识的理学视域，对心性问题进行了哲学化的审视，作出了深刻地剖析和反思。

第一节　儒家心性论源流

作为中国哲学研究基本问题之一的心性（人性）问题，自先秦以来，历

---

① 牟宗三：《中国哲学十九讲》，上海古籍出版社1997年版，第14页。
② 徐复观：《中国人性论史》，华东师范大学出版社2005年版，第10页。

代的思想家就从来没有放弃过对它的探讨。正如张岱年先生在《中国哲学大纲》中所指明的:"人性的问题,得到了普遍的注意,且非关于人生的其他问题所能比。"①在儒家哲学中,学者们对于这一问题的研究也十分透彻,自儒家心性论思想起源之后,历代大多数儒者都有关于心性论的著作问世、传世,形成了内容丰富、体系庞大的心性哲学思想。特别是宋明时代,理学心性论在前代基础之上又借鉴和吸收了佛道心性理论的精华,达到了形上的抽象思辨水平,而成为中国心性论发展的最高峰。曹端的心性论思想便形成在这一时期。因此,我们有必要对儒家心性论思想做一番考察,厘清其发展、演变的线索,不仅可以认清心性论在儒家哲学中的地位,而且对于进一步分析曹端的心性论思想也有重要的学理意义。

心性问题在先秦儒家那里尚未开端,他们所重视的是人性问题。而对于人性问题的讨论可以追溯到孔子。他提出"性相近也,习相远也",②并没有对人性善恶问题作出具体的论述。他的理论贡献在于一方面提出了人性在本源上是相近的,另一方面又指出了社会生活、人生经历对人性后天影响的作用。然而,作为儒家哲学的创始人,孔子的理论意义远不止此,他对于人性的这一简单阐释开启了一个新的学术领域,引导着后来的学者从不同角度对此问题展开了广泛而热烈的讨论。郭店楚简中的重要一篇著作——《性自命出》,从"好恶为性""喜怒之气为性""情生于性""性一心异""物诱性动""习以养性""性出于天命""修身近仁"以及"以德治民"等几个方面论述了这一时期的性情论和人性论思想。它主张命自天降、性自命出、情出于性、道始于情,认为天所赋予的是性,性就是天生的好恶。反映了孔子与孟、荀之间的人性发展态势。③《中庸》提出"天命之谓性,率性之谓道,修道之谓教"④的心性论理念,认为修养心性的方法是"尽其性",而做到"尽其性"就要"唯天下至诚,为能尽其性。则能尽人之性,则能尽物之性,则可以赞天地之化育"。⑤也就是说,如果人能做到"至诚",即可"尽性",从而达致"赞天地之化育"的圣贤境界。孟子在儒家人性论史上明确提出性善论的观点,⑥以四端来论证人性生来就是善的,他说:"恻隐之心,人皆有之;羞恶之心,人

---

① 张岱年:《中国哲学大纲》,中国社会科学出版社1982年版,第183页。
② [宋]朱熹:《四书章句集注》,中华书局1983年版,第175页。
③ 陈来:《郭店楚简之〈性自命出〉篇初探》,见《孔子研究》1998年第3期。
④ [宋]朱熹:《四书章句集注》,中华书局1983年版,第17页。
⑤ [宋]朱熹:《四书章句集注》,中华书局1983年版,第32页。
⑥《孟子·滕文公章句上》:"孟子道性善,言必称尧舜。"([宋]朱熹:《四书章句集注》,中华书局1983年版,第251页)。

皆有之；恭敬之心，人皆有之；是非之心，人皆有之。恻隐之心，仁也；羞恶之心，义也；恭敬之心，礼也；是非之心，智也。仁义礼智，非由外铄我也，我固有之也。"①"性之问题正式成立。告子顺'性者生也'之老传统说性，而孟子遮拨之，则从道德的本心说，此显然以孔子之仁为背景"。②《易传》则在继承前儒的基础上提出"继善成性"和"穷理尽性以至于命"的观点。与《中庸》《孟子》《易传》的观点不同，先秦另一位儒家学者荀子则认为人生来就具有恶的本性，人在现实社会生活中表现出来的"善"只是出于伪饰。他说："人之性恶，其善者伪也。"③从人的自然属性方面论证人的本性，承认人的本性虽然是恶的，但是可通过化性起伪，由恶转化为善。荀子的另一个贡献则在前人基础上对先秦"情"的问题进行了解说。他提出"性之好、恶、喜、怒、哀、乐，谓之情"④。认为性是人的自然本性，它流露出的好恶便是情，有喜怒哀乐的几种状态。但是在现实社会中，人们应怎样对待之？荀子主张"起礼义，制法度，以矫饰人之情性而正之，以扰化人之情性而导之"，⑤要求人们对情进行节制。孟子和荀子的心性论是先秦儒家心性论的两种典型，并为后世儒家学者以善、恶来讨论人性提供了丰富的理论资源。

心性论思想到了汉唐时期又有了新的发展和演变。汉唐儒家接续先秦，并将探索的问题进一步扩大，转向了对其形成过程的研究。他们以宇宙生成论为学理依据，对心性问题进行了更为细致和深入的考察，提出了更多的观点。

西汉大儒董仲舒在中国人性论史上第一次提出性三品的学说。他提出："圣人之性不可以名性，斗筲之性又不可以名性。名性者，中民之性。中民之性如茧如卵，卵待覆二十日而后能为雏茧；待缲以绾汤，而后能为丝。性待渐于教训而后能为善，善教训之所然也。非质朴之所至能也，故不谓性。性者，宜知名矣，无所待而起，生而所自有也。善所自有，则教训已非性也。"⑥ 认为现实中的人性并非都是善的。它有圣人之性、中民之性和斗筲之性的区别。圣人之性是纯粹至善的，斗筲之性是顽劣不堪的，它们都是"非

---

① [宋]朱熹：《四书章句集注》，中华书局1983年版，第328页。
② 牟宗三：《心体与性体》(上)，上海古籍出版社1999年版，第22页。
③ [清]王先谦：《荀子集解》，中华书局1988年版，第434页。
④ [清]王先谦：《荀子集解》，中华书局1988年版，第412页。
⑤ [清]王先谦：《荀子集解》，中华书局1988年版，第435页。
⑥ [清]苏舆：《春秋繁露义正》，中华书局1992年版，第306页。

质朴之所至能"的,即不可以改变的,所以不必称为性。而中民之性是人性中的大多数,它是可改变的,并会因外界环境的好坏,出现或善或恶的可能。因此,对于中民之性,人们应通过后天的努力,尽量使其向好的方面转化。继之,他以禾与米的比喻来论证人性的善恶:"故性比于禾,善比于米。米出禾中,而禾未可全为米也。善出性中,而性未可全为善也。善与米,人之所继天而成于外,非在天所为之内也。天之所为,有所至而止。止之内谓之天性;止之外谓之人事。"①东汉的王充在此基础上也提出了性三品说,他指出:"人性有善有恶,犹人才有高有下也,高不可下,下不可高。谓性无善恶,是谓人才无高下也。……余固以孟轲言人性善者,中人以上者也;孙卿言人性恶者,中人以下者也;扬雄言人性善恶混者,中人也。"②这一思想在唐代韩愈那里得到了发展。他不仅对人性作出了深刻的分析,还综合先秦以来对情的论述,通过人性的具体表现——"情"来阐释这一问题:"性也者,与生俱生也。情也者,接于物而生也。性之品有三,而其所以为性者五:曰仁,曰礼,曰信,曰义,曰智。……情之品有上中下三,其所以为情者七:曰喜,曰怒,曰哀,曰惧,曰爱,曰恶,曰欲。"③正如陈来先生所指出的:"他的性情论,主要是为了反对佛教人性论及对汉唐人性论进行总结,并成为许多理学家讨论人性的出发点。"④韩愈之后的李翱又在此基础上提出了性善情恶说,并主张通过"复性"的工夫来显现人的善良本性。

与先秦相比,汉唐儒家在心性论方面有了很大的进展,他们不再简单而抽象地探讨人性,尽量对现实社会中所展现出的人性复杂状况,给予合理和合乎时代的解释,并在理论上加以阐发。但总体上还不够完善,如没有从本体上论说人性的来源问题等。即便如此,他们依然为宋明理学在心性论方面的发展提供了经验和理论资料。

唐代以来,随着儒家学说的渐次复兴以及为了对抗佛教、道教哲学的理论挑战,学者们在心性理论上积极吸收先秦、汉唐人性论以及佛教心体用论等的优点,形成了独具特色的心性论。这一过程,开始于韩愈,一直延续到明代。它与以前的心性理论相比,更加充分地体现了"心"的主体性价值,进而确立起以心性为主题来统摄天人关系的崭新学术视域。

宋明理学家利用《四书》《易传》等相关儒家经典著作来阐发自己的心性

---

① [清]苏舆:《春秋繁露义正》,中华书局1992年版,第297页。
② 黄晖:《论衡校释》,中华书局1990年版,第142、143页。
③ [唐]韩愈:《韩昌黎全集》,中国书店出版社1991年版,第175、176页。
④ 陈来:《宋明理学》,华东师范大学出版社2004年版,第23页。

理论，创立了有别于前代的心性本体论。然而，他们对于理、气、心、性等诸理学范畴的不同感悟和理解，不仅形成了宋明理学的两大学术派别——理学与心学，而且造成了他们心性理论认识上的较大差异。即性二元论与性一元论的分野。前者以张载、程颐和朱熹为代表，后者则以王守仁为代表。张载将自己的心性学说建立在"太虚即气"的气化论基础上，提出"天地之性"与"气质之性"的观点。并认为天地之性是"性与天道合一，存乎诚"，即人与物所得于天的至善本性；"气质之性"则表现为"形而后有气质之性"，是"人之刚柔、缓急，有才与不才，气之偏也"，即现实中的人由于禀气的不同而出现的或善或恶人性。因此，生活在现实中的人就必须要明晓人性的二元，尽自己最大的努力"变化气质"，"善反之则天地之性存焉"，①变不善的"气质之性"为至善的"天地之性"。二程与朱熹则在继承张载的基础上提出"性即理"的观点，将天地之性解释为人或物因禀受了天理而获得的纯粹至善之性；气质之性则是人或物因禀气不同产生的，它的存在使人天生有善、恶之别。如程颐提出："气清则才善，气浊则才恶。……性即理也，所谓理，性是也。天下之理，原其所自，未有不善。"②朱熹提出："人之所以有善有不善，只缘气质之禀各有清浊。"③正如陈来先生所指出的："二程曾提出'性即理也'。从人性论上说，其意义在于强调人的本性完全合乎道德原则，并与宇宙普遍法则完全一致。然而，在二程学说里虽然大谈其'性与天道'，使性与理之间建立了某种联系，但性与理的统一只是一种自然的天人合一，还没有后来那种禀受天理为性的实体说法。在朱熹则把理更加以实体化，用本体论进一步论证性即是理。朱熹哲学认为，天地之间有理有气，人物的产生都是禀受天地之气为形体，禀受天地之理为本性。这样，朱熹的性即理说就较之二程有了进一步发展。钱穆亦指出，伊川讲性即理主要是阐发孟子之义，在伊川思想中性理'非从宇宙界落下'，而在程朱理学中，天地间公共之理落入人之形气才形成所谓性，'宇宙界人生界一贯直下'。"④心学派的陆九渊也认为性是两元的，他虽分别性与气质，但认为心性不二，已有一元论的倾向。到明代中期以后的王守仁乃主张一元说。⑤因王守仁等人的年代晚于曹端，他们的学说与曹端的学说理论联系不大，故笔者就将他们的

---

① [宋]张载：《张载集》，中华书局1978年版，第20~23页。
②[宋]程颢，程颐：《二程集》中华书局2004年版，第291~292页。
③ [宋]黎靖德：《朱子语类》，中华书局1986年版，第68页。
④ 陈来：《朱子哲学研究》，华东师范大学出版社2000年版，第194，195页。
⑤ 张岱年：《中国哲学大纲》，中国社会科学出版社1982年版，第222页。

思想略去不提。

　　总之，在中国哲学史上，思想家关于人性或心性问题的论述和争论，长久不衰。他们在经历与解决社会善恶问题的过程中，逐渐形成了各具特色的学说。主要有先秦的性善论、性恶论、性无善无恶论，汉唐的性三品说、性善情恶论以及宋明时代以天命之性和气质之性为分际的性二元论、性一元论等。"世皆知中国思想，素重人性问题之论述，而于人性善恶之辨，尤似为各家学术分异之关键所在"①。无论思想家对心性的看法如何，他们都致力于为人们扬善弃恶提供可能的途径。然而，这一目标在明初理学家那里尚未实现，他们仍然在探索过程中。曹端即是其中杰出的一位。他不断地对社会中的现实问题加以思索，并试图在借鉴前儒，特别是宋儒的基础上，从他们的理论中找到新的突破口，以更好地解决社会问题。

第二节　心之判定

　　处于和会朱陆思潮的明初理学大背景下，曹端思想中的"心"到底是心学意义上的还是理学意义上的？为了更好地发掘与阐释曹端的心性论思想，我们首先应对其学术体系中的"心"进行界定，否则，我们就难以对他的心性论作出合理地阐释。

　　他曾提出"人之所以可与天地参为三才者，惟在此心，非是躯壳中一块血气""学圣之事，主于一心"等观点。②由此，从古到今有许多哲学家认为曹端的学术思想属于心学体系。如明末大儒刘宗周认为"先生之学，不由师传，特从古册中翻出古人公案，深有悟于造化之理，而以月川体其传，反而求之吾心，即心是极，即心之动静是阴阳，即心之日用酬酢是五行变化，而一以事心为入道之路"。③黄宗羲提出："其言'事事都于心上做工夫，是入

---

① 唐君毅：《中国哲学原论·原性篇》，中国社会科学出版社2005年版，第1页。
② [明]曹端：《曹端集》，中华书局2003年版，第239页。
③ [清]黄宗羲：《明儒学案》，中华书局1985年版，第2页。

孔门的大路',诚哉!所谓有本之学也。"①现代学者林继平先生则直接提出:"黄梨洲说:先生以力行为主,守之甚确,一事不容假借,然非徒事于外者,盖立基于敬,体验于无欲。其言'事事都于心上做工夫,是入孔门的大路',诚哉!所谓有本之学也。"(见黄梨洲《明儒学案》)"观此,月川治学路径与程朱并不类,倒与明道、象山接近。兹引录《月川语录》云:'人之所以可与天地参为三才者,惟在此心,非是躯壳中一块血气',自汉儒提出天、地、人三才之说,尽量提高人的地位,使与天地并立为三,而加以证实的,却是宋明儒。象山说'此理充塞宇宙',因此理之理字的意义,即形上光明本体之异名,究其量可与宇宙同其大,故象山才如是云。同理,月川用此心,其心字意义,亦与此'理'同,故就显发吾人潜藏心性深处的形上本体之量言,确可与天地并立为三,居于同等地位。"②在林看来,曹端的思想与北宋的程颢、南宋的陆九渊一样,都属于心学体系,而且他思想中的"心"与陆九渊体系中"本心"的哲学意蕴完全一致。认为曹端的"人之所以可与天地参为三才者,惟在此心"之"心",就是陆九渊思想中具有终极根基意义的心即理之"此理充塞宇宙"之理。首先,从曹端对"心"所赋予的内涵的角度分析,认为"心"有三方面的意义:其一,心具有知觉的功能。他提出:"人心本自虚灵知觉,但事物才触及即动而应物,无踪迹可寻捉处。"③"虚"是指心作为意识主体所具备的特征,"灵"则是指心体的湛然明澈状态,心的特征是"虚灵知觉"。其二,心具有主宰人身的功能。他提出"学圣之事,主于一心"④,认为作为意识活动主体的心,对于人身具有一定的支配意义。其三,太极与心是涵具与被涵具的关系。他提出:"天地间只有生而为人,……故其心为最灵,而有以不失其性之全,所以天地之性人为贵也。……盖人心即太极也。"⑤虽然提到了"人心即太极",但这个"即"不是完全等同的意思。所以,心与太极或理的关系也就只能是朱熹所赞同的"心包万理",而不是"心即理或太极"。如果我们将曹端体系中的心与心学大家陆九渊以及后来的王守仁相比,就会发现其内涵与陆九渊之"人皆有是心,心皆有是理,心即理也""万物森然于方寸之间,满心而发,充塞宇宙,无非此理";⑥王守仁之"虚灵不

---

① [清]黄宗羲:《明儒学案》,中华书局1985年版,第1064页。
② 林继平:《明学探微》,台湾"商务印书馆"1984年版,第11页。
③ [明]曹端:《曹端集》,中华书局2003年版,第235页。
④ [明]曹端:《曹端集》,中华书局2003年版,第239页。
⑤ [明]曹端:《曹端集》,中华书局2003年版,第8页。
⑥ [宋]陆九渊:《陆九渊集》,中华书局1980年版,第483、423页。

昧，众理具而万事出，心外无理，心外无物"①等有很大的差别，完全没有达到心即理的高度，因此，我们并不能得出曹端的"心"是万物的本原、宇宙万象的终极根基的结论。

其次，尽管曹端对"心"的论述有不少，确实把"心"的地位提得很高，如"舜、禹之心，精一执中而已，体天地之体，无一理不具；用天地之用，无一事不周"②，甚至提出了"本心"的概念，③但这里的"心"或"本心"都是指心的本然状态，不具有终极根基的意义。加之，从上章的论述中我们已经可以清晰地把握曹端理学思想鲜明的理本论特色，如太极即理而为宇宙万象的终极根基，理一而分殊的总体天人宇宙图景等。这些都是理学的特色而并非心学的理论架构。因此，笔者认为，尽管曹端赋予了"心"不同的意涵，但并不影响其体系的归属，只是对朱熹的"心"④之内涵的继承，即此心如朱熹的一样，它既是人身的主宰又是心体虚明的知觉灵明之心。并不属于心学体系。

综上所述，我们认为，曹端虽然深受元代与明初理学和会朱陆思潮的影响，看到"心"在控制人的思想、行为中的重要作用，并因此而对社会发展所产生的影响而比前期理学家更重视"心"，甚至提出了"事心之学"的命题，但是，我们认为，心学与理学的学理区别不是说理学不研究"心"在社会人生中的作用与地位，而是看这个"心"和"理"哪一个是本体。从此角度分析，显然曹端的"心"没有上升到本体的高度，因此，曹端是理学家而不是心学家。我们对此作出明确判定之后，即可着手研究他的心性论思想了。

第三节 对儒家心性理论的拓展

有关宋明理学心性论的问题，正如张岱年先生所指出的，它"与以前的

---

① [明]王守仁：《王阳明全集》（卷一），上海古籍出版社1992年版，第15页。
② [明]曹端：《曹端集》中华书局2003年版，第232页。
③ [明]曹端：《曹端集》中华书局2003年版，第213页。
④ 陈来：《朱子哲学研究》，华东师范大学出版社2000年版，第213~220页。

性论都大不同，即是性两元论：认为人性实有二，一是'天地之性'，或'义理之性'，又仅称为'性'；一是'气质之性'，亦仅称为'气质'。天地之性或义理之性是纯善的，气质之性则有善有恶。此派的理论，更有一特点，即其人性论皆是从其宇宙论推衍出来的，不仅就性论性，更向宇宙论寻求根基"。①曹端所生活的明初，正是理学心性论体系发展比较充分，但仍需进一步改进的时期。因此，他的心性理论既有宋儒的烙印又有自身的鲜明特色。这主要体现在他对天命之性与气质之性、未发已发和道心人心的新诠释上。以下详论之。

1. 天命之性与气质之性

在心性论上，曹端主张"人性本善"②。然而，面对社会人生中的种种是非与丑恶现象，他又不得不从理论上加以阐明，提出解决的方法。所以，他在论述心性问题时，就自然赋予了"性"不同的哲学内涵和意义。一种是"人性本善"之性，即太极（理）落实到人物之身，为他们所禀受而形成的纯粹至善的性。这是其心性学说的主要方面。在他的著作中又被称为"天命之性"或"五常之性"。另外一种是人物在现实生活中所表现出来的，兼理气而言的掺杂了物欲的性，被称为气质之性。

第一，曹端从性即理的观点出发，论证了人禀受太极（理）而形成的天命之性是纯粹至善的。它是一种超越的形上之人性，人类社会中一切理想人性的完美化身。他提出，"诚者，实理而无妄之谓，天所赋、物所受之正理。人皆有之，然气禀拘之，物欲蔽之，习俗诱之，而不能全此者众。圣人之所以为圣人者，无他焉，以其独能全此而已。诚即所谓太极也。"③"性即理也，指太极而言。……天地间只有生而为人，禀得阴阳五行之气之秀者，故其心为最灵，而有以不失其性之全，所以天地之性人为贵也"。④认为太极即性即理，它的基本性质是"诚"，也就是真实无妄。关于"诚"，在中国哲学中一向是受到思想家广泛关注的重要范畴，早在先秦重要儒家典籍《孟子》和《中庸》中，已有对它的详细讨论，如《中庸》提出："诚者，天之道也；诚之者，人之道也。诚者不勉而中，不思而得，从容中道，圣人也。"《孟子》提出："万物皆备于我，反身而诚，乐莫大焉。"⑤到了北宋时期，周敦颐作《通书》，

---

① 张岱年：《中国哲学大纲》，中国社会科学出版社1982年版，第211页。
② [明]曹端：《曹端集》，中华书局2003年版，第239页。
③ [明]曹端：《曹端集》，中华书局2003年版，第28页。
④ [明]曹端：《曹端集》，中华书局2003年版，第7，8页。
⑤ [宋]朱熹：《四书章句集注》，中华书局1983版，第31，350页。

则继承《中庸》，以"诚"为宇宙本体，认为"诚"不仅是宇宙的终极根基、万物资始资生的源头，同时也是人之所以为人的本质特征。[①]他对"诚"这一范畴的阐释，为后来诸多理学家所参照和继承，曹端也不例外。他认为太极是人类社会的终极根基。它下贯到人之身构成人之性。因此，从应然的角度，人人都是天理的体现者，人性是纯粹至善的。但在实然的社会层面，由于气构成人之形，人由于禀气的不同而获得了是其自身而不是他人的形体。所以在气禀、物欲等因素的影响下，产生了人类社会中的种种差别，出现了或善或恶的社会现象。只有"以其独能全此"的人才能够成为圣人。他的内在特征便是"诚"。"诚"即天命之性。它是太极（理）圆融发用，落实到人特别是圣人之后所形成的纯然至善之性。曹端用"诚"来解释人性，不仅明确了人性是出于天的，在理论上是太极的完美展现，而且明确人性天生是善的。为现实中的人之善性，从终极价值根基处找到了理论根据。

第二，人性本善与现实生活中的人所表现出的"善"在理论上有何联系、如何才能够使人保持这一善性？曹端提出："继之者，气之方出而未有所成之谓也。善则理之方行而未有所立之名也，阳之属也，诚之源也。……成则物之已成者也，如在天成象，在地成形。性则理之已立者也，阴之属也，诚之立也。……然而'继''成'字与'阴''阳'字相应，指气而言；'善''性'字与'道'字相应，指理而言。此夫子所谓善，是就一物未生之前造化源头处说，善乃重字，为实物。若孟子所谓性善，则就'成之者性'上说，是生以后事，善乃轻字，此性之纯粹至善耳。其实由造化源头处有是'继之者善'，然后'成之者性'时，方能如此之善。孟子之所谓性善，实渊源于夫子之所谓善，而非有二本也。其下复即乾之四德，以明继善成性之说。"[②]他在首肯孔子、孟子性善论观点的同时，采用了《中庸》的"继善成性说"来解决这一问题，并对其作出深入之诠解。即曹端的"继之者善"之"善"，是指人的性即理之性。它是"气之方出而未有所成"的形上之理，即太极或诚。它纯然至善，与乾之四德元、亨、利、贞相配。"继"则是指人的主体性意识在天道赋予性命这一过程中的显现。即当纯粹至善的太极（理）开始发用流行于宇宙万物之时，人便应发挥主观能动性，自觉去除物欲遮蔽，去追求纯善，并与之合一。"成之者性"则是指此太极（理）下贯到人或物之身时所形成的人物之性。从宇宙万象的角度来说，"成则物之已成者"，是现实世界中已经

---

① [宋]周敦颐：《周敦颐集》，岳麓书社2002年版，第15页。
② [明]曹端：《曹端集》，中华书局2003年版，第29，30页。

存在的事物，而从人性的角度而言，则是"理之已立者"，"成"是"继"之后的继续，是对所继之善的维护和保持，将显现出的继之之"善端"以"成之"的方法，使之在现实社会中得以实现，即在社会人生中彰显出善的人性。但是，由于在"成之"的过程中，外界的影响、物欲的遮蔽使"诚"不能完全顺畅地发用，所以在真实的社会之中，便会出现人性上的或善或恶。所以说"继之者善"是从"造化源头处"说，"善乃重字，为实物"，而"成之者性"，则是天理被人或物禀受之后所成之性，所以"善乃轻字，此性之纯粹至善耳"。

第三，太极（理）是纯粹至善的，人物又禀此理而存在，为什么在现实生活中会出现邪恶的事物或现象呢？曹端继承前人的主张，认为这是禀气的不同或是物欲的诱蔽而产生的。因此，人性在现实中并非都是纯粹的善良本性，同时也有邪恶的人性，即气质之性。他说："性只是理，然无那天气地质，则此理没安顿处，但得气之清明，则不蔽固。此理顺发出来，蔽固少者发出来，天理胜，蔽固多者则私欲胜，便见得本源之性无有不善，只是被气质混浊则隔了，学以反之，则天地之性存焉。故说性须兼气质方备。此性便是言气质之性，四者之中去却刚恶、柔恶，却于刚、柔二善之中择其中而主焉。"①显然，这里他继承了张载、程颐、朱熹的说法，既说天命之性，又言气质之性。但在理论内涵上又有所不同。依曹端之见，天命之性是性即理之性，它是太极（理）圆融顺畅的发用。气质之性则是太极（理）在落实到人之后，由于受到外界因素的影响，物欲的遮蔽，间杂了理性思维与感性欲妄，而在现实社会中表现出的人性。本来气质之性与天命之性在宋儒那里，是截然分开的。但曹端对此有不同理解，他提出："然气禀的性，只是那四端的性，非别有一种性也。"认为"气禀的性"（气质之性）与"四端的性"（天命之性）二者并非截然相离，只是同一气的不同表现。天命之性是形上的人性，它只是理，必须通过气质之性这一现实的人性，才可以得到彰显。因此，曹端得出结论："此所谓性，以气禀而言也。太极之数自一而二，刚柔也，自一而四，刚善刚恶，柔善柔恶也。遂加其一'中'也，以为五行。濂溪说性，只是此五者。他又自有说仁、义、礼、智的性时。若论气禀之性，则不出五者。"②认为人性一方面属于形上的本体，是由天理所赋予的，此种性质的"性"是"天命之性"，它纯粹至善，另一方面，人性在现实中的表现是形下的，它的

---

① [明]曹端：《曹端集》，中华书局2003年版，第43页。
② [明]曹端：《曹端集》，中华书局2003年版，第42，43页。

存在，在于人生而后禀气的不同，并因此而受到社会生活中物欲、环境的种种诱蔽，而呈现出善恶相间的驳杂情状，这便是气质之性。现实生活中的善恶皆由此而生发，呈现出刚善、刚恶或柔善、柔恶的不同，而他的这一观点又无疑是对周敦颐以"刚、柔、善、恶、中"论心性的继承和发展。

在曹端的心性论体系中不仅有对人性的描述，他还继承朱熹，对"心"进行了探索，将朱熹的已发、未发与道心、人心做出新阐释。

2. 已发、未发与道心、人心

在宋明理学心性论史上，比较重要的还有关于已发、未发和道心、人心问题的探讨。理学家们往往通过对这些问题的探究来进一步阐发他们的心性理论。曹端也是如此。

"未发"与"已发"是中国传统哲学，特别是儒家哲学的一对重要范畴。《中庸》提出"喜怒哀乐之未发，谓之中；发而皆中节，谓之和。中也者，天下之大本也；和也者，天下之达道也"①。到了宋明时期，这一哲学范畴受到了理学家的广泛关注和重视，他们对它进行了广泛而深入的探讨，提出了许多真知灼见。如二程提出："喜怒哀乐未发是言在中之义，只一个中字，但用不同。或曰：喜怒哀乐未发之前求中，可否？曰：不可。既思于喜怒哀乐未发之前求之，又却是思也。既思即是已发，（自注：思与喜怒哀乐一般）才发便谓之和，不可谓之中也。"②他们以未发言中，以已发言和，为后世学者研究这一问题提供了理论思路。杨时提出："道心之微，非精一，其孰能执之？惟道心之微而验之于喜怒哀乐未发之际，则其义自见，非言论所及也。尧咨舜，舜命禹，三圣相授，惟'中'而已。"③继承其师以未发言中的观点，认为道心具有精微的特征，它即是"中"，只能在未发之时体认，而心的已发状态，便不是中了。胡宏认为："窃谓未发只可言性，已发乃可言心，故伊川曰：'中者所以状性之体段'，而不言状心之体段。心之体段，则圣人'无思也，无为也，寂然不动，感而遂通天下之故'是也。未发之时，圣人与众生同一性，已发则无思无为、寂然不动感而遂通天下之故，圣人之所独。夫圣人尽性，故感物而静，无有远近幽深，遂知来物；众生不能尽性，故感物而动，然后朋从尔思，而不得其正矣。若二先生以未发为寂然不动，是圣人感物亦

---

① [宋]朱熹：《四书章句集注》，中华书局1983年版，第18页。
② [宋]程颢，程颐：《二程集》，中华书局2004年版，第200页。
③ [清]黄宗羲，全祖望：《宋元学案》，中华书局1986年版，第951页。

动,与众人何异？"①认为未发是指"性",宇宙万象的终极根基。已发指"心",特别是圣人之心。它的特征是"寂然不动,感而遂通"的。朱熹对未发、已发的研究比较深入,随着研究的进行,他提出了不同的观点,主要包括"丙戌之悟"和"已丑之悟"两个阶段,也就是学者们通常认为的"心为已发,性为未发"的中和旧说和"未发指性","已发指情"的中和新说。②

"道心、人心"的观点最早出现于儒家著作《伪古文尚书》。在此之后,这一观点一直没有得到学者们的足够重视。直到北宋时期,才重新受到学者们的关注,焕发出新的学术活力,成为理学的重要范畴。二程提出"'人心惟危',人欲也。'道心惟微',天理也","人心私欲,故危殆。道心天理,故精微。灭私欲则天理明矣。"③认为人心是人欲,其性质是"危殆"的。道心出自天理之本然,所以具有"精微"的特征。道心与人心是完全对立的,只有灭私欲存天理,人才能够恢复其至善的本然之性。杨时也曾提出道心的问题,认为道心既是未发的一种状态,也是具有"精一"特征的人的灵明之心。④朱熹指出"只是这一个心,知觉从耳目之欲上去,便是人心;知觉从义理上去,便是道心",⑤认为道心与人心,它们是同一个心的不同知觉产生的。人心是人的感性欲望产生的,道心则出于人的道德理性。既然如此,是否应只提倡道心而对人心进行彻底否定呢？他指出:"人心亦不是完全不好底,故不言凶咎,只言危。"⑥认为人心产生于人的感性思维,它包括人的一切合理与不合理的欲望。所以,不能用"凶咎"来概括人心的特征,只能说人心是"危"的,不赞成对它持完全否定的态度。

曹端则在前儒的基础上,颇有见地地赋予已发、未发与道心、人心等几个范畴以时代的新见,共同为他的心性理论提供了强有力的论证。

第一,他提出:"所谓己,舜所谓'人心'也。所谓礼,舜所谓'道心'也。所谓'克复'舜所谓'精一'也。所谓为仁,舜所谓'执中'也。千圣相传,盖不出乎此矣。"⑦依曹端之见,舜所谓的"人心"就是现在人们所认为的"己",泛指一切恶的、过分追逐利益或违背道德法则的感性欲念,是人

---

① [宋]胡宏:《胡宏集》,中华书局1987年版,第115页。
② 有关朱熹已发未发的观点详细参见陈来:《朱子哲学研究》,华东师范大学出版社2000年版,第160~182页。
③ [宋]程颢,程颐:《二程集》,中华书局2004年版,第312页。
④ [清]黄宗羲,全祖望:《宋元学案》,中华书局1986年版,第951页。
⑤ [宋]黎靖德:《朱子语类》,中华书局1986年版,第2009页。
⑥ [宋]黎靖德:《朱子语类》,中华书局1986年版,第2009页。
⑦ [明]曹端:《曹端集》,中华书局2003年版,第236页。

欲的发源地。舜所谓的"道心"则是现在人们所认为的"礼",它出于纯粹至善的天理或性命之正,是天命之性在心上的完全呈现与彰显,对人心有一定的规范和制约作用。在这一意义上,道心与天理完全等同,人心与人欲完全一致,人心乃私欲,道心乃天理,二者完全对立,不可妥协。因此,人生活在这个世界上,如果明晓了人之所以为人的价值根基之所在,就必须用"精一"的工夫,使"道心"常存而不为"人心"所乱。所以人们要时时刻刻"克己复礼为仁",去除人心,归复道心。于是,在曹端这里,人心完全是负面的、应该彻底否定的东西。与杨时、朱熹关于道心、人心的相关观点对比,我们可以清楚地看到曹端对他们思想的继承和发展。他与他们的道心、人心思想既有相似之处,又有很大程度的不同。他一方面赞同道心是天命之性与天理的体现,人心是气质之性与人的感性欲念的体现,人心应听命于道心的说法;另一方面,他又缩小了人心的概念范围,认为人心只是人的感性欲念中恶的表现,抽去了人心中的合理欲望的因素,认为一切善的想法或合乎道德的意识都是道心。所以,他大力支持道心而批判人心。

第二,为了更好地阐释其心性论体系,曹端对宋代心性论中的另一个重要问题——已发、未发,作出了自己的解释。他指出"本心一也,已发在于扩充,未发在于预养,心得其养而扩充焉,即致中和之谓也,则天地位而万物育者,不可言知",①"盖仁即中也,以心之德言,即未发之大本;以爱之理言,即已发之时中"。②认为未发是未然层面的、形上的理。它纯然至善,自然是"中"或"仁"。"中"或"仁"在此处完全相通,也就是心所本具的德性,即"心之德"。已发则是实然层面的、形下的事。它有中节、不中节之分,只有已发而中节,恰到好处,才能够是中。也就是"已发之时中"之"时中",或者说是"心之德"的顺畅发用而形成的"爱之理"。

虽然这一段是从"扩充"和"预养"的工夫论角度诠释"已发与未发",但我们认为,曹端很明确地指出了"已发与未发"是"心"的不同阶段或状态,心的活动有已发时和未发时。心的未发状态为心的本然状态,即《中庸》的"喜怒哀乐之未发谓之中"。所以,就要在它未发之时加以"涵养",在此间求"中",才能够顺畅地达致圣人之境,即"仁"的境界。这也是朱熹所提倡的"此明人心未发之体,而指其未发之端,盖欲学者致察于萌动之微,知所抉择而去取之,以不失乎本心之体而已"。③心的已发状态为心之用,是心

① [明]曹端:《曹端集》,中华书局2003年版,第213页。
② [明]曹端:《曹端集》,中华书局2003年版,第237页。
③ [明]曹端:《曹端集》,中华书局2003年版,第34页。

在现实人生中的发用与流行,也是人的思虑活动显著萌动的状态。此时的心由于受到种种外界因素的影响,已经不可能保持"未发之中"的中和之境,随其发用呈现出不同的状态。因此,人们就应该有一种价值理性意识的自觉来把握心的已发、未发。在未发之前用力操存、预养,为心之已发,且能够发而皆中节作准备。在已发之后则须进一步用功,在心之发用处省察,尽全力加以扩充。

第三,曹端对已发、未发问题的详细论述不仅是为了表明他对心的不同状态的认识,更是为了表明他对"善"与"恶""道心"与"人心"的认识。他通过对天命之性与气质之性以及道心和人心的阐释来解决人在社会中的善恶问题。心的已发、未发关乎道心、人心产生的根源。合乎善的、道心的即是《中庸》的"发而皆中节谓之和",也是宋明理学家常提的"天理之流行";背离善的、道心的是"恶""人心",就是"私欲之流行"。然而,善与恶、道心与人心,它们之间的关系如何呢?在曹端看来,对于实然状态中的个人来说,他们在现实生活中的思想和行为有善有恶,既有天理之流行也有人欲之肆虐,无论是天理之流行还是人欲之肆虐,它们都出自一处,即人之本心。人在本质上是善的,这是他人性的本然状态,人之所以为人的终极价值根基就在于未发之前本心的纯粹至善,没有一丝一毫恶的成分,即天命之性或道心。是太极(理)下贯到人身之时,所赋予人的纯粹至善之性。它是太极(理)在现实世界中的顺畅发用,体现在社会人生之中,便是善。而人在现实生活中因外界因素的制约、物欲的遮蔽,所表现出的恶或者说人心之发见、私欲之流行,这不是人性的本质,只是由于心发用之时的"不中节"或"气动于陷溺"的情况造成的,是间杂理气之性。即气质之性、人心或人欲。所以,人欲或者说恶在曹端这里,不是人性中本有的东西,它人性本善的歧出或异化。所以,现实中的恶是可以改变或去除的。具有道德理性意识之自觉的人就应该变化气质,存善去恶。

总之,曹端在继承前儒的基础上,从形上、形下两方面,对现实社会中所出现的善恶现象,进行了深层次的理论剖析,并根据时代特征,提出了一些解决问题的方法。可以说,曹端的心性论与前儒相比,更加注重后天的躬行实践和经世致用,不仅为现实中的人指明了变化气质,趋善避恶的道路,为明代中后期心性论走出现实困境提供了理论资源,也为宋明理学心性理论的发展做出了贡献。

在以上章节中,我们对曹端的心性理论进行了较为完备的分析,接下来我们将探讨其心性理论是如何实现的,也即心性工夫论的问题。这是中国哲学特别是宋明理学心性理论之一体两面,不可或缺。正如牟宗三先生所说:"但自宋明儒观之,就道德论道德,其中心问题首在讨论道德实践所以可能之先验根基(或超越的根基),此即心性问题是也。由此进而复讨论实践之下手问题,此即工夫入路问题是也。前者是道德实践所以可能之客观根基,后者是道德实践所以可能之主观根基。宋明儒心性之学之全部即是此两问题。以宋明儒词语说,前者是本体问题,后者是工夫问题。"①此言不虚,也是本书论述曹端心性理论的大致框架与结构安排。

---

① 牟宗三:《心体与性体》,上海古籍出版社1999年版,第7页。

第三章　由心性本然、实然向心性应然的过渡

对于一名真正的儒家学者来说，其终极目的是为了提升人的精神境界。然而，这一目标是如何达成的？蔡仁厚先生指出："内圣之学，以成圣成贤为目的。儒家认为人人都可以成圣贤，都可以通过道德实践，完成自己的德性人格，以进到圣人的境地。——真的可能吗？可能的根据在哪里呢？我们如此追问道德实践所以可能的、超越客观的根据，便是关于'本体'的问题；追问道德实践所以可能的，内在主观的根据，便是关于'工夫'的问题。内圣之学，主要就是集中在本体与工夫这两个问题上。重视工夫，固然是满足实践的要求；而讨论本体，亦不是理论的兴趣，而仍然是为了满足实践的要求。"① 由此，在中国哲学特别是宋明理学中，心性论构筑了工夫论形上的哲学内涵与底蕴，对心性论的探讨必须通过对其相应工夫论的阐扬才能最终得以彰显和展现。而曹端的理学体系之建构，正是遵循了这一原则。

曹端的工夫论思想承接宋儒而来。我们认为，宋代理学的主要工夫论思想，无论是朱熹的"居敬穷理"说，还是陆九渊的"发明本心"说，在理论上都有一定的缺陷。前者略显"支离"，后者又略显"易简"。在他们的后学那里，这种现象更为明显，以至于被评价为"朱子道、陆子禅"，难以很好地解决人的现实问题。在朱陆异同的争论之后，学者们便对这一问题进行了反思，并试图建立一种更具社会效用的工夫论体系。在此理念的支配下，一种崭新的工夫论方法开始流行。其具体表现为综合两家的学说，向着更加实用、更符合社会要求的方向发展。曹端便深受其影响。他一方面继承了朱熹的工

---

① 蔡仁厚：《宋明理学·北宋篇》，台湾学生书局1977年版，第3页。

夫论学说，另一方面他又超越了朱熹的相关观点而在借鉴陆九渊心学的基础上提出了"事心之学"的方法，并以此来探讨超越追求与现实关怀如何统一的问题。

第一节 立基于敬，体验于无欲

在宋明理学家那里，"敬"和"无欲"是其日常生活中不可或缺的心性涵养工夫，曹端也不例外。他提出，"吾辈做事，件件不离一'敬'字，自无大差失"①，"无欲便觉自在"的观点，②把"敬"的涵养工夫与"无欲"的修养工夫结合起来，共同成就了他的心性工夫论学说。清代理学家黄宗羲对曹端的工夫论十分推崇，他认为："先生以力行为主，守之甚确，一事不容假借，然非徒事于外者，盖立基于敬，体验于无欲。其言'事事都于心上做工夫，是入孔门的大路'，诚哉！所谓有本之学也。"③

1. 立基于敬

"敬"是中国哲学特别是儒家哲学的重要理论范畴。早在周代就已经出现理论萌芽。"周人的思想中已具有'敬'的观念。尤其是一'敬'字，实贯穿于周初人的一切生活中，这是直承忧患意识的警惕性而来的精神敛抑、集中及对事的谨慎、认真的心理状态"。④随后，"敬"多次出现在儒家的主要经典著作如《四书》《五经》中，被赋予了多种义理内涵和哲学意蕴。而这些典籍对宋明理学产生重要影响的还是《四书》和《周易》，它们成为包括曹端在内的宋明理学家阐发"敬"之哲学内涵与意蕴的理论资源。

在北宋时期，借鉴上述典籍的相关思想而提出"敬"的涵养工夫的理学家首推程颢。他说："学者须先识仁。仁者，浑然与物同体。义、礼、知、信

---

① [明]曹端：《曹端集》，中华书局2003年版，第240页。
② [明]曹端：《曹端集》，中华书局2003年版，第242页。
③ [清]黄宗羲：《明儒学案》，中华书局1985年版，第1064页。
④ 徐复观：《中国人性论史》，华东师范大学出版社2005年版，第15页。

皆仁也。识得此理，以诚敬存之而已，不须防检，不须穷索。"①认为诚敬是对仁的一种涵养工夫，人们只要做到了诚敬，使之常存心中，便可达致仁的境界。与程颢不同，程颐提出"主一无适，敬以直内，便有浩然之气。浩然须要实识得他刚大直，不习无不利"，"动容貌、整思虑，则自然生敬，敬只是主一也。主一，则既不之东，又不之西，如是则只是内。存此，则自然天理明。学者须是将敬以直内，涵养此意，直内是本"。②他的主敬学说则借鉴了《周易》"敬以直内"和《孟子》"养浩然之气"的相关内容，认为做敬的工夫一方面应该收敛心性，使之"主一无适"，另一方面，应做到思想、行为上的恭敬，同时，将恭敬之意时刻存在内心之中。这样，便可以涵养出浩然之气。湖湘学派的胡宏提出"明理居敬，然后诚道得。天道至诚故无息，人道主敬所以求合乎天也""格之之道，必立志以定其本，而居敬以持其志。志立于事物之表，敬行乎事物之内，而知乃可精"。③认为人应该"居敬"或"主敬"，达到与天道相合目的。朱熹则在吸收二程的观点之后提出："敬只是常惺惺法，所谓静中有个觉处。"④认为敬是一种自觉的意识，要求人们在做工夫之时，时刻保持内心的警醒。

曹端在他们的基础之上，结合明初理学的时代特色，提出自己的"立基于敬"的工夫论学说，并详细阐发了其即本体即工夫的哲学内涵与理论意蕴。

首先，从本体论的角度，他提出"一诚足以消万伪，一敬足以敌千邪，所谓'先立乎其大者'，莫切于此"⑤"吾圣人之道，则合高厚而为一通，幽明而无间，语其而目之大者，则曰三纲、曰五常，而其大要，不曰中则曰敬，不曰仁则曰诚，言不同，而理则一"⑥的观点。在这里，他吸收了前儒从终极价值根基的角度阐发"诚""仁"和"中"的哲学意义的观点。如"诚者，天之道也；诚之者，人之道也。诚者不勉而中，不思而得，从容中道，圣人也"⑦，"喜怒哀乐之未发谓之中，发而皆中节谓之和"，"仁者，浑然与物同体"等。并且认为诚、中、仁的哲学内涵与"敬"可以互诠互显，相互发明。即"合高厚而为一通，幽明而无间"的一理之体——圣人之道。在此，笔者认为，他无疑是继承了程颢从本体论角度论敬的观点。正如牟宗三评价大程

---

① [宋]程颢，程颐：《二程集》，中华书局2004年版，第16～17页。
② [宋]程颢，程颐：《二程集》，中华书局2004年版，第143，149页。
③ [宋]胡宏：《胡宏集》，中华书局1987年版，第28，152页。
④ [宋]黎靖德：《朱子语类》，中华书局1986年版，第1503页。
⑤ [明]曹端：《曹端集》，中华书局2003年版，第240页。
⑥ [明]曹端：《曹端集》，中华书局2003年版，第102页。
⑦ [宋]朱熹：《四书章句集注》，中华书局1983年版，第141页。

的那样:"却是直通'於穆不已'之体而言。故敬曰敬体,诚曰诚体,即'纯亦不已'也。此是'即工夫即本体',而同时亦是'即本体即工夫',即以直通'於穆不已'之体之'纯亦不已'之敬体诚体来直内也。"①在曹端的学术体系中,若"诚""中"或"仁"是一种人的道德生命、价值理性与太极之善性相贯通的无间状态,那么,"敬"则是太极下贯到人身之时,赋予他们的至正性命,即敬之体,是一种自觉的警醒,是心的一种朗然明觉状态,在此状态下,人可以不受外界因素支配地、自觉自律地做心性涵养、道德践履的工夫,是这本然的心自己在凝聚。它在本质上是"致中和,止于至善"的。

其次,在工夫论的层面上,曹端以易学的视域,吸收和转化了《周易·坤·文言》中"敬以直内,义以方外"的有关思想,小程"持敬"、朱熹"主敬涵养"之"敬"的相关观点而提出"吾辈做事,件件不离一敬字,自无大差失"②的见解。依曹端之见,"敬"是人之所以为人的价值根基——天理在心性工夫上的落实,是一种贯通人的外在举止与内在心性的价值准则与道德法则。即从外在的仪表、行为与内在的心性、思虑两方面对人作出了"敬"的要求。从外在方面来说,要求人们时刻注意约束自身的行为,在各方面都不能随意,必须做到"学者须要置身法度之中,一毫不可放肆,故曰'礼乐不可斯须去身'"③。让人们日常生活中的所有思想和行为一一合乎道德规范的要求也即礼乐的要求。因此,人生活在世界上,要想成为天理的圆融体现者,就必须以"敬"为准则,时时"不离一敬字",只有这样,才能够减少乃至去除不合礼乐规范的思想或行为,不被外在的恶劣环境所蒙蔽,从而复现天理,体现人的神圣与伟大。因此,对于人来说,必须时刻以"敬"作为自身行为之准则,在不同的场合之中,做到谨慎、小心,不能有一丝一毫触犯法度的行为。从内在的方面说,则要求当事人时刻将天道、天理贯注于心中,将全部精力和心思集中于对天理的体认。自觉摒除外界的各种纷扰和内在的各种思虑不安的不良情绪的影响,不断地以敬畏之心去唤起个体意识之觉悟,涵养心性、去除私欲。这样,时间长了,自然就会明晓天理的所然与所以然,做好"敬"的内在工夫。

曹端的这一观点,明显是对程朱之"敬"的吸纳与转化。在此学术理念之下,持敬的工夫包括身与心双方面的互动,两者缺一不可。因此,他要求儒家学者在做主敬涵养的心性工夫时必须做到时时刻刻使内心保持一种警

---

① 牟宗三:《心体与性体》(中),上海古籍出版社1999年版,第322页。
② [明]曹端:《曹端集》,中华书局2003年版,第240页。
③ [明]曹端:《曹端集》,中华书局2003年版,第240页。

觉、反省的状态,即心在后天和人为的作用下,在整肃、凝聚和严格自我控制状态下的一种恭敬与敬畏。只有保持内心上的恭敬与持敬,才可以收到行为上的庄敬效果,反之亦然。从这一意义上讲,此处"敬"之意蕴与内涵,并不同于大程的诚敬思想,它缺乏他们思想中的和谐、安乐与祥和之意义,而更多地强调了谨严、庄重与肃穆的一面。

总之,曹端的诚敬工夫理论是即本体即工夫的,从本体论的意义上说,它与大程的诚敬意蕴相通,而从工夫论的角度上讲,它又与小程、朱熹的"诚敬"观点一致,而更趋向于小程、朱熹的对"敬"的看法,即他们所主张的"持敬"或"主敬涵养"之"敬"。同时,在曹端看来,做好心性涵养的工夫,只立足于"持敬"还很不够,必须进一步深入,做到"体验于无欲",才能达致圣贤的境界。继之,我们将讨论其工夫论的第二个层面——体验于无欲。

2. 体验于无欲

在中国哲学史上,首先对"无欲"观点进行阐发的是以老庄为首的道家哲学。如老子提出:"我无为,人自化;我好静,人自正;我无事,人自富;我无欲,人自朴。"①《庄子·马蹄篇》写道"同乎无欲,是谓素朴,素朴而民性得矣"等。②这里的"无欲"体现的是老子真朴自然与庄子逍遥无待的理想生活方式与精神境界。在先秦时期,儒家哲学中并没有"无欲"的思想,只有与其相似的孟子的"寡欲"说。孟子提出:"养心莫善于寡欲。其为人也寡欲,虽有不存焉者,寡矣;其为人也多欲,虽有存焉者,寡矣。"通过内心的涵养来减少人的私心杂念或不合于礼法的欲念,达致"穷则独善其身,达则兼济天下"③的境界。

在宋明理学中,首先对"无欲"和"静"的理论内涵进行阐释并提到哲学高度加以研究的是被后世称之为道学宗主的周敦颐。他提出:

惟人也,得其秀而最灵,形既生矣,神发知矣,五性感动而善恶分,万事出矣。圣人定之以中正仁义(自注:圣人之道,仁义中正而已矣),而主静(自注:无欲故静),立人极焉。④

"无欲"在此是去除了一切非静的感性欲念、私心杂虑等因素之后,诚体所自然而然地呈现出的一种虚明静定的状态。进而,他综合道家和孟子思想

---

① 朱谦之:《老子校释》,中华书局1963年版,第149页。
② [清]王先谦:《庄子集解》,上海书店1986年版,第57页。
③ [宋]朱熹:《四书章句集注》,中华书局1983年版,第374,350页。
④ [宋]周敦颐:《周敦颐集》,岳麓书社2002年版,第7~8页。

中的相关观点，并与他《通书》中"诚"的思想相结合，在他的名著《养心亭说》中详细提出了"无欲"的观点：

> 孟子曰："养心莫善于寡欲。其为人也寡欲，虽有不存焉者，寡矣；其为人也多欲，虽有存焉者，寡矣。"予谓养心不止于寡焉而存耳，盖寡焉以至于无，无则诚立明通。诚立，贤也；明通，圣也。是圣贤非性生，必养心而至之。养心之善，有大焉如此，存乎其人而已。①

此处"无欲"的哲学内涵"盖寡焉以至于无，无则诚立明通。诚立，贤也；明通，圣也"，笔者认为就是他在《太极图说》中所阐发的"主静立人极"之"静"（自注：无欲故静），又是《通书》"乾道变化，各正性命，诚斯立焉"之"诚"。它们互诠互显，共同形成了一个以"诚"为本体，以"无欲"为心性涵养方法，以"主静立人极"为终极目标的思想体系，并对宋明理学产生了重大的影响。

此后的宋明理学家对此问题多有阐发，曹端即在此基础上形成了他自己独具特色的"体验于无欲"的工夫论思想。因这一思想以"存天理、灭人欲"为理论前提，为了能够更好地说明这个问题，我们首先对前儒和曹端的天理人欲思想作出简要的梳理和评价。

在中国哲学中，理欲关系是一个重要而不可回避的人生哲学问题。不仅理因其作为世界的本体、宇宙万象的终极根基，占有重要地位，同样，"欲"，在人生中占有很重要的位置，因此也形成一个重大的人生哲学问题。关于欲的学说，在先秦有节欲说，苦行说，无欲说，纵欲说。"……宋时乃有理欲之辩，主存理去欲，而实际上也是一种节欲说"。②一开始，儒家尚没有理欲的命题，欲一般作为单独的哲学命题出现，来阐释人的自然本性。③如荀子提出："人生而有欲，欲而不得，则不能无求。"笔者认为，这里的"欲"，是人生必备的一种需求，它不含有负面的意义。后来它逐渐发展成为一种负面的物质欲望，被多数思想家批判。而关于天理人欲的命题，现代学者一般认为其最早见于《礼记》之《乐记》，《乐记》指出："人生而静，天之性也；感于物而动，性之欲也。物至知知，然后好恶形焉。好恶无节于内，知诱于外，不能反躬，天理灭矣。夫物之感人无穷，而人之好恶无节，则是物至而人化物也。人化物也者，灭天理而穷人欲者也。"此后，经过汉唐哲学几百年的酝酿与发展，到北宋时期，理学家关于理欲关系的探讨已经十分普遍。如张载

---

① [宋]周敦颐：《周敦颐集》，岳麓书社2002年版，第59页。
② 张岱年：《中国哲学大纲》，中国社会科学出版社1982年版，第445页。
③ [清]王先谦：《荀子集解》，中华书局1988年版，第346页。

提出"上达返天理，下达徇人欲"。①二程说："人心私欲，故危殆。道心天理，故精微。""天下之害，无不由末之胜也：峻宇雕墙，本于宫室；酒池肉林，本于饮食；淫酷残忍，本于刑罚；穷兵黩武，本于征讨。凡人欲之过者，皆本于奉养；其流之远，则为害矣。先王制其本者，天理也；后人流于末者，人欲也。损之义，损人欲以复天理而已"。②朱熹则在继承的基础上提出"……正是天理人欲相胜之地。自家这里胜得一分他那个便退一分；自家这里退一分，他那个便进一分，如汉楚相持于成皋荥阳间，只争这些子"。③胡宏指出"天理人欲，同体而异用，同行而异情。进修君子，宜深别焉"④等。

综上所述，在中国哲学特别是宋明理学那里，"理"即宇宙之本然，人事之当然。而关于"欲"，我们认为，它有两方面的意涵。其一，天理人欲势不两立，在现实中人们必须存天理去人欲，才能够复现天理流行之和谐社会；其二，人生活在这个世界上为保持生命存在而必须满足的基本需求，并不是人欲，而是天理。正如张岱年先生所指出的："宋代道学中天理人欲之辨，发端于张子，成立于二程子，至朱子而大成……宋代道学中所谓人欲，亦即是私欲之意。在宋代道学，凡有普遍满足之可能，即不得不满足的，亦即必须满足的欲，皆不谓之人欲，而谓之天理。"⑤曹端的天理人欲之辨即在此基础上而展开。

首先，曹端继承前儒，对天理、人欲的界限进行了明确分判。他说："学者须要天理人欲之间见得分明，方始有益。一毫相杂，则学非其学而德非其德矣。""于天理人欲之界上截然限断，使不正之言、非礼之色不得接吾耳目，则无以侵扰于内而天理宁矣"。⑥"生死路头，惟在顺理与从欲"。⑦针对当时人们在天理和人欲上混淆的麻痹态度，曹端从本原上对其界限进行了划分。他指出，学者要想为学，首先要做到"学者须要天理人欲之间见得分明"，"于天理人欲之界上截然限断"。只有这一具有本原性质的基础工作做好了，学者才能够学习圣贤，体认天理，否则就是"学非其学而德非其德矣"。即使学习了圣贤的经典著作，对个人心性的涵养、道德境界的提升也没有任何效果。同时，曹端把天理与人欲在社会人生中截然对立、不可融合的地位比喻作"生

---

① [宋]张载：《张载集》，中华书局1978年版，第22页。
② [宋]程颢，程颐：《二程集》，中华书局2004年版，第312,1170页。
③ [宋]黎靖德：《朱子语类》，中华书局1986年版，第1418页。
④ [宋]胡宏：《胡宏集》，中华书局1987年版，第329页。
⑤ 张岱年：《中国哲学大纲》，中国社会科学出版社1982年版，第455页。
⑥ [明]曹端：《曹端集》，中华书局2003年版，第209页。
⑦ [明]曹端：《曹端集》，中华书局2003年版，第241页。

死路头",要学者们在天理人欲之辨中痛下决心,绝对不可动摇,坚决地做"存天理灭人欲"的工夫。

其次,曹端对天理、人欲的哲学内涵进行了阐释,分为两个层次。

其一,从个人的心性涵养的角度,他提出"道,中庸之道,天理人伦之至,人所当行者"①的观点。"天理"即"道"或"中庸之道",是其哲学体系的最高范畴,宇宙万象与社会人生都要遵循的普遍和最高法则。具体地说,"天理"不仅是宇宙万象之所以是其自身的终极根基,更重要的是,它在社会人生中的发用与流行就展现为人之所以为人、人类社会之所以为人类社会的具体准则。即人之道德与伦理、社会之制度与规范。这个道无人能够超越。它是一种无过无不及的中庸之道,是每一个生活在此世界上的人都应该效法和遵守的。由于社会人生中的一切都要受"道"的支配,而此道又并非虚无,它是一实体性存在,必须发用流行,才能够体现出它的功用。所以,曹端既强调道作为本体,即"天理人伦之至"的超越性;也注重其下贯到人之身,即"人所当行"的现实性。这样,便可以在做心性工夫之时自然而然地合乎中庸之道,复现天理之本然。

所谓"人欲",曹端也称之为"私欲"或"私意"。他提出"身之私欲,其目有三:气质之偏一也,耳目鼻口之欲二也,人我忌克之类三也""程子曰:'非礼处便是私意'。既是私意,如何得仁"?②依曹端之见,人作为一个存在于宇宙间的生命体,在本质上应该是纯然至善的天理之化身,一举一动都应该"学者须要置身法度之中,一毫不可放肆,故曰'礼乐不可斯须去其身'",③完全符合法度,即礼乐规定。超出这个规定范围的其他想法或行为,如耳目鼻口之欲、人我忌克之类等无节制的追求或个体感性之欲望,就属于"人欲"。它来源于人的气质之偏,是个体人受到欲望的诱惑,脱离了礼的制约或者说是受物欲遮蔽而产生的邪恶思想或行为。如果让其继续发展下去而不加以控制,将会给个人和社会带来极大的危害。因此,作为一名理学家就应该自觉地痛下心性涵养的工夫,在天理人欲之间作出明确地决断。

其二,在社会政治领域,曹端认为天理体现为王道、人欲体现为霸图。他借用孟子与齐宣王对话的故事④——齐宣王问曰:"齐桓、晋文之事可得闻乎?"孟子对曰:"仲尼之徒无道桓、文之事者,是以后世无传焉。臣未之闻

---

① [明]曹端:《曹端集》,中华书局2003年版,第213页。
② [明]曹端:《曹端集》,中华书局2003年版,第222,223页。
③ [明]曹端:《曹端集》,中华书局2003年版,第240页。
④ [宋]朱熹:《四书章句集注》,中华书局1983年版,第207,208页。

也。无以,则王乎?"曰:"德何如,则可以王矣?"曰:"保民而王,莫之能御也。"曰:"若寡人者,可以保民乎哉?"曰:"可。"曰:"何由知吾可也?"曰:"臣闻之胡龁曰,王坐于堂上,有牵牛而过堂下者,王见之,曰:'牛何之?'对曰:'将以衅钟。'王曰:'舍之!吾不忍其觳觫,若无罪而就死地。'对曰:'然则废衅钟与?'曰:'何可废也?以羊易之!'不识有诸"?曰:"有之。"曰:"是心足以王矣。百姓皆以王为爱也,臣固知王之不忍也。"王曰:"然。诚有百姓者。齐国虽褊小,吾何爱一牛?即不忍其觳觫,若无罪而就死地,故以羊易之也。"此外,曹端还以先王以不忍人之心施不忍人之政的例子①来说明这个问题。然后,他则从故事出发进一步提出:"宣王不忍一牛,宜若小,然孟子言'是心足王',奖劝而成之。何耶?小不忍,念发于私小,常人所不能禁,故戒之。若不忍人之念出于正大,君子所当扩充者,故成之。彼戒之者,君子不谓之义。此成之者,君子谓之仁。彼便是霸者之心,此便是王者之心。"②赞同孟子关于王道、霸道的论说,认为王者之心强调"不忍人之念出于正大",霸道之心的主要特征是"念发于私小"。因此,只有提倡王道,将仁之心加以扩充。反对霸道,将发于私小之念,彻底去除,才是君子的作为。否则,即使是"戒之"的行为不做,儒家也不将它称为"义"的行为。

在此基础上,曹端将王与霸的界定放在"天理人欲之辨"上,进一步提出:"王道,天理也。霸图,人欲也。循天理则推恩以保民,循人欲则逞私以虐民。宣王不慕汤、武之道,而慕桓、文之事,是心不足王矣。但不忍一牛觳觫,即先王不忍人之心也,孟子因此开导之曰:'是心足以王矣。'所谓纳约自牖也,惜乎乍明复暗,明彼暗此,卒不归于王道。"③在他看来,王道是合乎天理的行为。即"循天理则推恩以保民",其在历史上的表现是汤、武之道。霸图则是"人欲"。即当政者私欲泛滥的"循人欲则逞私以虐民",其在历史上的表现就是桓、文之事。继之,他从是否循天理与循人欲的角度指出,君主如想在现实的社会政治中完全彰显天理之本然,实行仁政的施政方略,就应仿效孟子以道德为核心和主体内容的王道政治,强调了本心善性(哪怕是很微小的不忍——牛之觳觫),在实施王道上的重要性。而这本心善性既

---

① 孟子曰:"人皆有不忍人之心。先王有不忍人之心,斯有不忍人之政矣。以不忍人之心行不忍人之政,治天下可运之掌上。"([宋]朱熹:《四书章句集注》,中华书局1983年版,第237页)。
② [明]曹端:《曹端集》,中华书局2003年版,第221页。
③ [明]曹端:《曹端集》,中华书局2003年版,第231页。

是一切社会上层建筑的形上根基，又是道德实践的主体。反之，则是人欲的行为。其表现为对老百姓的残暴统治和掠夺。在这里，曹端虽然在表面上提到的是王道与霸图的区别，但实际上强调的是"天理"和"人欲"的对峙，即王道是天理之流行，霸图是人欲之泛滥。进而，他又提出"所谓纳约自牖也，惜乎乍明复暗，明彼暗此，卒不归于王道"。认为孟子对齐宣王所阐述的"王道"，具有反对道德性命，注重事功的倾向，不是纯粹的王道或天理之流行而是掺杂了人欲的霸道的表现，在理论上有所欠缺。虽然在现实社会中因其使用起来比较容易符合人们的思虑和想法，在一定程度上可以提倡，但从理学的角度来说，孟子对齐宣王所阐述的王道并不是真正的王道。真正的王道应该是"若不忍人之念出于正大，君子所当扩充者，故成之。彼戒之者，君子不谓之义。此成之者，君子谓之仁。彼便是霸者之心，此便是王者之心"。即不管君王的内心想法与行为如何，在现实社会政治领域中是否容易实施，只有符合天理的才是行仁义与行王道的行为，才是王者之心即天理的彰显。反之，就是人欲横流的霸者之心。

总之，在曹端的学术体系中，一个明显的理论倾向就是在继承前儒基础上的重"理"轻"欲"思想。表面上似乎给当时的学者立定了一面很好的存天理去人欲的旗帜，但实际上却愈发增强了"天理"与"人欲"的内在张力，导致了其关系的紧张。曹端提出："天理人欲，犹水火相胜，然此全则彼息，彼胜则此灭，必胜私欲，复于礼，则事皆天理而本心之德全矣。"①在这里，他强调"天理"的绝对优先性，是纯粹至善的具有超越性质的本体性存在。人们思想或行为的合理性要从"天理"中去寻找，只有符合天理的思想或行为才允许存在，不合乎"天理"规定的其他的思想或行为，都属于"人欲"的范畴。"人欲"作为"天理"的对立面而存在，它们彼此之间不能相容。曹端强调"理"的价值理想，同时就是最大限度地限制人的任何不符合"理"的规定的个体欲望的满足。在他那里任何不符合"理"的价值理念的行为都是"人欲"即"恶"，必须加以彻底地批判和清除。所以，笔者认为，曹端"天理人欲之辨"的观点虽然在当时社会中有一定的影响，为净化人们的心灵、维持社会的和谐有序起到过一定的作用，但它较大地束缚了人们的思想和行为，并给后来的学者特别是明清之际的思想家如王船山、戴东原等所提倡的理欲关系之回归提供了理论契机。

对于儒家学者特别是北宋以来的大多数理学家来说，成就圣贤境界在现

---

① [明]曹端：《曹端集》，中华书局2003年版，第223页。

实社会人生中的最大障碍就是外界环境、邪恶因素的遮蔽。这些因素使得人的性即理之性（天命之性）在日常生活中难以顺畅地发用与流行，天理之性体不能圆融而充分地彰显，从而在现实的社会人生之中，不可避免地出现了许多不合天理的想法与行为，这就是人欲和恶。理学家对这一问题十分重视，从多个角度进行了广泛深入的讨论，要求学者们不断地涵养、修为，做"无欲"的心性工夫，进而达成一种天理流行的圣贤境界。曹端效法前儒，对天理人欲的哲学内涵与意蕴进行明确阐释与判定的真实目的就是为了澄清当时人们在此一问题上的理论困惑："大抵克得一分人欲去，则复得一分天理来，克得十分人欲去，则复得十分天理来。能克己则礼自复，能复礼则自为仁。"①在此之后，他便借鉴周敦颐"主静立人极（自注：无欲故静）"的观点，提出了其独具特色的"体验于无欲"的心性工夫论学说。

第一，曹端在《通书后录》中借用北宋名士张宗范的观点②来表明自己对"无欲"的看法。他说："先生名张宗范之亭曰：'养心而为之说曰，孟子曰：'养心莫善于寡欲。其为人也寡欲，虽有不存焉者寡矣。其为人也多欲，虽有存焉者寡矣。'予谓养心不止于寡而存尔，盖寡焉以至于无，无则诚立明通，诚立则实本安固，明通则实用流行，立如三十而立之立，明则不惑，知命而乡乎耳顺矣。诚立，贤也。明通，圣也。是圣贤非性生，必养心而至之。养心之善有大焉如此，存乎其人而已。"③在曹端看来，孟子的养心与寡欲学说虽然在儒家哲学中占有重要地位，为人的境界提升起到了一定作用。但由于外界各种事物的刺激与内心欲望的诱惑，人们仅仅减少内心的私心杂念，做到孟子所赞同的寡欲，对于他们的心性涵养和境界提升来说是远远不够的。他借鉴孟子的"寡欲"观点，结合周敦颐的"无欲"学说，并根据当时的社会现实，进一步提出了他的"无欲"思想，对学者的心性涵养提出了更高的要求。他认为作为儒家学者应该学做圣人，即太极（诚）的完美化身。而圣人又不是天生的，他必须坚决抵御外界名利的引诱，去除违背诚的"欲"；必须涵养心性，使心明澈。所以，养心只做到寡欲是远远不够的。还应该更进一步做到"无"。只有这样，赋予人之生命的诚体才能得以顺畅发用，毫无遮蔽地彰显。如果人心能够涵养至"养心而至之"的地步，不被外界的邪恶事

---

① [明]曹端：《曹端集》，中华书局2003年版，第223页。
② 虽然从书面上看，这一观点完全是张宗范的，但曹端把他放在自己的著作《通书后录》中，而且放在第一条显赫而重要的位置上，说明曹端十分赞同张的这一观点，因此笔者认为这也是曹端对于"无欲"之意蕴的真实看法。
③ [明]曹端：《曹端集》，中华书局2003年版，第115页。

物和自己内心的物欲所蒙蔽，他的虚觉灵明之心便可"诚立"，其天命之性便可"安固"，进而"明通"。即处处明达，达致圣贤境界。"诚立明通"与"无欲"，两者互诠互显，联系紧密。"诚立明通"是"无欲"的内在价值根基与终极哲学意趣，"无欲"是达致"诚立明通"的必由之路。

　　第二，曹端提出："只是纯然是个天理，无一点私欲，且无欲便觉自在。"①"无"在这里不是道家所讲的"虚无"之"无"，也不是佛教所赞成的"空寂"之"无"，而是指心的专一和灵明，即没有任何的私心杂虑、排除了外界的一切干扰的本心的湛然澄明之境。也即《易传》所提出的"寂然不动"之境。只要做到了"无欲"，彻底抛弃了物欲对人的身心之束缚，人在社会人生之中便可以自然而然地"无欲而静"，②与"其行之也中，其处之也正，其发之也仁，其裁之也义，盖一动一静，莫不有以全"③的圣人之道合一，在与天地万物一体无隔的宇宙大化流行之中去圆融地展现"太极之道"，使其"无所亏焉"。这是一种具有较高理学底蕴的心性涵养方法，是人的灵明之心向终极根基即天理的复归。因此，曹端认为生活在这个世界上，无论做什么事、处于什么样的人生地位，欲望都应该越少越好，甚至不应该有欲望，这样便可体会到一种"无欲便觉自在"的人生意趣。否则就会"人只为有欲，此心便千头万绪，做事便有始无终，小事尚不能成，况可学圣人耶"④。人若做不到"无欲"，那么他的心就会被各种各样的私欲所诱惑和遮蔽，做任何事都有始无终，哪怕是一件很小的事都不会成功，更不用说成就圣贤境界了。

　　第三，曹端的"无欲"说虽然是仿效周敦颐而提出，却不完全赞同周对"无欲"的阐释，他认为其理论艰深难懂，对于日常生活中的平常人来说，做到他所提倡的"无欲"之工夫似乎太艰难了。而且，对于一般学者而言，区分主静的工夫与佛道虚寂的工夫也比较困难。因此，他更提倡程颐的"持敬"说，并且要求学者们一定要明确"静"的哲学意义，以防进入佛道思想的理论误区。

　　在周敦颐提出"无欲"的工夫修养论之后，程颐针对其《太极图说》中"主静立人极"的观点，提出"敬"的工夫作为修养成圣的途径。他说："敬则自虚静，不可把虚静唤做敬。"接着，又指出"才说静便入于释氏之说也。不用静字，只用敬字。才说着静，便是忘也。"⑤朱熹也指出"濂溪言'主静'，

---

① [明]曹端：《曹端集》，中华书局2003年版，第73页。
② [明]曹端：《曹端集》，中华书局2003年版，第240页。
③ [明]曹端：《曹端集》，中华书局2003年版，第240页。
④ [明]曹端：《曹端集》，中华书局2003年版，第73页。
⑤ [宋]程颢，程颐：《二程集》，中华书局2004年版，第157，189页。

'静'字只好作'敬'字看,故又言'无欲故静'若以为虚静,则恐入释老去"。问:"周先生说静,与程先生说敬,义则同,而其意似有异。"曰:"程子是怕人理会不得他'静'字意,便似坐禅入定。周敦颐之说只是'无欲故静',其意大抵以静为主。"①虽然他们并不排斥"静",却不以"主静"为宗旨,而以"主敬"为工夫论之进路,主张"才说静便入于释氏之说也。不用静字,只用敬字"或"'静'字只好作'敬'字看"。认为"敬"与"静"在内涵上虽有相似之处,却不可以用"静"来代替"敬"。"静"容易使人产生"虚静"的想法,进入老氏"绝圣弃智"和佛教"坐禅入定"的理论误区。相对来说,朱熹比程颐更加主张用"敬"来代替"静",认为程颐之"敬"比周敦颐之"静"在语言表达方面要明确清晰得多,学者们在论学中应该使用"敬"字,以防止他们因没有弄清楚"静"与"敬"的内涵和用法的不同而进入佛道虚静哲学理念的误区。

曹端在支持程朱观点的基础上提出了自己的观点。指出"周敦颐只说'一者,无欲也',这话头高卒急难凑泊,常人如何便得无欲?故伊川只说一个'敬'字,教人只就敬上眭去,庶几执捉得定,有个下手处"②,"学者须要识得'静'字分晓,不是不动便是静,不妄动方是静,故曰'无欲而静'。到此地位,静固静也,动亦静也"③。

通过对曹端这几句话的分析,我们认为他在此表达了两方面的意思。其一,曹端认为周敦颐所提倡的一和无欲,"话头高卒急难凑泊",常人在日常生活中很难理解,在作工夫之时很难实践,还是程颐的"持敬"工夫简洁明白。只要明晓了"敬"的理论内涵,在做工夫之时只需"就敬上眭去",便可轻松从容地找到下手点。因此,曹端不完全赞成周敦颐的"一"和"无欲"的观点,他更倾向于程颐"持敬"的观点。其二,曹端对"静"的理学内蕴作出了明确界定。他告诉学者,"静"的内涵不是不动,不是佛道所规定的虚静之静,即体认无我、无物和坐忘的那种心性涵养工夫和精神境界,而是要做到动而有节,不能妄动,必须符合天理的规定,专心地履行儒家的伦理道德规范,使心始终保持一种"虚灵知觉,但事物才触即动而应物,无踪迹可寻捉处"④的灵明状态。在这种情况下,动静都是天理之流行,"静固静也,动亦静也",已经无须区别动与静。这样便达到了"无欲"工夫论的最终目标

---

① [宋]黎靖德:《朱子语类》,中华书局1986年版,第2386页。
② [明]曹端:《曹端集》,中华书局2003年版,第73页。
③ [明]曹端:《曹端集》,中华书局2003年版,第240页。
④ [明]曹端:《曹端集》,中华书局2003年版,第235页。

——静。而此时的静与敬是相互涵摄,互诠互显的。正如崔大华先生所指出的:"……此则可见曹端、薛瑄一如朱熹将'敬'放在涵养的最重要位置,并且以'不妄动'、'所为当为'为静,实际上是在'敬'的内涵中注入'敬'的性质,即是'敬贯动静'。"①

综上所述,如果我们对曹端"立基于敬,体验于无欲"的心性工夫论作深层次的研究和探讨,就会发现其理论是建立在对"礼"的研究基础上的。这是明代初期大一统君主政权建立,儒佛道三教争衡与互相渗透,程朱理学独尊条件下如何确立"礼"的社会地位的问题在曹端思想中的具体展现。具体来说,有以下数端:

第一,曹端提出"礼者,天理之节文,人事之仪则,守之为圣贤,弃之为禽兽,修之致福庆,败之取祸殃"②,"礼者,天理节文。天理无形影,礼文画出一个天理与人看,有规矩可凭,有君臣便有事君底节文,有父子便有事父底节文,他莫不然。节者,限制等级之名。文者,仪章脉理也。……复于礼,则事皆天理而本心之全德也"的观点。③此处,"礼"是对《礼记·乐记》中"礼也者,理之不可易者也"和程朱理学相关思想的吸收和借鉴,是对人们进行制约的道德准则和行为规范,是天理在社会人生中的具体表现。它被纳入曹端的思想体系中,根据时代特征和需要,赋予了新的涵义。依他之见,天理无形影,日常生活中的人们不好把握,圣人便根据天理的要求制定"节文",使人们在社会中有规矩可以遵循。做到有君臣便有事君的节文,有父子便有事父的节文。而且在现实生活之中,如果人们顺此理而为,便可以吉祥如意,引来福庆。逆此理而为,则必定招致凶险和祸殃。并以此来体认"天理"。即"礼"是"理"的外在彰显与具体展现。如果只说是理,由于它没有形迹,不好言说,故变理为礼,使之成为有形可见的、容易把握的道德规范。理和礼是本体与现象的关系。理为体,礼为用。换言之,理学中的或者是曹端思想体系中的"礼"是实体性的宇宙万象之终极根基"理",在现实人伦物用中的展现。也即社会人生层面上的伦理典章制度、道德行为规范——礼,皆是理之表现。儒家哲学中早已出现的伦理道德规范在理学和曹端思想这里获得了本体性的规定。

第二,曹端提出:"礼,阴也,故理焉。乐,阳也,故和焉。合而言之,则阴阳各得其理而后二气和也。人伦之道,各尽其道,各安其分,无不理且

---

① 崔大华:《儒学引论》,人民出版社2001年版,第532页。
② [明]曹端:《曹端集》,中华书局2003年版,第211页。
③ [明]曹端:《曹端集》,中华书局2003年版,第223页。

和焉。天高地下，万物散殊，而无不各得其理，然后流而不息，合同而化，而无不和也。以其先理而后和，所以不曰乐礼而曰礼乐云。"①学界皆知，在中国哲学史上，思想家很早就已经注意到了"礼乐"的问题，如孔子的礼仁合一说，荀子的礼论，《礼记》对礼、乐的阐释等。到了宋代，周敦颐作《通书》又将这一问题提高到本体的角度加以阐释。认为在礼的作用下，君臣父子夫妇便可各得其序，整个社会与宇宙便可和谐而通泰。在此，曹端继承了前期儒家的相关思想，用阴阳来比喻礼和乐。认为"礼"主要是通过制定一系列的道德规范与行为准则来约束人们的思想和行为，起到调整人际关系、维护社会秩序的作用。具有阴的性质，其在现实中的表现为"理"，即条理性。"乐"则侧重于通过对人性情的熏陶，使之向善去恶，在不知不觉中达成人际间的和谐，进而实现整个社会乃至整个宇宙的有序与和谐。具有阳的性质，其表现为"和"，即和谐性。即礼是一个"理"字，乐是一个"和"字。因此，"人伦之道，各尽其道，各安其分，无不理且和焉。天高地下，万物散殊，而无不各得其理，然后流而不息，合同而化，而无不和"。②礼乐是无处不在、不会消亡的。它所代表的"理"与"和"，具有普遍性、永恒性。因为"理"（礼）是天地之序，"和"（乐）是天地之和。所以作为一个明晓了这一道理的人，就应该在社会人生中做到"人能充其仁义礼智之道，则与天地合其德"③。以仁、义、礼、智之道来扩充己身，便可实现宇宙万象与人类社会的和谐、通泰、有序之理想情状。

第二节 穷理反躬与事心

我们对曹端心性工夫论的理论内涵作出较为详细的阐释之后，下面我们所要着力解决的是他如何把"立基于敬、体验于无欲"的工夫论观点贯穿到人的整个社会人生中去涵养心性，进而躬行实践，提升精神境界。也就是如

---

① [明]曹端：《曹端集》，中华书局2003年版，第58页。
② [明]曹端：《曹端集》，中华书局2003年版，第57页。
③ [明]曹端：《曹端集》，中华书局2003年版，第245页。

何做心性工夫及其方法的问题。

在明初,一方面,佛道二教的流行给整个社会带来了很大的危害,许多人不遵守儒家的伦理规范,一味地追求长生久视或彼岸世界的美好,社会危机越来越多。另一方面,程朱理学虽然受到前所未有的重视,其人文意蕴却早已失去了往日的风采,那种文化学术意义上的理学消失了。理学末流们为了博取功名,追求个人名利,往往根据一己私利对它进行曲解。他们整日高谈阔论、空谈性理,却没有提出有针对性的解决社会危机的办法。从而使原本富有进取精神的理学蜕变成按照当政者既定思路和准则运作的学术工具。为了挽救时弊,曹端以儒家特有的责任感,针对性地提出了理学的价值在于躬行实践,反对空谈性理。他深入地研究了朱陆两家的工夫论学说,毅然决定采用和会朱陆的治学方法,一方面努力发挥程朱学说的求知精神,另一方面又积极吸取陆九渊的重行思想,鲜明地提出了"人之为学,须是务实,乃能有进。若这里工夫欠了分毫,定是要透过那里不得"①的学术主张。在他看来,唯有提倡有实用价值的理学,才能够成为一名真正的儒者,实现治国平天下的人文理想。因此,曹端继承前儒,并结合明初理学的时代特色和学者的现实情况,提出了许多富有实用性的观点。如"穷理反躬之学,吾辈当时时念之","天理本无隐显内外,要当时时省察,常了然于心目之间不可使有须臾之离,以流于人欲而陷于禽兽之域","人之为学,须是务实,乃能有进。若这里工夫欠了分毫,定是要透过那里不得",②"学圣之事,主于一心","事事都于心上做工夫,是入孔门底大路"③等。笔者认为这些观点体现了曹端做心性涵养工夫的主要方法,即穷理反躬和事心之学。

第一,曹端提出"理有未穷,故其知有不尽""穷理反躬之学,吾辈当时时念之"④的观点,即穷理反躬。这是对程朱理学中"涵养主敬""格物穷理"方法的借鉴。他十分推崇程颐"涵养须用敬"的工夫论观点,指出:"程子曰'涵养须用敬,进学在致知'。此言最停当。"⑤依曹端之见,人们要做心性涵养工夫,首先要明晓天理赋予人做此工夫的所示与所以示,在"穷理、尽知"上下工夫。什么是"穷理、尽知"呢?就是对形上的具有本体意义的天理,形下的现实生活中的具体事物和现象的分殊之理以及它们的善恶分判,进行

---

① [明]曹端:《曹端集》,中华书局2003年版,第241页。
② [明]曹端:《曹端集》,中华书局2003年版,第241页。
③ [明]曹端:《曹端集》,中华书局2003年版,第239页。
④ [明]曹端:《曹端集》,中华书局2003年版,第241页。
⑤ [明]曹端:《曹端集》,中华书局2003年版,第246页。

追根究底的研究和探讨。按照程朱理学所教导的严肃工整、主一而不放纵的工夫论方法去涵养心性，自觉地摒除物欲的蒙蔽，复现天理。也即"在天理人欲的界限上截然限断，使不正之言、非礼之色不得接吾耳目"①，达成"能复乎天理，则一日长进似一日的"②的为学、涵养目标。

第二，曹端认为，人在日常的人伦物用中是不可能自然而然地做好心性工夫的。他必须努力奋发，痛下一番作为的工夫，才可能成功。如何才能够使人在做心性工夫之时做到严肃工整、主一而不放纵呢？他提出："为人之功，用力特在勿与不勿之间而已。自是而反，则为天理。自是而流，则为人欲。自是克念，则为圣。自是罔念，则为狂。特毫乎之间，学者不可不谨。"③做心性涵养的工夫就应该在"勿与不勿之间"用力，时时刻刻省察和反躬自身的思虑与行为是否符合天理。如果回答是肯定的，那么他就要使此合乎天理之思虑或行为，"常了然于心目之间不可使有须臾之离"；如果回答是否定的，那么他的思虑与行为则"已流于人欲而陷于禽兽之域"。这是由于"人受天地之中以生，本自无过，所以有过者，非出于气禀之偏，则由于物欲之诱"④的原因造成的。他就必须做到"知而改之，则可以复于本然之善"⑤。即下穷理的工夫，去改过迁善。如果能够做到"人有过而知改，改之而至于无"，那么他"即身之之圣人也，故曰：'作之不已，乃成君子'"⑥。还是一个合乎天理规定的可以达成圣贤境界的人。但如果他从此放纵下去，不加悔改，那么他便会"自是而流，则为人欲"，"不知则过愈深，将陷溺焉，而失其所以为人"。⑦过错越来越多，陷于人欲而不可自拔，从而丧失了做人的资格。

曹端把穷理反躬作为工夫列为人生修养的基本准则，就是强调对个体人自主自律的敬畏之心的培养与约束，让从事心性涵养的个人时时刻刻保持谨慎、收敛身心、不敢放肆的警觉状态，做任何事都谨遵礼法的规定。实际上就是主动自觉地以礼的标准来规范、约束自己的思虑与行为，用礼的规范来抵御、克制物欲的产生、侵入，达成与礼的规范完全一致的目标。如此则"善"自立，复现天理所赋予的本然之善，达成圣贤的境界。

第三，曹端提出"做人须向志士、勇士不忘上参取，若识得此意，便得

---

① [明]曹端：《曹端集》，中华书局2003年版，第209页。
② [明]曹端：《曹端集》，中华书局2003年版，第241页。
③ [明]曹端：《曹端集》，中华书局2003年版，第245页。
④ [明]曹端：《曹端集》，中华书局2003年版，第244页。
⑤ [明]曹端：《曹端集》，中华书局2003年版，第244页。
⑥ [明]曹端：《曹端集》，中华书局2003年版，第244页。
⑦ [明]曹端：《曹端集》，中华书局2003年版，第244页。

此心，则自然无入不自得"，"学圣之事，主于一心"，"事事都于心上做工夫，是入孔门的大路"的新见解。①一方面赞同程朱工夫论的这种谨严持重的"穷理反躬"方法，另一方面又不单纯拘泥于他们的这一方法，而采用《易传·系辞上》"易无思也，无为也，寂然不动，感而遂通天下之故。非天下之至神，其孰能与于此"②的思路以及陆九渊心学工夫论的相关做法，特别重视对内心的自省，从而出现了不同于程朱工夫论的新方法，即"事心之学"。它强调在心上做工夫。"心"在这里是一种发自内心的道德情感，一种具有价值判断能力、知是知非的明觉意识，在形式上以自主、自律为基本特征。因此，在曹端的思想体系中，他所提倡的"学圣之事"，即是以一种价值理性意识之自觉的态度来做心性工夫，充分确立和发挥"心"的主宰作用。他要求人们把思想意识集中于"心"，在它已发而未显著萌动之时用力操存、涵养，去除欲念。这样，就能够最大限度地使此心澄明，进而复现天理，保持道德生命的完整和圆融。其意涵主要有如下数端：

其一，这种意识的自觉、对道德本性的反思，是建立在忧患意识基础之上的。曹端指出："圣人之所以为圣人，只是这忧勤惕励的心须臾毫忽不敢自逸。理无定在，惟勤则常存。心本活物，惟勤则不死。常人不能忧勤惕励，故人欲肆而天理亡，身虽存而心已死，岂不可哀哉。"③"忧勤惕励"语出《易经·乾卦》九三爻辞"君子终日乾乾，夕惕若。厉，无咎"和《易传·系辞下》"《易》之兴也，其于中古乎？作《易》者，其有忧患乎"，"是故其辞危，危者使平，易者使倾。其道甚大，百物不废。惧以终始，其要无咎。此之谓《易》之道也"。④"忧勤惕励"是指人在面临凶险或人生困境之时所怀具的勤勉、忧患之心，以及由此而激发的奋发进取之作为。这是曹端在深刻契会大《易》忧患精神后所流露出的戒慎恐惧之心情，是一种发自内心生命深处的自然情感、一种悲天悯人的心理感应，也是一种对人生、社会乃至家国天下的深沉使命感和责任感以及对自身价值意识的不懈追求。他要学者时时对自己的处境和言行保持高度警惕和觉悟，把忧患意识时时刻刻放在心上。因"理无定在、心本活物"，常人在日常生活中经常做不到"忧勤惕励"，就是由于"身虽存而心已死"，没"勤"去做"须臾毫忽不敢自逸"的工夫，从而导致了"人欲肆而天理亡"的悲惨结局。所以真正的儒家学者在任何时候都不

---

① [明]曹端：《曹端集》，中华书局2003年版，第240页。
② 周振甫：《周易译注》，中华书局1991年版，第245页。
③ [明]曹端：《曹端集》，中华书局2003年版，第241页。
④ 周振甫：《周易译注》，中华书局1991年版，第1，258，273页。

能丢弃这忧勤惕励的大忧患之心，以自省和改过来改善不利于己之困境、逆境，从而逐渐步入人生之顺境、佳境，进而奋发作为，涵养内圣之心性与成就外王之功业，提升生命之境界。这与"是故其辞危，危者使平，易者使倾。其道甚大，百物不废，惧以终始，其要无咎。此之谓《易》之道也"①的易学精神也是不谋而合的。

其二，如何能够使心达到一种虚灵明觉的状态，从容不迫地在心上做工夫呢？

曹端提出"外不燥则内静，外不妄则内专，此是事心关要处"②的观点。心的基本特征是静，集感性经验与理性思维为一体。因此，在做心性涵养的工夫时必须了解其本静的基本特征，在操存、涵养之时不妄动、不妄想，不随意急躁或为外界环境所干扰，才能够保持内心的宁静。而保持内心的宁静，才能够使此心湛然明澈，发挥其明觉的作用。并在此基础上穷理反躬。使这具有知觉功能的心自发去体认那即内在即超越的太极（理），复现其纯粹至善的本然状态。所以，关键在于一个"静"字。一方面，"太极"是宇宙万象得以存在的终极根基，也是人之所以为人的根基，人生活在现实世界中只有尽力保持与太极或理合一，方可"静虚动直"。另一方面，亦需经由"主静"的工夫，才能做到"无欲"而达成圣贤境界。这样就为学者保持心的虚觉灵明指出了努力的方向和目标，使之不至于散漫而无所归。

进而，他又提出"事心之学，须在萌上着力"的观点。③其实，在儒家哲学那里，思想家们很早就已觉察到心具有虚灵明觉的功能，并主张通过做涵养心性的工夫来提升人的境界。如孟子说"恻隐之心，人皆有之；羞恶之心，人皆有之；恭敬之心，人皆有之；是非之心，人皆有之。恻隐之心，仁也；羞恶之心，义也；恭敬之心，礼也；是非之心，智也。仁义礼智，非由外铄我也，我固有之也，弗思耳矣""尽其心者，知其性也。知其性，则知天矣"等。④认为人的道德理性发源于"四端"之心，所以人就应该涵养心性，扩充此心之善端，达致"知天"的境界。到了宋明理学时代，这种理论更是大行其道，被许多学者特别是心学家所认可和接受，如张载的"大其心，则能体天下之物"⑤、陆九渊的"万物森然于方寸之间，满心而发，充塞宇宙无

---

① 周振甫：《周易译注》，中华书局1991年版，第273页。
② [明]曹端：《曹端集》，中华书局2003年版，第240页。
③ [明]曹端：《曹端集》，中华书局2003年版，第239页。
④ [宋]朱熹：《四书章句集注》，中华书局1983年版，第328，349页。
⑤ [宋]张载：《张载集》，中华书局1978年版，第24页。

非此理"①等。在他们看来，儒家的道德实践，不仅要求体现在实际行动上，而且要完全发自内心去做，真真切切地从事道德的践履。因此，无论是理学派还是心学派都十分重视心的这种灵明作用。曹端正是继承了这一传统，他所倡导的在心上做工夫，是对前儒心性涵养和整个理学工夫论的深化。

曹端认为，人性虽本善，却不能不被外物所诱蔽。特别是对日常生活中的大多数人而言，本心所固有的虚灵明觉功能不能总是全然彰显，人心所本有的天理之善性也不能全方位展现，这就决定了人永远要在存天理去人欲的实践工夫中努力。同时，人的行为均由其思想观念所支配，能否达致"仁者"的境界，关键在于人的价值理性意识，即"心"之自觉。因此，学者必须要做事心的工夫。而做这种工夫，"天理存亡，只在一息之间"②，是天理还是人欲，是"克念为圣"还是"罔念为狂"，③往往是人的思想意识在瞬间作出的抉择。所以，事心之学的关键之处，就在于"在萌上着力"，"事事都在心上做工夫"，④即涵养此心，将此涵具道德意识的灵明之心加以扩充和主观的贞定，使之能时时刻刻地保持一种觉醒、严肃和工整的状态，不被外界的邪恶事物和现象所蒙蔽，以一种觉解的态度去体认天理，随时"克尽己私，皆归于礼"。最佳的效果即在于及时发现人欲或己私，将其消灭在念虑的萌芽之中。也即"学者之心，发于义理者常微，而役于形气者常众。以彼之众，攻我之微，如国势方弱而四面受敌，其不亡者罕矣！是在学者养之"。⑤只有这样，内心才不会被外物所遮蔽，人欲所迷惑，才能真正展现本心应有的价值理性和纯然至善，才能够"方始是仁"，当下直指本心、性体，复现天理之本然状态，为完成人在天地间成己成物的儒家使命打下坚实的基础。

总之，曹端的工夫论思想，其终极目的是为了通过涵养心性，打通内外物我，达成与天理合一的人生之境界，最终使人心中的性即理之性与大宇宙之理得以透过他的生命互诠互显、一体无隔。结合第二章所述之内容，我们认为，曹端的理学就其实质而言，其所展示的乃是一种以心性论为根基的整体哲学文化价值系统。我们在对曹端的心性论作出一番探讨之后，便可以进入其学说最重要的一个环节——人生之境界了。

---

① [宋]陆九渊：《陆九渊集》，中华书局1980年版，第423页。
② [明]曹端：《曹端集》，中华书局2003年版，第240页。
③ [明]曹端：《曹端集》，中华书局2003年版，第245页。
④ [明]曹端：《曹端集》，中华书局2003年版，第239页。
⑤ [明]曹端：《曹端集》，中华书局2003年版，第244页。

第四章 曹氏理学的终极人文关切及其总体宇宙关怀

中国传统哲学特别是儒家哲学，从本质上说是一种以人为本的哲学。其内在的主题和特征便是对人在宇宙中的地位、存在意义，也就是关于终极人文关切及其总体宇宙关怀的问题的思考与探索。从先秦的大哲孔子开始，每一位儒家的思想家都会根据时代背景之要求、个人生命之经历和学术发展之趋向对这一问题进行研究。到了宋明时代，理学作为儒、道、释三教合流的理论结晶，是中国传统哲学与文化在历史上的又一个高潮。它不仅是对前代思想精华的汇集，更是对它们的发展和再诠释，可以说是对中国传统哲学与文化的完美总结，是中国传统思想的高峰。它在理论上的一个突出贡献，便是在理学家的大力诠释下，使他们的学问直接与生命密切相关，一体无隔，把终极人文关切及其总体宇宙关怀的问题提到一个十分重要的地位。因此，研究儒家哲学特别是宋明理学，不能不涉及对这一问题即境界问题的探讨。

对于理想境界的追求，在宋明理学家那里既是学术体系的重要组成部分，又是他们日常生活、真实生命所必须经历的。他们的目的在于寻找一种不但使自己的感性生命得以延续的所在，而且足以使理性生命得以寄托的力量，建立一个真实的、有迹可寻的"致广大而尽精微，极高明而道中庸"①的理想境界，实现天人和谐的终极追求。曹端作为一名具有深沉责任感和忧患意识的儒家学者，自然也不例外。他在明确了天理是人之所以为人的终极价值

---

① [宋]朱熹：《四书章句集注》，中华书局1983年版，第35页。

根基，人应透过自觉的德性涵养工夫，最大限度地彰显出与天理为一的本然情状之后，即以"中天下而立，定四海之民，则必法天而行"①的圣人相期许，论述了他理学视域下的终极人文关切及其总体宇宙关怀。而这一理想境界是通过对个体人格，对理想社会和对天人关系的层层推进、步步落实而展开的。

第一节 个体人格之期许

伴随着思想家对心性问题的重视，关于人的心灵净化与精神境界提升的问题也日益提上了明初理学界的议事日程。曹端也是如此。他不仅在著作中反复强调提升精神境界的重要性，而且他审视这一问题的视角比起同时代的理学家来说又有了新的转换。与其他理学家仅仅把境界提升视为与理合一不同，他更加注重人的主体性问题。认为人的心灵净化与境界提升，不仅与个人的生命相关，更应确立人在社会与大宇宙中的主导性地位、责任感与担当感，积极推出各种人文举措，进而达成"胸中多少洒落明莹，真如光风霁月，无一点私累如此"②的天地境界。这是他思想中的可贵之处，也显示了他在明初理学思潮中的独特价值。

明代初期，由于受当时社会风气的影响，佛道二教在社会中的负面作用越来越明显，曹端耳闻目睹二教的广泛流传给社会带来的危害，尤其对他父亲信佛教更是深感痛心。因此，他从青年时代就立志反对佛道二教，以昌明儒家内圣外王之道为己任。正如年谱中所记述的："洪武二十有九年丙子，先生年二十一岁。辞辟释教。先生至是意志坚定，内不溺于章句文辞之习，外不惑于异端邪说之谬，卓然以斯道为己任。"③

有鉴于此，笔者认为曹端的境界学说是建立在对佛道思想的批判和对儒家价值观的确立的基础上的。其真实目的和要解决的核心问题，是在一个理

---

① [明]曹端：《曹端集》，中华书局2003年版，第106页。
② [明]曹端：《曹端集》，中华书局2003年版，第212页。
③ [明]曹端：《曹端集》，中华书局2003年版，第185页。

学独尊却失去生命活力，佛道思想对人们的日常生活造成一定影响和危害的社会背景下，如何重新焕发理学的生命力，特别是确立程朱理学的价值理想而不是纯粹的学术信仰的问题，是如何使社会中的每一个人都能够安身立命的问题。主要有如下数端：

第一，曹端提出："使天下皆知天命之性，则知佛氏之空者非性矣；皆知率性之道，则知老氏之无者非道矣；皆知鬼神之诚，则知后世淫祀之幻者非诚矣。"①一针见血地指出了佛教的空寂与道教的虚无是其心性理论上的最大错误。并指责佛教徒"舍中国先王之法，从事西方空寂之教，舍劳罔极之恩，周旋释氏悖逆之像，谓之忘本可也。"②佛教的理论误区在于"佛氏之寂，寂而灭。如曰'以空为宗'。未有天地之先为吾真体，以天地万物为幻，人事都为粗迹，尽欲屏去了，一归真空，此等乌能察夫义理、措之事业"；道教的错误之处在于"老氏之虚，虚而无。如曰'道在太极之先'，却说未有天地万物之初有个虚空道理在，乃与人物不干涉，不知道只是人事之理"③。为了拯时救世，返本清源，曹端以张载、二程、朱熹等人在形上境界层面上对佛道批判的观点，作为理论准绳与出发点，对之进行了更加深入的批判。其理论深度比宋代以前的学者如韩愈等在文化或经济等社会现实层面的批判，更显精致而圆融。④如韩愈提出："夫佛本夷狄之人，与中国言语不通，衣服殊制，口不言先王之法言，身不服先王之法服，不知君臣之义、父子之情。""古之为民者四，今之为民者六。古之教者处其一，今之教者处其三。……奈之何民不穷且盗也"。认为佛教不应发展的原因在于他们不是中国人，而且他们不知道中国的语言和礼仪，这种批判的方式显然纤薄而不具有说服力，没有从本源、本质上指出佛教对社会、信仰的危害。而依曹端之见，佛道二教理论的错误本质在于他们所提倡的"虚"和"寂"，并非现实生活中的真实存在，而以"空、无"为宗旨。这便使其批判深入佛教危害社会的本质层面而具有了深入人心的说服力，也正与张载、二程等对佛教的批判所言之意蕴不谋而合："若谓万象为太虚中所见之物，则物与虚不相资，形自形，性自性，形性天人不相待，而有陷于浮屠以山河大地为见病之说。"⑤"佛毕竟不知性命"，⑥"凡天地所生之物，须是谓之性。如释氏说蠢动含灵，皆有佛性，如此则不

---

① [明]曹端：《曹端集》，中华书局2003年版，第216页。
② [明]曹端：《曹端集》，中华书局2003年版，第264页。
③ [明]曹端：《曹端集》，中华书局2003年版，第264页。
④ 《原道》，《昌黎先生集》卷十一。
⑤ [宋]张载：《张载集》，中华书局1978年版，第8页。
⑥ [宋]程颢，程颐：《二程集》，中华书局2004年版，第408，409页。

可"。[①]即理学家所探讨的物性、人性是天理所赋予的。从形上的角度分析，它们是天理之本然。从形下的角度来说，它们是人事之当然。无论在本体或现象层面，这种存在都是合理的。然而，在佛道那里，无论是人或物、人性或物性，在本质上都是虚无之幻象，并非现实中的真实存在。所以称之为"空"或"寂"。因此，理学与佛道二教在终极意义层面上的内涵和归宿截然不同。佛道二教以彼岸世界的美好或个人的超脱为追求；而理学则以达成天人和谐的境界为目标。

第二，在对佛道思想"虚"和"寂"的宗旨与本质进行深入而彻底的批判之后，曹端指出，儒家虽然也倡导"虚"和"寂"的思想，但与佛道所提倡的"虚"和"寂"，有本质的不同。他提出：

> 吾儒之虚，虚而有。如曰："无极而太极，太极生两仪，两仪生四象，四象生八卦。"自身心性情之德，人伦日用之常，以至天地鬼神之变，鸟兽草木之宜，何往非理之有？吾儒之寂，寂而感。如曰："寂然不动，感而遂通天下之故。"盖此心方其寂然，而民彝物则灿然具备其中，感而遂通，范围不出一心。酬酢之通乎万变，为法天下，可传后世，何往非心之感？[②]

对于理学而言，其实质在于天道为人道的终极价值根基，天道性命相贯通。人之所以为人的本质就在于他的价值理性意识之自觉，最大限度地彰显出与天地之理合一的本然之性，令生命最终达致成为天地之理圆满化身与自觉而圆融体现者的天地境界。因此，儒家哲学思想中虽然也提倡"虚"和"寂"，但此"虚"是"吾儒之虚，虚而有"，"虚"与"有"相对。"虚"不是佛道哲学中所主张的脱离了宇宙万象和人伦物用之现实的，主张万法皆空的"虚"，而是指天理的无形无影之状态。是对天理之本然实有状态的形容，是对这一本体之实的描述，并非真正的空洞无物，即"有"，也即天理在宇宙大化流行之中、在人的现实生活之中随时发用，一切圆融顺遂。彰显为不同的具体情状，如"身心性情之德，人伦日用之常，天地鬼神之变，鸟兽草木之宜"等。理想的人生与理想的社会，就在"我"所生活的当下，应当是通体为正大人文理念和人文价值理想所涵容的人生与社会。而"寂"也完全不同于佛道之"空"和"寂"，不是佛道哲学思想中主张的以"空"或"无"为特征的最高本体，而是心的本然或未发之前的一种状态，或心性涵养到一定程度之后所达致的精神境界。即"寂"是"寂然不动，感而遂通天下之故"的"寂"，它

---

① [宋]程颢，程颐：《二程集》，中华书局2004年版，第29、30页。
② [明]曹端：《曹端集》，中华书局2003年版，第210页。

以儒家学者特有的历史责任感、使命感与担当感为依据，随时发用，依不同的环境，展现为不同的情状，如"酬酢之通乎万变"等。因此，在曹端的理学体系中，他并非单纯地反对空寂观，而是注重其理论内涵，侧重于审察其是否符合儒家的价值观。如果没有了伦常之理，人生活在这个世界上便没有了价值和意义。而佛道的空寂观完全抛弃了儒家仁义礼智的价值理念，从"以空为宗"和"有个虚空道理"的角度，把整个包括社会人生与宇宙万象在内的世界诠释为一个虚无、幻妄的非真实的存在。对理学家而言，这是完全不可以接受的。

第三，曹端认为佛道两家在终极根基层面上的不足，直接导致了它们在伦理道德理论及其实践上的错误，违背了宇宙万象与人类社会的准则。即"佛道以清净而废天地生生之理，致令绝祀覆宗，祸且不免，福何有焉"？[①]他提出：

易云："天地感而万物化生。"佛道以不夫妇为清净，则天地不如佛道之清净矣！然使天地如佛道之清净，则阳自阳而阴自阴，上下萧然，常如隆寒之时矣，万物何自而生哉？万物不生，则吾族固无矣，彼佛道之徒亦能自有乎？且万物生于天地，而各具一天地生生之理，故有胎者焉，有卵者焉，有勾者焉，有甲者焉。原其所以，莫非阴阳造化之道也。……又如自今而后，男皆如佛道之清净而不求其室，女皆如佛道之清净而不求其家，则百年之下，生民之类有耶，无耶？传曰："有天地，然后有万物。有万物，然后有男女。有男女，然后有夫妇。有夫妇，然后有父子。有父子，然后有君臣。有君臣，然后有上下。有上下，然后礼义有所措。"中庸曰："君子之道，造端乎夫妇。及其至也，察乎天地。"而佛道只是一个不夫妇，把父子君臣、天地上下之理殄灭尽矣！区区慈悲不杀，清净不扰，夫何补哉？[②]

使天地如佛道清净，则阳自阳，阴自阴，上下萧然如常冬，万物何自而生？万物不生，则吾族无有矣！彼佛道之徒能自有乎？且万物生于天地，各具生生之理，……莫非出于自然。圣人顺天地之理，制夫妇之义，使生生不穷。……又如男佛道而不室，女佛道而不家，则百年之下生民之类有邪，无邪？[③]

曹端继承前儒，又与他们表面上对佛道不遗余力地批判，实则在学理上不由自主地借鉴佛道相关思想，援佛入儒不同。曹端为了宣扬理学、树立理学的正统地位，抵制佛道日益扩大的影响，以易学的视域对其价值理念做出

---

① [明]曹端：《曹端集》，中华书局2003年版，第128页。
② [明]曹端：《曹端集》，中华书局2003年版，第179,180页。
③ [明]曹端：《曹端集》，中华书局2003年版，第229页。

了彻底的批判。他以明确、犀利而尖锐的语言指出佛教"以不夫妇为清净"的观点，违反了儒家特别是大易的"天地感而万物化生"的原则，破坏了君臣、父子、夫妇的常道，导致了人伦的彻底丧失。这种情况如果长期发展下去，其最终结果便如天地常年寒冬一般，导致万物无从生长，人类社会无法延续和发展，还有什么佛道的存在呢？并以此为依据，为儒家的价值理念和文化系统开辟道路。

继之，曹端提出："释、老之流，本无父无君，世人指为善门中人，其于君臣、父子、夫妇之伦，彼方臭肉凡胎视之，视我周公以上列圣人所行，孔子以下列圣人所明者为何物？"[①]认为作为一名儒家学者，面对外来佛教文化及本土道教文化的挑战，其根本与首要的任务就在于分清圣人之道与佛道思想的原则性区别，以维护儒家伦理道德原则、弘扬儒家文化的基本精神为己任，并在实践中把儒家的文化价值理念落实到社会人生，排斥并消灭佛道二教。

我们站在现代学术的角度，认为曹端这一做法无论在理智上还是实践上，都是对于儒家学说及其价值理想的认同。这反映出一名儒家学者所必备的学养与历史责任，映射出他对于古圣先贤的尊敬与崇奉之情感。对于我们现代学者学习和吸收外来文化与思想也不无借鉴之意义。

曹端在论述了佛道思想与儒家思想的本质区别，对佛道的相关理论进行了不遗余力的批判之后，即继承前儒，提出了其视域下的仁的境界说："道无形体可见，而圣人一身浑然此道。故无形体之道，皆于圣人身上形见出来。"[②]认为儒家哲学之所以非常重视这一价值理念，就在于其揭示了儒家哲学的终极价值根基——"道"，即"仁"的境界。

在儒家哲学中，从孔子开始，仁的观念已经深入人心。到了宋明理学时代，它已成为一个内涵丰富的哲学范畴。为了应对佛道思辨哲学的挑战，理学家往往从体用两方面来论述它的哲学内涵。体的方面，他们大多以生生之理论之，如程颢的"仁者，浑然与物同体"，或朱熹的"仁者，生万物之心也"等。用的方面，他们则继承和发展了先秦以来儒家的相关思想和学说，将其理解为"心之德"或"爱之理"。在此处，笔者认为曹端关于仁的境界说也分为这两方面。用的方面与其个体人格之期许相对应，体的方面则与其天人和谐之追求相契合。以下分而论之：

---

① [明]曹端：《曹端集》，中华书局2003年版，第272页。
② [明]曹端：《曹端集》，中华书局2003年版，第243页。

第一，曹端提出："天有所以为天之理，地有所以为地之理，人有所以为人之理。立天之道的阳，立地之道的刚，立人之道的仁。……而天、地、人三才之道赖此以立。三才之分虽殊，实则一理也。"①人要成为真正的人，就必须明晓天之所以为天、地之所以为地以及人之所以为人，以三才之道为特征的理一分殊之理。其中最重要的一点就是要懂得"仁"的内涵，把握"仁"的发用，在社会人生中充分实现"爱之理、心之德"。②因此，仁在人生境界中的实现与彰显，就以"以其理一，故推己可以及人。以其分殊，故立爱必自亲始"③的方式展现出来，这也就是儒家学者所一贯推崇的"忠恕之道"与"爱有差等"之道。

"忠恕之道" 在儒家哲学的倡导者首推孔子，他提出："参乎！吾道一以贯之。"并由曾子将其总结为"夫子之道，忠恕而已矣"。④ "一以贯之"是孔子对他自身所践履的"吾道"所作出的哲学性描述，因其难以理解，而不为大多数弟子所知晓，只有颇具天赋的曾子在其亲身道德体认与实践中了悟到它的实质内涵并将其解说为"忠恕之道"。即孔子所提出的"仁远乎哉?我欲仁，斯仁至矣"⑤之仁。仁是孔子整个学说的核心，其基本精神是"仁者爱人"，忠恕之道则是他学说中"一以贯之"的东西。这一命题发展到了宋明时代，根据时代的背景与学理的需要，理学家们大多从理一分殊的角度来阐释这一命题，认为忠恕之道的基本内涵"尽己之道""推己及人"，体现了"仁"的境界。故二程说"以己及物，仁也。推己及物，恕也。（自注：违道不远是也）忠恕一以贯之。忠者天理，恕者人道。忠者无妄，恕者所以行乎忠也。忠者体，恕者用，大本达道也"⑥，认为忠与恕是体与用的关系。朱熹曰："尽己之谓忠，推己之谓恕。……夫子之一理浑然而泛应曲当，譬则天地之至诚无息，而万物各得其所也。……曾子有见于此而难言之，故借学者尽己、推己之目以着明之，欲人之易晓也。盖致诚无息者，道之体也，万殊之所以一本也；万物各得其所者，道之用也，一本之所以万殊也。"⑦ 同大程一样，朱熹也认为忠恕的关系即体用的关系，而"理一分殊"则体现了"一以贯之"之道或"忠恕之道"的内涵。故朱熹引程子、杨氏及尹氏的注解来说明这一

---

① [明]曹端：《曹端集》，中华书局 2003 年版，第 10，11 页。
② [明]曹端：《曹端集》，中华书局 2003 年版，第 237 页。
③ [明]曹端：《曹端集》，中华书局 2003 年版，第 213 页。
④ [宋]朱熹：《四书章句集注》，中华书局 1983 年版，第 72 页。
⑤ [宋]朱熹：《四书章句集注》，中华书局 1983 年版，第 100 页。
⑥ [宋]程颢，程颐：《二程集》，中华书局 2004 年版，第 265 页。
⑦ [宋]朱熹：《四书章句集注》，中华书局 1983 年版，第 72 页。

问题。"程子曰:'仁,推己及人,如老吾老以及人之老,于民则可,于物则不可。统而言之则皆仁,分而言之则有序。'杨氏曰:'其分不同,故所施不能无差等,所谓理一而分殊者也。'尹氏曰:"何以有是差等?一本故也,无伪也。"'①曹端在学宗前人的基础上,对此问题进行了深入发掘。

其一,曹端提出:"仁者,天地生物之心,而人所以为心者也。是心之存,其于亲也,必知亲之于民也,必知仁之于物也,必知爱之。"②将儒家一贯提倡的"推己可以及人"之"己",根据时代背景,赋予了新的含义,使之具有价值理性意识之自觉的内涵。在曹端的忠恕思想中,这一点尤其值得注意。即每一个人在与他人甚至是他物相处之时都应该有一颗像爱护自己一般的仁爱之心,并以此心此情去对待他人、他物,在道德规范允许的情况下把广博无私的爱给予他人、他物。只要按照推己及人的忠恕之道去做,便可达到仁的境界。继之,便要尽力"推己",将对于亲的爱加以扩充,推展到"民"的层面,进而到"物"的层面。在这一过程中,"己"的儒家义理内涵和儒家独特的价值观念得到了充分的体现。他们提倡的"己"是一种具有责任感与历史使命感的"己"。即"己"代表了宇宙式大我,而不是以个人利益为出发点的,仅代表一己之私心的个体式小我之"己"。因此,儒家哲学要求圣贤之人要做到"穷则独善其身,达则兼济天下"③,便指的是这种意思。一方面要涵养心性、提升精神境界、培养圣贤的高贵人格,即"尽己"。另一方面,"尽己"只是前提,最终的目的是还要"推己",以自身的努力去成德淑世、经世济民,并在成就他人和担当社会责任的过程中,进一步完善自身,提升自我之境界。

其二,"仁"这种广博无私的爱对于儒家学者来说,又有一定的限度与界限。这就是儒家"爱有差等"之仁爱与墨家"爱无差等"之兼爱在学理上的根本不同。它本出自孟子与夷子的辩论。④后来又被许多理学家所借用,来阐发其思想。曹端则在借鉴孟子,吸收程颐、杨时本于儒家哲学理念的"《西铭》明理一而分殊,墨氏则二本而无分"的思想的基础上,对这一辩论作出进一步的剖析。他指出"墨者爱无差等,却说'施由亲始'"。⑤即墨家学者所提倡的兼爱学说,是一种无原则的推广对他人的爱的行为,不是儒者所提

---

① [宋]朱熹:《四书章句集注》,中华书局1983年版,第363页。
② [明]曹端:《曹端集》,中华书局2003年版,第221,222页。
③ [宋]朱熹:《四书章句集注》,中华书局1983年版,第351页。
④ [宋]朱熹:《四书章句集注》,中华书局1986年版,第262页。
⑤ [明]曹端:《曹端集》,中华书局2003年版,第223页。

倡的仁爱行为，不符合儒家的"义"，也不符合儒家的道德理性意识之自觉，是没有儒学价值根基的"二本"行为。而他们犯了"爱无差等"的错误，又用"施由亲始"来为自己辩护的行为，无疑是对亲人的一种亵渎。儒家所提倡的"仁爱"学说则要求学者们在遵守"君君、臣臣、父父、子子"等伦理规范的基础上，脚踏实地做心性涵养的工夫，尽力提高自身的道德修养。在此之后，按照推己及人的要求去努力实现社会的和谐与有序，建立有机和谐的生命世界。这便是实现了仁的境界。因此，作为儒家学者就应该明确"一本"的伦理内涵，在社会人伦中立足于自己的分位，尽到自己的职责。

其三，曹端指出"圣人自父子之亲，以至仁民、爱物，则有以尽其仁之性；自君臣之分，以至敬长、尊贤，则有以尽其义之性；有恭敬、辞让之节文，则能尽其礼之性；有是非、邪正之分别，则能尽其智之性。自一而万，自始而终，自生而死，无所不实，无所不尽"，①这里有以下的内涵：从本体的层面说，仁、义、礼、智能够存在与展现，皆源于它背后的终极依据——天理，具有道德理想的超越性，它或者寂然不动或者感而遂通，在寂然不动之时，它表现为理之静；在感而遂通之时，天理本体便从抽象的状态转化为彰显的状态，而呈现为现实世界中的事事物物。具体来说，就是不同事物、不同状况在现实生活中的真实表现和人在不同境遇下所处的不同分位。这些不同在理学学理体系中都表现为一定的规则和礼节，如在"父子之亲""仁民爱物"上彰显为仁之性，在"君臣之分""敬长尊贤"上表现为义之性等，即是这一理之体在不同分位上的具体呈现。这一呈现又不是静态不动的，它必须针对社会现实中的方方面面，按照不同的场景，真实地展现为不同的伦理法则与道德规范，这就是父子之亲、仁民、爱物、君臣之分、敬长、尊贤、恭敬、辞让和是非、邪正的具体分别。它们在人伦物用的层面以不同的角度真实地展现了"仁、义、礼、智"的内涵，具有道德实践的现实性，也就是朱熹所赞同的"理只是这一个，道理则同，其分不同，君臣有君臣之理，父子有父子之理"②。只有做了合乎分位之事，才可以保持社会的和谐与稳定。

其四，曹端认为对于一名合格的、能够称得上是君子的儒家学者来说，修养心性是为了达到"君子莫大乎尽性，尽性莫大乎为仁。孝之至则推之无不准，感人无不通。夫孝，天之经，地之义，民之行，而圣帝明王所以中天地而立人极，能以天下为一家、中国为一人者，无他，孝而已"③，或达到

---

① [明]曹端：《曹端集》，中华书局2003年版，第211页。
② [宋]黎靖德：《朱子语类》，中华书局1986年版，第99页。
③ [明]曹端：《曹端集》，中华书局2003年版，第224页。

"人之生也，禀天命之性，受帝降之衷，故曰直。在人顺其性而不违，如好善，如好好色；恶恶，如恶恶臭，为臣则忠，为子则孝，所谓直也。直者，生之道，循理而行，虽命遭有不齐，莫非生道"①的目的。他继承前儒提出"仁"的原则，认为"孝"和"直"是"仁"在不同场合的理性体现，它们的行为是内在合理的，其本身就是道德规范与价值理性的真实再现。如果人能够明确地了悟到它们的内涵与意蕴，"顺其性而不违"，"循理而行"，即使"虽命遭有不齐"，却可以逢凶化吉，"莫非生道"。因此，曹端对此十分注重，并且通过人的主体性之挺立和推己及人的方式来实现与达成这一目标。即君子明确了其中的道理，并在社会人生中加以推展和扩充，即可达致"天之经，地之义，民之行，而圣帝明王所以中天地而立人极，能以天下为一家、中国为一人者"的圣贤境界。正是基于这一规定，他重视的不是人的形下的感性生命，而是人的形上的理性生命，强调人之所以为人的目的和意义就在于人的价值理性意识之自觉。

第二，曹端认为人生活在这个世界上，仁是最可珍贵的，人应该以追求仁的境界为人生的最高目标。他提出："至富至贵可爱可求者，仁而已。仁者，天地生物之心，而人所受以生者，为一心之全德、万善之总名。体即天地之体，用即天地之用，存之则道充，居之则身安，故孟子既以天之尊爵目之，复以人之安宅名之，所以为天地间之至贵至富可爱可求者也，岂轩冕金玉之贵之富可同日而语哉？朱子曰：'所谓至贵至富可爱可求，即周敦颐之教程子每令寻仲尼、颜子乐处所乐何事者也。然学者当深思而实体之，不可但以言语解会而已。'今端窃谓孔、颜之乐者，仁也，非是乐这仁，仁中自有其乐耳。且孔子安仁而乐在其中，颜子不违仁而不改其乐。安仁者，天然自有之仁；而乐在其中者，天然自有之乐也。不违仁者，守之之仁；而不改其乐者，守之之乐也。语曰'仁者不忧'，不忧，非乐而何？周、程、朱子不直说破，欲学者自得之。愚见学者鲜自得之，是为来学说破。"②进一步对"仁"的境界说进行了理论诠释。这一段话虽然只有短短的三百多字，却蕴涵了宋明理学的一个重要命题——仁与孔颜之乐。曹端在继承前儒的基础上，对这一影响宋明理学境界学说几百年的重大理论命题的内涵进行了充分透彻的阐发，为学者揭示了仁与乐的真正哲学意蕴。从此以后，学者们不再对此问题产生理论上的困惑或误解。这在宋明理学史上具有重要的学术意义和历史影响。

---

① [明]曹端：《曹端集》，中华书局2003年版，第219页。
② [明]曹端：《曹端集》，中华书局2003年版，第78、79页。

为了对此问题有一个较为全面的认识和了解，我们先对它的理论渊源和发展过程进行简要的梳理。

在儒家哲学史上，有关"孔颜之乐"的命题首先出现于《论语》。最初，孔颜之乐的命题是分开的。孔之乐，语出《论语·述而第七》："子曰：'饭疏食，饮水，曲肱而枕之，乐亦在其中矣。不义而富且贵，于我如浮云。'"①而颜之乐则语出《论语·雍也第六》，是孔子对颜回的称赞："子曰：'贤哉，回也！一箪食，一瓢饮，在陋巷。人不堪其忧，回也不改其乐。贤哉，回也'。"②后世的学者将两者之乐合称为"孔颜之乐"。这两条记载集中反映了孔子和颜回虽然处于贫乏而艰苦的物质生活中，却不为生活条件所苦恼和困惑，依然十分充实、快乐，怡然自得，体现了儒者安贫乐道的价值追求。而这一追求是建立在仁的境界基础上的，要求现实生活中的人们不以追求富贵华丽的不义生活或个人的名利为目标，而要追求合乎道德理想的生活。这一命题发展到宋明时代，逐渐成为宋明理学家所关注和津津乐道的话题，并将它发展成为一种境界学说。

在北宋时期，首先对这一命题进行诠释的是被称为道学宗主的周敦颐。《宋史》称："两汉而下，儒学几至大坏。千有余载，至宋中叶，周敦颐出于舂陵，乃得圣贤不传之学。"③可见其在理学史上的地位。他对受学于他的二程兄弟讲过孔颜乐处的典故，④正如程颐所说，"昔受学于周茂叔，每令寻仲尼、颜子乐处，所乐何事"，并希望他们能够向孔、颜那样在人生中具有乐的境界。那么这一乐的境界是什么呢？根据现存的资料，我们无法断定他们当时是如何解释的，也许他们认为这是一个很平常的问题，用不着直接回答，答案就在日常生活之中。但是我们根据他们的著作可以推断，这一命题对他们日常生活和境界学说的影响非常深远。周敦颐在《通书》中，提出了"道义者，身有之则贵且尊"即"道充为贵"的观点，他说："君子以道充为贵，身安为富，故常泰，无不足。而铢视轩冕，尘视金玉，其重无加焉耳。"⑤并对颜子的行为大加赞赏："颜子一箪食，一瓢饮，在陋巷，人不堪其忧，而不改其乐。夫富贵，人所爱也，颜子不爱不求而乐乎贫者，独何心哉？天地间有至贵至爱，可求而异乎彼者，见其大而忘其小焉尔。见其大则心泰，心泰

---

① [宋]朱熹：《四书章句集注》，中华书局1983年版，第97页。
② [宋]朱熹：《四书章句集注》，中华书局1983年版，第87页。
③ [元]脱脱：《宋史》，中华书局1977年版。
④ [宋]程颢，程颐：《二程集》，中华书局2004年版，第16页。
⑤ [宋]周敦颐：《周敦颐集》，岳麓书社2002年版，第52页。

则无不足,无不足则富贵贫贱,处之一也;处之一则能化而齐,故颜子亚圣。"①程颐这样评价孔颜之乐:"'饭疏食,饮水,曲肱而枕之,乐亦在其中矣。不义而富且贵,于我如浮云。'虽疏食饮水,不能改其乐,故云'乐亦在其中矣',非乐疏食饮水也。不义而富贵,视之轻如浮云也。"②程颢则提出:"仲尼,元气也;颜子,春生也;孟子,并秋杀尽见。仲尼无所不包;颜子示'不违如愚'之学于后世,有自然之和气,不言而化者也;孟子则露其才,盖亦时然而已。仲尼,天地也;颜子,和风庆云也;孟子,泰山岩岩之气象也。观其言,皆可以见之矣。仲尼无迹,颜子微有迹,孟子其迹著。"并在其《秋日偶成》诗中充分体现了这一乐的境界:"寥寥天气已高秋,更倚凌虚百尺楼。世上利名群蠛蠓,古来兴废几浮沤。退居陋巷颜回乐,不见长安李白愁。两事到头须有得,我心处处自优游。"③朱熹在继承二程的基础上提出"颜子之贫如此,而处之泰然,不以害其乐,故夫子再言'贤哉回也'以深叹美之","圣人之心,浑然天理,虽处困极,而乐亦无不在焉。其视不义之富贵,如浮云之无有,漠然无所动于其中也"。④他们虽然都没有直接对孔颜之乐所乐为何事的问题进行具体的阐发,但我们可以从论述中看出,他们把它当作一种精神境界。如果人能够真的达成这种境界,他就获得了人生之"真乐",即不以具体事物为对象而乐的至高之境界。曹端在此基础上,提出其独到的认识和见解。

其一,曹端继承孔子"不义而富且贵,于我如浮云"、周敦颐"道充为贵"的观点。他提出:"至富至贵可爱可求者,仁而已。仁者,天地生物之心,而人所受以生者,为一心之全德、万善之总名。体即天地之体,用即天地之用,存之则道充,居之则身安,故孟子既以天之尊爵目之,复以人之安宅名之,所以为天地间之至贵至富可爱可求者也,岂轩冕金玉之贵之富可同日而语哉?"⑤依曹端之见,仁是包括人在内的宇宙万象的终极根基,也即天地生物之心。人禀受此仁而生,所以仁是"一心之全德、万善之总名"。在形上的哲学层面,它是本体性的天理,天地之体,即道。在形下的社会人生层面,它圆融的发用则随不同的状况、情景得以展现为天地之用。因此,人生活在此世界上,要想成为一个具备圣贤品格的人,成为天理的完美展现者和圆融

---

① [宋]周敦颐:《周敦颐集》,岳麓书社2002年版,第42~43页。
② [宋]程颢,程颐:《二程集》,中华书局2004年版,第1145页。
③ [宋]程颢,程颐:《二程集》,中华书局2004年版,第76,482页。
④ [宋]朱熹:《四书章句集注》,中华书局1983年版,第87,97页。
⑤ [明]曹端:《曹端集》,中华书局2003年版,第78页。

的化身，就必须使"仁"常存于心中。这样，天理赋予人的纯粹至善的本性——天命之性便可时时得以彰显。人如果能够长久地保持此天命之性之本然状态，便与天地之体用相契合，在现实中彰显为"身安"的理想生活状态。他即拥有了他人所难以获得的巨大人生财富。这里，曹端不是以一个人所占有的财富的多少和社会地位的尊卑作为衡量贫贱富贵的标准，而是以大道之充足为富贵，以身心之安宁为财富。如果用孟子的话来说，道充和身安就是"天之尊爵"和"人之安宅"，即"夫仁，天之尊爵也，人之安宅也"。①天爵与安宅是指人的高贵品质，即禀受天理而来的纯然至善之德性。因此，道充和身安是"得之在我"，只要涵养心性，"存之，居之"，不断扩充自身所本有的德性，提升自己的精神境界，与仁相契合，便可体会到道充与身安。这样，曹端便把"富贵"的含义，以理学的视域加以引申，认为人世间"至富至贵可爱可求者，仁而已"。对于了悟了人生之所然与所以然、处于很高人生境界的圣人来说，他们在日常生活中所追求的并不是富足的生活，更不是不符合道义的富贵，而是一种对天理的无间之契合。如果他们认为自己的思想、行为都与天理之所示一体无隔，那么即使是他们的生活很艰苦甚至是无比的贫困，也能够体会到人生的真乐，即"孔颜之乐"的乐。这种乐不是言语或富足的生活所能够体现的，是人在经过一番苦心孤诣的追求过程后、在达致圣贤境界之后，所体会到的一种人生之至乐，所以"为天地间之至贵至富可爱可求"者。而此"仁"或其完美的展现方式"乐"，与太极相通，具有浓郁的儒家之情怀，与佛道二教的那种灭弃伦理纲常、脱离人伦物用的追求长生久视或彼岸世界美好的终极目标有着根本性的不同。

其二，曹端指出："朱子曰：'所谓至贵至富可爱可求，即周敦颐之教程子每令寻仲尼、颜子乐处所乐何事者也。然学者当深思而实体之，不可但以言语解会而已。'今端窃谓孔、颜之乐者，仁也，非是乐这仁，仁中自有其乐耳。且孔子安仁而乐在其中，颜子不违仁而不改其乐。安仁者，天然自有之仁；而乐在其中者，天然自有之乐也。不违仁者，守之之仁；而不改其乐者，守之乐也。语曰'仁者不忧'，不忧，非乐而何？周、程、朱子不直说破，欲学者自得之。愚见学者鲜自得之，是为来学说破。"②这个对"至贵至富可爱可求"的追求的"乐"的境界就是朱子所提倡的，也是周敦颐每每令二程等学者所深思和体会的"孔颜之乐"。那么这个"乐"的哲学意蕴到底是什么？

---

① [宋]朱熹:《四书章句集注》，中华书局1983年版，第238页。
② [明]曹端:《曹端集》，中华书局2003年版，第78，79页。

或者说作为一名具有历史使命意识的儒家学者应怎样看待这个"乐"？曹端指出，虽然历代的儒家先贤都以自己的实际行动体现了"乐"的内蕴，却没有对它进行明确的语言表达，或者说他们认为这是不能用言语表达来体现的，必须反求诸己，深思体悟才可以实现，也就是朱熹所赞同的"学者当深思而实体之，不可但以言语解会而已"。但是，曹端又认为必须"为来学说破"。由于社会背景、个人素养等各种因素的制约，当前的学者"鲜自得之"，难以像以前的儒家圣贤一般，自觉地去探讨"孔颜之乐所乐何事"的问题，更难以达到他们"人生何时不从容"的心灵境界。因此，在现实人生之中他们就难免会对这一问题产生困惑，即"孔颜之乐"的"乐"究竟是什么？此"乐"乐在何处？为了让学者们不再对此问题困惑不解，让社会中更多的学者能够自觉地修养身心，早日达成圣贤境界而不是整日埋头于书本之中无所作为，他以自己的人生之觉解对它作出诠释，来为学者说破，开导他们，使学者能有以此圣贤之心来学道的决心，并以此体悟此道，才有可能最终见道，而得此至乐。这种乐即孔颜乐处之乐，是仁者之乐，是人通过心性涵养工夫，达到一定的人生境界后，自然呈现出的精神上的快乐与愉悦。

  这种乐并不是一种针对某种具体事物而生发的短暂之乐，而是达致了"仁"的精神境界后自然具有之乐。在此境界上，他们随适而安，无时无处不是"仁"的绝妙诠释。即圣人的"仁者安仁"的境界，贤人的"守之之仁"的境界。他们时时能够在追求与天理合一的过程中，在成贤成圣的道路上，不断完善自己，最终在这一目标达成之后，也体会到了这种彻上彻下的人生之真乐。显然，这是一种体验的过程，不容易用语言表达清楚，只有用自己的生命去体会之、实践之，才能透悟和觉解。这也是自从周敦颐提出"孔颜乐处"问题之后，二程、朱熹不把它"说破"的主要原因。但此一境界不是人人天生就具备的，必须痛下工夫。就学者而言，须知必须将心性工夫做到实处，以至达成一定的境界即仁的境界后才能有此乐。此处，仁是前提，乐是结局。仁可以涵纳乐，乐却无法涵纳仁。他无疑给学者在境界的追求上指出了，若把精神的快乐当作人生发展的唯一目的，这与指向物的短暂快乐在本质上是没有根本区别的，仍然预设了一种追求的动机，是不能得到真正的人生至乐的。寻求至乐，本质上是一种终极追求。正如陈来先生所指出的："就儒家文化的终极取向来看，'乐'并不是儒者精神发展的目的，乐只是儒者达到最高人格境界（仁）而自然具有的内心状态之一。仁可以包括乐，但乐却无法包容仁。若把精神的和乐愉悦当作人生全部精神发展的唯一目的，就仍然预设了一种追求自佚的动机，与追求感性快乐的快乐主义在终极取向上仍不能完全划清界限，也无法与佛家、道家划清界限，从这个方面看，曹端坚持仁的本源性，坚持仁是儒学的最高的完满的境界，是符合儒学传统的。"①

其三，曹端提出："圣人疏食水饮，肱枕而乐，视不义富贵如浮云，有无漠然，无所动其中。正如个气壮底人，遇热亦不怕，遇寒亦不怕，气虚则为所乘矣，盖圣人之心，无时不乐，如元气流行天地间无一处，不到无一时或息。"②孔颜之乐是儒者达到了一定境界后所自然显发的精神风貌。在宋明理学那里，天理即仁、仁即天理，天理是对本体这一终极根基的笼统描述，仁则是对这一本体境界价值追求与取向的描述。因此，达致此一境界的学者，自有一种彻上彻下的乐。这个乐不是以具体事物为对象而乐之，而是在透悟了仁的内涵后，在达致了一定的生命境界后自然而有的一种乐的心境。但这还不是孔颜乐处的真精神，它的真正内涵并不完全在此。它还要求达此境界的学者更加努力，进一步涵养心性，使自己的身心之性命与天理或太极合一，不仅仅是为了满足个体生命的生存之道，更是在满足个体生命安立的同时，唤醒其儒者的正大人文生命价值理性之意识，挺立自身的生命主体性和应然的社会人生之担当。

总之，曹端继承前人，从形上的价值理念与形下的现实情感两个方面对孔颜之乐这一传统命题的理论内涵，作了进一步诠释和拓展。把乐理解为仁者的精神境界及其展现，比前儒的理解更为透彻。其为学者"说破"的阐发也颇有见地和深入浅出，说明曹端在这个问题上进行过较为全面、深入的思考，有着独特的人生之觉悟与社会之体验。正如冯友兰先生所指出的："当人达到'同天人'、'合内外'的境界后，会得到一种'最高的幸福'，这种最高的幸福就是'至乐'。这种乐是一种与感官快乐本质不同的精神享受，是一种'解放和自由的乐'：这种解放自由，不是政治的，而是从'有限'中解放出来而体验到'无限'（这可能就是康德所说的'不死'）。……这就是彻上彻下，彻内彻外的人生所给人的最大幸福。这种幸福，道学家们称为'孔颜乐处'，道学叫人'寻孔颜乐处，所乐何事'。"③又如贺麟先生所言："体验即是用理智的同情去体察外物，去反省自己。体验法就是要人虚心忘我，深入事物的内在本质或命脉，以领会欣赏其意义与价值。"从这一点来说，曹端作为一位理学的传播者，此处对孔颜乐处的诠释是非常恰当的。

---

① 陈来：《宋明理学》，华东师范大学出版社2004年版，第172~173页。
② [明]曹端：《曹端集》，中华书局2003年版，第220页。
③ 冯友兰：《中国哲学史新编》（下），人民出版社1999年版，第21~22页。

第二节 理想社会之愿景

基于对明初的时代问题意识之自觉和士大夫充任王者之师的角色意识之自觉,曹端指出,人的精神境界提升之后的第一个环节应落实在社会人生层面,彰显为以天下为己任而兼善天下的庄严担当,定位在首先是大一统帝制下能够经世济民的贤臣,然后更为重要的是作为帝王之师,教导帝王去成德淑世,实现有序、和谐的理想社会之愿景。

曹端生活的明代初叶,经过宋代许多理学大家的传承与整理,儒家思想的发展已经比较完备,许多方面较之于理论创新倒不如说是继承传统。在这一学术大背景之下,我们认为,曹端对儒家所追求的理想社会的理性思考具有较明显的"述而不作"的特点。在明代以前,历代的儒家学者都曾对这一问题进行过理论探讨,提出过许多有价值的理想社会制度的设想,并尽量去付诸实施。如孔子的仁民与德治学说、孟子的仁政学说等,但由于历史的原因,他们只能够"知其不可为而为之",没有机会立足于君王之位、君师之位或贤臣之位,在社会中推而广之地去实践。到了宋代,随着理学的兴起,这一局面有所改变,但儒家德性优先的原则、社会现实生活中的内忧外患使宋代理学家在此方面的突出表现是内圣有余而外王不足,也没有达到理想的社会效果。明代理学家对于这一问题的探索仍在继续中。而这一情势也必然影响到曹端的学术思想,使其对理想社会的愿景既根源于前人,又有自己的新特色。

第一,曹端提出:"伊尹之志,固是在于行道,然道非学无以明,不明何以行耶?大抵古人之学,本欲行道。伊尹耕于有莘之野,而乐尧、舜之道,凡所以治国平天下者,无不理会,但方处畎亩之时,不敢言必于大用耳。及三聘幡然,便一向如此做去。其自言曰:'予天民之先觉也,予将以斯道觉斯民也。'此便是尧、舜事业。看二典之书,尧、舜所以卷舒作用直如此熟,若虽志于行道,而自家所学原未有本领,如何便能举而措之天下乎?若夫颜子之学,固欲明道,然而又未尝不欲其道之行也。观其问为邦,而夫子告以四代之礼乐及放郑声、远佞人,其言志,一则曰'愿无伐善、无施劳',二则曰'愿得明王圣主辅相之,敷其五教,导之以礼乐,使民室家无离旷之思,千载无战斗之患,而勇辨者无所施用焉'。然则颜子之志,又岂非尧、舜君民而公天下之心哉？"①为学者学做圣贤，树立了一系列可资学习与借鉴的典范，使得不同资质、不同境界的人都能够确立一个切实可行的目标，有信心去提升其精神境界，为他们实现理想社会之愿景，提供了渐进之路。曹端提出圣人就是生活在现实中的人，如伏羲、神农、黄帝、尧、舜、禹、汤、文、武、周公、孔子等。他们既是普通人的一员，又与普通人有很大的不同，其实质就在于他们是人中的杰出代表，禀受了太极的纯然至善之理，并使其得以全方位地圆融彰显。因此，在现实的社会生活中，他们既可做到修己安民，又可上达于天。为了更好地阐释这一问题，曹端又用更大的篇幅举例说明了伊尹和颜渊这两个大贤的事迹，来激励人们学圣希贤，也体现了他对儒家理想人格不同层面的关注。伊尹是商汤时期的著名政治家，思想史上的著名外王派代表，颜渊则是孔子的得意门生，追随孔子，发展其学说，在心性涵养、精神境界方面具有突出的成就。而曹端对人们的期望是"志伊尹之所志，学颜子之所学"，希望圣贤之人兼具他们的品德。说明他是既重视内圣成德也关注外王济世的。即他所设计的豪杰之士之理想范本，不但应具备高尚的人格，即像颜回等具有内圣品格的人那样，以明"道"为己任，明晓人之所以为人的道理，并时刻准备着，在社会条件允许的情况下，去实现这一"道"的追求，而且应拥有力行的品格和不惧权威、大胆实践的魄力，即像尧舜、伊尹那样，将早已具有的内圣之德性无限地发挥，以实干家的姿态去践行此道。这两种人物所遭遇的社会人生不同，他们在社会中的具体职位有巨大的差异，但他们都能够"素其位而行"②，在自己的分位上，圆融地展现了天理，致力于内圣外王之道的和谐一致与内在贯通。

第二，曹端对天道性命的深入思考，是要为其理想社会之愿景在学理上寻找到一个终极的价值根基，这便是"太极"或"天理"。表明他在理想社会的设计上，并没有抛开对"内圣"的追求。但在他的观念中，理想社会的建构，并非只是士大夫道德生命的完善、精神境界的提升，更重要的是完成社会道义的担当，社会历史交予的使命。即在内圣与外王之间找到可以贯通的桥梁。而现实社会的危机使他清醒认识到两者的贯通并非易事。这主要表现为他在现实社会的实践中发现了它们在实现上的差异性。因此，曹端在处理这些问题之时，也具有了更为理性和入世的态度。他一方面提出："六经、四书，天下万世言行之绳墨也，不可不使之先入其心。"③鼓励儒家学者要以学

---

① [明]曹端：《曹端集》，中华书局2003年版，第58页。
② [宋]朱熹：《四书章句集注》，中华书局1983年版，第24页。
③ [明]曹端：《曹端集》，中华书局2003年版，第246页。

习圣贤的经典著作为要务，明确人之所以为人、宇宙万象之所以是宇宙万象的道理，以一种明觉的意识来面对人生，挺立自己的生命主体性，即内圣成德。另一方面又说："六经、四书，圣心之糟粕也，始当靠之以寻道，终当弃之以寻真。"①认为不可以完全拘泥于书本知识，要根据外界环境的要求、时代的变化而及时采取相应的措施，根据现实情势来直面之。因此，曹端在认真学习、不遗余力地保存、传播儒家特别是程朱理学经典著作和思想的同时，又十分注重"躬行实践"，提倡"学者以实为贵，而无一息之间。则与天而已矣"，②以期通过实学、实行来实现他的理想社会之愿景。因此，曹端关注人的境界问题，进而关注理想社会的实现问题，从根本上说，是为人在现实世界的生活找到价值上的根基，并为人的安身立命寻找一个切实的立足之处。而在这一过程中，个人心性的涵养始终贯穿于道德实践中，并在社会的现实作为之中展现出来。即"圣贤之事，自孟子言'居仁由义'，大人之事备于己，'发政施仁'圣王之事及于民；自大学言明德、新民、止至善；自中庸言则'尽性、赞化育、参天地'；自论语言一人功用，实与天地参而四时同"。③通过修、齐、治、平的实事、实功对社会人生发挥切实之效用。由内圣而外王，进而惠及百姓，造福社会，便是做了圣贤之事。所以，曹端的理想社会之愿景所透显的不仅是一种与理为一的思考模式，更是一种躬行实践的力行品格。他最大的心愿是让具有圣贤资质的学者将有限的生命融入到其所生活的社会人生之中，在内圣品格的指导下，充分地成就外王的功业，以实现有序、和谐的美好社会之理想。

第三，在明初大一统的社会环境下，由于当政者的大力倡导，理学得以在意识形态领域实现自身的价值，儒家的人生价值之理想也全面地被人们所认可和实践。有鉴于此，曹端以家国天下的儒者情怀，继承了汉唐儒者和宋明理学家的一些理想社会之构想，提出了他心目中礼乐教化之下的理想社会之愿景。他说："国有国法，家有家法，人事之常也。治国无法，则不能治其国；治家无法，则不能治其家。……是故善治国、善治家者，必先立法，以垂其后。"④又说："学者须置身在法度之中，一毫不可放肆，故曰'礼乐'不可须臾去其身。"⑤在曹端的思想体系中，无论是国法、家法还是法度，它

---

① [明]曹端：《曹端集》，中华书局2003年版，第246页。
② [明]曹端：《曹端集》，中华书局2003年版，第242页。
③ [明]曹端：《曹端集》，中华书局2003年版，第211页。
④ [明]曹端：《曹端集》，中华书局2003年版，第181页。
⑤ [明]曹端：《曹端集》，中华书局2003年版，第240页。

们都是指礼乐制度。他心目中的理想人生就在生活的当下,通体应为礼乐教化所浸润,并在此基础上展现为一个和谐有序的社会。

  礼乐制度在儒家哲学中具有十分重要的地位。早在儒家创始人孔子那里,礼乐便已经作为社会的制度之一来规范和制约人们的日常思想和行为。此后,这一制度为历代的学者特别是儒家学者所效法。发展到宋明理学时代,礼乐更被赋予了广泛的哲学内涵。理学家不仅把它当作一种外在的制约人的思想和行为的法律法规(即他律的法规),而且从在内在心性涵养的角度赋予它新的内涵,要求学者们自觉遵守礼乐制度(即自律的法规)。如理学开山祖师周敦颐曾在《通书》中用大量篇幅阐述了礼乐教化下的社会人生之美好,用一种理性意识自觉下的价值理念去引导人们成就圣贤,不仅表现出他对儒家礼乐教化之下合理社会制度的期盼,也为后来的理学家探讨这一问题提供了可资借鉴之路。在此之后,经过宋、元两代理学家的诠释与发挥,到了曹端这里,这一思想更加完备而自成体系,表现了他对"礼乐"教化功能的重视,体现出他面对社会历史的新情况、新进展而对儒家理想社会所获得的新思考与新策略。

  曹端认为儒家所追求的理想社会的实现,即整个社会达到一种和谐有序的状态,需要借助于礼乐制度的完善。他提出:"中即礼,正即智,仁、义、礼、智之道,乃其性分之所固有,日用之所常行,固非浅陋固执之可伦,亦非虚无寂灭之可拟。"①这里体现了曹端面对社会现实的理性态度。面对社会上佛道思想流行的现实,他认为必须用儒家的礼仪制度来规范人们的行为。这既是天理的展现,也是儒家所一贯提倡的中正之道,表现了他作为儒者在德性优先原则下的积极入世精神。并且他将这种思想融入到其学理体系的建构中去,使其理学思想与同时代的其他学者相比,更具有力行的品格,并为后来实学思潮的启蒙提供了借鉴。同时,他将完善、建立礼乐制度作为其学理体系中的重要一环,不仅是其个人气质、经历的集中展现,也是理学在经历了宋、元时代的遭遇之后,在明初大一统的政治背景下所作出的自我调整。

  总之,曹端对理想社会之愿景的描述,是对人的生命价值和整个社会生存发展的深入思考,无论对生命个体和人类社会而言,都具有重要的理论价值和现实意义。他要求学者做学问不仅要熟读圣贤经传,更要"能真知其义理之味之无穷"②,"做人须向志士、勇士不忘上参取"③,不断地涵养心性,

---

① [明]曹端:《曹端集》,中华书局2003年版,第40,41页。
② [明]曹端:《曹端集》,中华书局2003年版,第241页。
③ [明]曹端:《曹端集》,中华书局2003年版,第241页。

内圣成德,提高自身境界,进而以士大夫的角色意识之自觉,立在君师之位去教化君主或亲身去躬行实践,淑世济民,成就外王的功业,为儒家学者所一贯主张的理想社会的理论构建和发展,做出了合乎时代的贡献。

第三节　天人和谐之追求

作为一名具有担当意识的儒家学者,曹端不仅关心人的精神境界的提升,注重社会人生的和谐与有序,更加追求"仁者浑然与物同体"的大而化之之境。这无疑是对程颢等理学家相关思想的继承和发展。正如他所指出的:"仁者,天地生物之心,而人所受以生之理。斯理也,敛之不盈方寸,充之则塞宇宙,养之不间俄顷,达之则贯幽明,所以为一心之全德,万善之总明,包罗天地,揆叙万物。"①"仁者,天地生物之心,而人所受以生者,所以为一心之全德,万善之总名,而为参天地赞化育之本体焉"②等。这些观点不仅继承了始自原始儒家的"成己、成物","参天地而赞化育"的价值理念,也是对宋代理学家以生生之理论"仁"的发展,体现了他对天人和谐的追求,彰显了一种贯通天人的慧识。

在中国哲学中,对天人和谐的追求是思想家一贯提倡和实践的。《中庸》指出:"唯天下至诚,为能尽其性;能尽其性,则能尽人之性;能尽人之性,则能尽物之性;能尽物之性,则可以赞天地之化育;可以赞天地之化育,则可以与天地参矣。"《孟子》指出:"尽其心者,知其性也。知其性,则知天矣。存其心,养其性,所以事天也。"③它们表达了同一个意思,即人所本有的人性是纯然至善的,应扩充其本有的心之善性,并将之向外拓展,去教化、影响他人、他物,使天地间的一切都能够彰显其本然之善性,便可以"赞天地之化育"或"知天"了,由此构建了一个本天道以立人道,法天道以开人文的有序、和谐而通泰的总体天人宇宙图景,并得到后世学者的首肯,从不同

---

① [明]曹端:《曹端集》,中华书局2003年版,第234页。
② [明]曹端:《曹端集》,中华书局2003年版,第254页。
③ [宋]朱熹:《四书章句集注》,中华书局1983年版,第32,349页。

的角度来改造和诠释这一图景。到了宋明时期，对于天人和谐的追求已经成为理学家学理体系建构的基本原则。他们在继承前儒的基础上，将它上升为本体论的哲学问题，认为太极、理或心是人与宇宙万象的终极根基，人通过做心性工夫，切实用生命的智慧去实践和体认这一根基，便可以摆脱个人一己之小我，成就宇宙式大我，达到天人一体，万物无隔的圣贤境界，实现天人合一的终极追求。如周敦颐提出"圣人与天地合其德"①，张载认为"为天地立心，为生民立道，为去圣继绝学，为万世开太平"，"天地之塞，吾其体；天地之帅，吾其性。民吾同胞，物吾与也"。②程颢提出"仁者，浑然与物同体"③，陆九渊认为"宇宙便是吾心，吾心便是宇宙，宇宙未曾限隔人，人自限隔宇宙"④等。虽然他们的学派不同，对终极根基的理解不同，此处对天人关系的理解却有着一致性。即在天人一体的宏大视域下，只有人的性命得以安立，宇宙万象能够在各自的分位上存在和发展，那么天理或本心的价值和意义才能够展现，整个宇宙才能够和谐而通泰。曹端则在此基础上，提出了他理学视域下的天人关系之理解。

第一，曹端认为："上不怨天，盖人责望于天，而天不副所望则必怨天。圣人无责望天之心，夫何怨？下不尤人，罪之也，有求人之心而人不我应，必归罪于人。圣人本无求人之意，何尤之有？此处圣人胸中多少洒落明莹，真如光风霁月，无一点私累如此。"⑤孔子曾对"怨天尤人"进行批判，认为这是小人的言行举止，君子之人在任何时候都不能有此行为。《论语·宪问》记载了孔子对学生的教导："不怨天，不尤人，下学而上达。"⑥ 在这里，曹端继承了他的相关思想而加以拓展，认为一般人遇到挫折或出了问题，一味报怨天，责怪别人，是因为一般人没有正确理解天理之本然、人事之当然，在天不副其所望之时就会产生对天的怨恨或责望之心。在他对人有所求，而人却不能满足他的要求之时，便会归罪于人，此时的天与人、人与我之间，是一种使用价值的关系，即物品能够满足人的某种需要的属性，也即工具理性。如果人们在自身的生存过程中长期秉持这种观念，那么他就会时刻计较自己的个人利益，为一己之小我的私欲所遮蔽。在他们的思想中，人、物、

---

① [宋]周敦颐：《周敦颐集》，岳麓书社2002年版，第8页。
② [宋]张载：《张载集》，中华书局1978年版，第376、62页。
③ [宋]程颢，程颐：《二程集》，中华书局2004年版，第16页。
④ [宋]陆九渊：《陆九渊集》，中华书局1980年版，第483页。
⑤ [明]曹端：《曹端集》，中华书局2003年版，第212页。
⑥ [宋]朱熹：《四书章句集注》，中华书局1983年版，第157页。

我是分离的、有隔的,他感受到的快乐与否往往只局限于一己之利害得失,而不会考虑他人感受或社会的整体利益。具有宇宙式大我情怀的圣人,在他努力涵养心性,提升自己的精神境界的过程中,已经对包括自身在内的整个宇宙大化流行的一切的所然与所以然,实然与应然,都有了一种发自生命深处的透悟,在他思想深处已经牢固地秉持一种"浑然与物同体"的价值理念。在他生活中自然而然地便会有洒落明莹的心胸,光风霁月的人格。他会理所当然地认为圣人之所以为圣人的本质就在于他"胸中无一点私累如此"。因此,圣人是崇高而伟大的,之所以是宇宙间与天地并立的万物之灵就在于他禀受了天理和至善之气,具有其他人和事物所难以具备的生命内涵,即与太极(理)完全合一的价值根基。也就是说,圣人之心是即性即理的,在此心支配下,圣人视万物与己身为一,浑然同体,达到了一种彻上彻下的"无所责望""无所求"之境界,这种境界与普通人的境界完全不同。普通人执着于私我、小我,圣人却达致天地之境,他的心与理为一,心之本然状态便是天理完美而圆融的展现,并为宇宙万象和全体社会共同拥有。他已经充分体悟到天人万物本来就是一个和谐有序的宇宙大家庭,自己则是其中的成员。所以,圣人在现实生活之中就能做到从容进退,无不恰如其分。这也是一个追求天人和谐的儒家学者所应追求的目标。

第二,曹端指出:"程子曰:'医书以手足痿痹为不仁,此言最善名状。仁者,以天地万物为一体,莫非己也。认得为己,何所不至?若不属己,自不与己相干涉。如手足不仁,气已不贯,皆不属己。'盖手足不属己,气之不贯也;天地万物不属己,心之不贯也。身与手足一体也,歪斜间之,故与气不相贯。己与天地万物一体也,人欲间之,故与心不相贯。身与手足之间,医必有方。我与天地万物之间,圣人必有方。"①在理学家那里,探求工夫是为了更好地实现人生的终极追求——仁的境界。北宋时期很多理学家以天道流行论仁,如程颢说"万物之生意最可观,此元者善之长也,斯所谓仁也","仁者,以天地万物为一体,莫非己也,若不有诸己,自不与己相干,如手足不仁,气已不贯,皆不属己"②,首开理学家以生意论仁之先河,认为生活的世界是生意盎然的宇宙生命之整体,每一个人在与他人甚至是他物相处之时都应该有一颗像爱护自己一般的仁爱之心,并以此心、此情去对待他人、他物,在道德规范允许的情况下把广博无私的爱给予他人、他物,这就是仁

---

① [明]曹端:《曹端集》,中华书局2003年版,第220页。
② [宋]程颢、程颐:《二程集》,中华书局2004年版,第1170页。

的表现，否则就是不仁，如同手足麻木一般。在这一过程中，"己"的儒家义理内涵和独特的价值观念得到了充分的体现。那么该如何来体悟这一"仁"境呢？自然要靠生命自觉。明道提出"观天理，亦须放开意思，开阔得心胸，便可见"。①既然宇宙万象都来自天理，人也是其中一分子，那么只要把自己融入其中敞开心胸，便可体认天理。

曹端对程颢的这一观点十分推崇，引用程颢的"仁说"来阐发自己对"仁"的看法。他认为"仁者，以天地万物为一体，莫非己也"，"己与天地万物一体"是一种最高的生命与精神之境界，即仁的境界。不难看出，这是他从天地万物浑然一体的哲学立场出发所得出的必然结论。仁的境界是把自己与宇宙万物看成息息相关的一个有机生命整体，宇宙的每一个部分都与自己是相通的。人与宇宙万象之间"莫非己也"，和谐融洽，其乐融融。但是，宇宙中的万象、社会中的人群为什么会出现彼此之间的隔阂呢？曹端用手足痿痹的例子说明，这是由于价值观念的错位造成的，即认为"不与己相干涉"所导致的。这样一来，人与宇宙万象之间、人与人之间便出现"天地万物不属己，心之不贯""人欲间之，故与心不相贯"的状况，也就不能体会或者达成圣贤之"仁"的境界。那么，有没有解决的方法？曹端认为正如手足痿痹的疾病医生可以解决一样，对于人在成圣成贤道路上的障碍，具有家国天下情怀的圣人自然有解决的义务与方法，而最佳的方法则是将对仁的追求由原始儒家之道德律令变为既超越而又内在的活泼泼的生意盎然之现实生活之自律意境。关于这一方法，笔者认为其集中表现为本章第一节所述的圣人所提倡的仁者的价值理念，并将其扩充到整个宇宙大化流行的有机生命世界。

第三，曹端提出："圣人之心，一天地生物之心。天地之心，无一物不欲其生。圣人之心，无一人不欲其善。"②在此，天地之心与圣人之心都是太极这一纯然至善之理在不同情景下的不同称谓，也即是仁。它"敛之不盈方寸，充之则塞宇宙"，却可以"包罗天地，揆叙万物"③，是宇宙万象与人得以生存的终极根基。天地之心的特征是"无一物不欲其生"，即生生不已。在它的支配下，宇宙万象得以产生和大化流行，呈现出一幅生机盎然的图景。圣人之心的本质是"能尽万物之性，仁心流布，和气充塞，可赞助天地造化发育之功"。④"赞助天地造化发育"即儒家学者一贯提倡的"参天地、赞化育"

---

① [宋]程颢、程颐：《二程集》，中华书局2004年版，第675页。
② [明]曹端：《曹端集》，中华书局2003年版，第241页。
③ [明]曹端：《曹端集》，中华书局2003年版，第234页。
④ [明]曹端：《曹端集》，中华书局2003年版，第234页。

之道。他们认为"参天地"与"赞化育"是两个不同的层面。"天地"是指天地之德性,也是人生活在这个世界上,所具有的纯然至善的德性。因此,"参天地"即要求人法天道以立人道,努力涵养自己的心性,使之纯善,与天地相参。"赞化育"则指人在达到了与天地之德性合一的境界之后,应以积极的态度投身到社会人生与宇宙大化流行之中,去尽一份人生的责任。在曹端那里,他对这一命题又有了新的认识,即人在达到了明晓人之所以为人的圣贤境界之后,在现实社会中不仅要继续"尽己之性"做内圣成德的工夫,"尽人之性"做外王济世的功业,还要在完成"尽人之性"之后做到"尽物之性","赞助天地造化发育之功"。也即儒者在世界上必须要实现自己的价值,必须返回到主体自身,通过心灵的体验与感悟,使世界呈现于心中,也即"不思而得,不勉而中,从容中道"的圣人之境。这种"尽万物之性,仁心流布,和气充塞"是一种具备天地境界的圣贤之人在其境界极大提升之后的具体展现,也是人类实现其生命意义的一种价值展现。其具体表现为,圣人与此生生不已的德性相契,尽其所能在宇宙大化流行之中、在社会人生之中,履行自己的神圣职责,完成自己的道德使命。所以圣人在社会中就应效法天地之心,与其无私生化万物相对应,在社会中无私教化众人,使之向善,与之共同成就人生的美好,进而促成整个社会与宇宙的有序与通泰,而社会人生与宇宙万象之生意之和谐之理想寄托于此。

第四,后人指出:"月映万川,万川皆月,知者见之谓之知,仁者见之谓之仁,非有异尔。是故善读者由其一以会其万,即其一节以悟其全体。"①此评价对于理学家曹端来说,可谓恰如其分。本来"月映万川"来自佛教,唐代禅宗一派代表人物玄觉和尚曾在《永嘉证道歌》中提出"一性圆通一切性,一法遍含一切法。一月普现一切水,一切水月一月摄",即月映万川。无论是玄觉和尚还是月映万川的命题,都在后世产生了较大的影响。叶适称赞他"自立证解,深而易达,浅不可测,勇悟明觉,不累于生死,盖人杰也"②,达到了很高的境界。现代学者熊琬认为:"唯性字是法,余皆是喻。以性该之,皆含法喻。谓若秋空朗月,皎净无瑕,万器百川,不分而遍。性空即所依法体,满月即实报智圆。百川即喻物机,影落便为变化。故佛之智月,全依性空,惑尽德圆,无心顿应。"③到了南宋,朱熹在继承前儒基础上,又吸收玄觉和华严禅的观点,将"月映万川"的命题发展为"理一分殊",来阐释宇宙

---

① [明]曹端:《曹端集》,中华书局2003年版,第336页。
② [宋]叶适:《叶适集》,中华书局1961年版,第158页。
③ 熊琬:《宋代理学与佛学之探讨》,台湾文津出版社,1985年版,第159页。

万象与其终极根基天理的关系，正如他所指出的："释氏云：'一月普现一切水，一切水月一切摄。'这是那释氏也窥见得道理。"①曹端对这一命题也十分欣赏，在56岁那年，专门作《月川图诗》来阐发它的思想。其诗云："天月一轮映万川，万川各有月团圆。有时川竭为平地，依旧一轮月在天。"并自号为月川子，②可见其对这一命题的重视。在他思想中，"起句喻统体之太极，承句喻各具之太极，转句喻万感之俱寂，合句喻一理之常存"。③即在"月映万川"这一命题中，月代表了其体系中的终极根基——太极，万川则代表现实世界中的宇宙万象，如能实现"月映万川"的境界，④便可与大易的"寂然不动、感而遂通"之境一体合流。在此境界上，身心与性命便会同时感受到一种与天地同流、与理为一的广阔、无限和自由。正如张载的"大其心，则能体天下之物"⑤、程颢的"仁者，浑然与物同体。……不须防检，不须穷索"⑥等都是具有这一境界或气象的人之实际体验和真心感受，即对个人生命最高境界的一种描述。它通过在生命境界上的终极体验，充分展示出其理想境界的全部蕴涵，是一种学问与生命融为一体的理想境界。这种理想的境界在曹端那里是通过对圣贤气象的描述来达成的。所谓圣贤气象，正如余敦康先生所说，"指的是一种人格美，这是由人的为学以及言谈举止待人接物所表现出的一种总体性特征，有如自然界之气象，可以被人们具体地感受到，并且也因其所达到的美的境界之不同，而有层次高下之分"。⑦这种气象体现了他对天人合一、万物一体之和谐的追求。二程说："有有德者之言，有造道之言，有述事之言。"⑧曹端在此处对天人和谐的完美诠释，笔者认为正是他对前儒思想的造道之言和达成了人的最高境界之后的有德者之言，体现了他作为儒者的无私之生命境界与仁爱之人生情怀。仁在此处与天理是同一种涵义，既是天道之本然，又是人道之当然。人能够在现实生活中修养身心、涵养德性，尽己之性、尽人之性、尽物之性，进而实现仁的境界，"赞助天地造化发育之功"，便是生命价值的最终实现。儒家理想人生境界的内涵也在此得到了最大

---

① [宋]黎靖德《朱子语类》，中华书局1986年版，第399页。
② [明]曹端：《曹端集》，中华书局2003年版，第298页。
③ [明]曹端：《曹端集》，中华书局2003年版，第298页。
④ 参见本书第一章第三部分。
⑤ [宋]张载：《张载集》，中华书局1978年版，第24页。
⑥ [宋]程颢，程颐：《二程集》，中华书局2004年版，第16页。
⑦ 余敦康：《内圣外王的贯通——北宋易学的现代阐释》，学林出版社，1997年版，第249页。
⑧ [宋]程颢，程颐：《二程集》，中华书局2004年版，第21页。

的扩充。立在这个境界上的人们,由于达致了"仁者浑然与物同体"的精神觉醒,会感受到人生获得了前所未有的自由,也就是"活泼泼地,只是不滞于一隅,大较不要人去昏默窈冥中求道理,平平正在处会得事,多少分明快活"①。

总之,曹端的境界学说,凸显了一种强烈的人文主义倾向,体现的是一种仁者的博大胸襟。它是集人文主义和理性主义为一体的理想体系。这种价值观在提升人的精神境界、体现自身价值的同时,赋予宇宙万象及人类社会以人的灵性和慧识,使天地的生生不息与人生的坚强有为联系起来,形成宇宙万象与人的交相呼应。在曹端看来,理想的人生与理想的社会,就在"我"所生活的当下,应当是通体为人文理念和人文价值理想所涵容的人生与社会,人存在的价值就在于对天理的无间契合和真实展现。人人都应以此为目标,确立人的责任感、使命感与担当感。因此,他在理解天人关系时的一个突出特点就是强调万物一体,注重人与自然的协调、完美。这种基于宏大宇宙总体视域诠释人生,构化天人关系的应然之理解,有着一种今人难以企及的根植于现实感性生命深处的真切情感,有其独特的终极人文关切和总体宇宙关怀。而他对这一境界的阐发是当时儒者学术心灵的集中展露和时代文化心灵的集中体现,洋溢着鲜明的时代精神和风貌。

---

① [明]曹端:《曹端集》,中华书局2003年版,第212页。

第五章　经世济民视域下的政道与治道

自孔子后历代儒家都将礼乐教化的道德理念放在至关重要的地位，并在这种理念的指导之下展开各自的经世济民之道的理论与实践之论证。但是不同的思想家，由于个人气质不同、对社会人生和治国理念的理解有差异，他们对政道与治道的阐发也各有千秋，他们关怀的对象与出发点不同，与当政者探讨相关理念并为他们提供治国平天下的对策之时，也会使用不同的儒家经典。我们先以宋代著名理学家的治国之道的不同侧重点为例：二程、朱熹与陈亮他们都曾当过朝廷的重要官员，为当时的当政者之治国平天下之道出谋划策，但通观他们的治国之策却大不相同，其实详细分析，我们认为这是各自对礼乐教化之道的不同理解而出现的。这种理解决定了他们在如何治国、安定社会秩序的问题上提出不同的价值标准供当政者选择。程朱主张以伦理道德教化民众，陈亮主张经世济民来发展国家的经济。我们认为无论哪种方式在社会存在发展的过程中都有弊端和优长，关键是哪种方式更适合当时的社会发展。正因如此，我们认为，曹端的政治思想便与明初大一统的政治环境和明初朱子学一统意识形态的社会大背景联系密切。

第一节　曹端政道与治道的伦理之维

在人类历史的发展过程中，无论是哪国的国民，只要他们追求自由、平等的社会生活,对于合理政治环境的追寻就一直没有停止,"大同社会"则是很多思想家的共同理想,无论是儒家经典之《尚书》还是西方哲学巨著之《理想国》,都不惜大量笔墨来描绘人类的理想社会之愿景,可以说人生活在这个世界上最大的幸福来自生活的美好,而美好生活的取得又在很大程度上取决于当政者的治国方略。所以从根本上而言,政道与治道不仅仅是当政者的事情、政治家的言论,它更是社会中全体人的必须,也是人类对自身最佳存在方式的终极描绘。它给社会中的全体人所带来的不仅是物质和精神的极大满足,还因为它是一个国家意识形态的重要组成部分,而对大多数国民来说,是一种"信仰"和"意志",体现了人们生活在这个世界的境界与追求。因此,无论古今中外,历代仁人志士都想尽一切办法对这一问题或进行理论阐释或用社会改革乃至革命的方式身体力行,很多人屡屡碰壁,甚至流血牺牲仍百死不悔。从古希腊的"理想国"到中国古代的"大同世界"再到陶渊明笔下令无数人向往的"桃花源",足以体现政道与治道在社会发展中的重要作用。其实无论人们对政治的理解如何,任何人都渴求美好的生活,在他们追寻理想政道的同时,背后所隐含的是人对美好生活的向往,也是人这种有思想的独特社会动物对过往社会秩序的极大不满和对未来理想生活的无限憧憬。因此,政道所关涉的内容与现实理性社会中自然物的真实存有不同,它并不简单研究真假之实存,而是以价值判断的方式,对人类社会中的各种现象给予或感性或理性的价值判断与政治解说,以适应当政者的治国之需求,这便是我们通常所说之政治哲学。

就此而言,施特劳斯有一句名言:"试图了解政治事物的性质以及正确的或完善的政治制度这两方面的知识。"①在他看来,政治包含了两类完全相反的可能,这也是人类社会最可能存在的现实——善恶。所以,我们对政道进行研究就必须考虑这一因素,也可以说任何政道方略的实施,其前提是伦理道德的承诺。孔子认为作为道德完美之人不仅要具备智慧、勇敢等要素,更要"文之以礼乐"。②他进一步指出:"人而不仁如礼何?人而不仁如乐何?"③《礼记·经解》中也记载——孔子曰:"入其国,其教可知也,其为人也温柔、敦厚,《诗》教也;疏通知远,《书》教也;广博易良,乐教也;洁静精微,《易》教也;恭俭庄敬,礼教也;属辞比事,《春秋》教也。"④可以说孔子很

---

① [美]詹姆斯·A.古尔德,文森特·V.瑟斯比:《现代政治思想:关于领域、价值和趋向的问题》,杨淮生,王缉思,周琪等译,商务印书馆1985年版,第61页。
② [魏]何晏注,[宋]邢昺疏:《论语注疏》,北京大学出版社1999年版,第188页。
③ [魏]何晏注,[宋]邢昺疏:《论语注疏》,北京大学出版社1999年版,第30页。
④ [汉]郑玄注,[唐]孔颖达疏:《礼记正义》,北京大学出版社1999年版,第1368页。

注重对社会民众道德素质的培养，主张通过对《诗》《书》《礼》《易》《春秋》这五种重要典籍的研习来培养不同类型的社会精英人才，并以之影响、教化其他民众，从而提升整个社会的道德水平，形成社会大治的局面。与孔子一样，孟子的教化思想同样主要体现在个人道德和社会政治方面。他认为一个有德性的统治者是成就民众德性的前提，从而提出"正己以正物，可谓之大人"的观点。可见，儒家思想中一贯地认为圣人不仅能够成就自己的德性，同时还应该以身作则教化民众，成就众人之德性，并以此为己任。基于此，孟子提出人之所以为人的特性在于"性善"，而"四端"则是对性善论的补充，人性本善且具仁义礼智之端，所以任何人都能成为尧舜，关键是能否做到存养扩充本心。人皆有善端，这是每一个人可以成为善人的前提条件，但人是否真能成为善人，则需要通过教化的方法，通过心性涵养使人之善端得以充分彰显。因此，人们要"居仁由义"，就是要求人们要具有"仁"的道德品性，通过"义"来践履"仁"，并在整个社会中推行。因此，孟子特别推崇"以斯道觉斯民"，即通过"道"的教化作用，在彰显圣人优秀品德的同时将之推广到整个社会，形成全体和谐之局面。我们认为"以斯道觉斯民"是儒家政道的一个根本观点，也是儒家君子之重任，对于有"明初理学之冠"之誉的曹端也不例外。他在论证了心目中的理想社会之愿景之后，又用大量的笔墨阐释了他经世济民视域中的政道与治道。这一内容的展开首先是通过伦理的向度来实现的。

众所周知，最能体现传统儒家治国理念的词汇当数"内圣外王"，虽语出《庄子·天下》，但自从它出现之后所代表的却永远都是儒家的政道思潮，如深究其原因，则在于它最能彰显传统儒家将心性修养与社会秩序安定熔为一炉的整体治国理念。就此而言，"内圣外王"不仅是儒家学者治国理念的真实写照，其实也是中国五千年文明史的真切完整之摹写。无论是思想家的思想还是真实的中国历史，在"内圣外王"这简单四字的概括下，社会中每一个有担当的儒家学者都要为国分忧、为家尽孝，而最佳的做法则是使用儒家的理论内涵为家庭、为社会、为国家尽到自己应尽的义务，家庭和睦是个人心性修养的扩大，社会有序则是家庭和睦的结果，自然国家的安定也在其中了。如果社会中的大多数人成为儒家伦理道德熏陶之下的君子和道德楷模，那么社会中还有什么丑恶现象会出现呢？一切都是天理的流行，整个社会都是纯然至善的。在这种理念的支配下，社会治理变得单纯而又简单易行：道德可以支配一切。用王国维总结西周文明的话来说，就是"纳上下于道德而合天子、诸侯、卿大夫、士、庶民以成一道德之团体"①。我们认为，纵观中国政治思想史的发展过程，此话可以适用于整个历史的发展。儒家的道德理想主义和政道治道的完美结合正是由此而来。

关于政治治理过程中的主要方面，儒家特别看重"德"，有德而在位是儒家学者对理想政道的描述。从此种角度，我们认为儒家学者心目中理想的治国者应非道德修养甚高的儒家学者莫属。"位"在儒家这个极重名分的学派那里无疑具有至高的地位，是否有位决定着当政者是否合法拥有对国家、社会的最高统治权，位的高低关系着权力的大小和统治的力度；而"德"则关系到当政者的道德素养，关系到职权的使用是否合理，是否能够真正做到责权相宜。《中庸》曾说："虽有其位，苟无其德，不敢作礼乐焉；虽有其德，苟无其位，亦不敢作礼乐焉。"②在儒家学者对治国之道的最简洁描述中，我们可以看到治国之道的付诸实施，便是制礼作乐，"礼"规范人们的行为，"乐"陶冶人们的情操，而能够"制礼作乐"的则是德才兼备的当政者，几方面缺一都不可，只有如此才可行使其统治权力。在儒家眼里，伏羲、神农、尧、舜都是德位兼备的圣人，对于孔子来说，虽空有其"德"，但因"不得其位"，也只能走上"知其不可为而为之"之路。因此，后世的他们一直追寻有德在位的君子继承大统。

曹端也在继承前人的基础上提出："圣人，即伏羲、神农、黄帝、尧、舜、禹、汤、文、武、周公、孔子也。道则得于天而全于己，而同于人者也。"③这句话依旧没有脱离传统儒家对政道的理解，他认为以人道德治为前提的社会治理手段是古之君子法天道以开人文的绝佳诠释，德治和仁政构成了儒家治国理政的基本内容。在整个社会中，天人同构、圣人与普通老百姓同此心同此理。因此，古之圣贤的政道便是效法天地而来的，天地有仁德之心，君子行道德之政，君民上下才能同心同德，家国最终才能非常和谐地融为一体。所以，曹端也认为行德政之君主必须具备很强的道德素养，就像以前孔子所强调的仁，孟子所强调的义，无论当政者具体采用什么样的治国手段，他必须具备完美的心性修养过程，以仁义道德来维护国家的稳固，只有这样，才是一切理想政道的可能前提。

我们认为，对道德伦理的关注是我们理解宋代以来政治哲学的一把钥匙，曹端也不例外。但在理论阐释和具体实施过程中，原始儒家与曹端理想的本

---

① 王国维：《观堂集林》(上册)，中华书局1959年6月版，第454页。
② [宋]朱熹：《四书章句集注》，中华书局1983年版。
③ [明]曹端：《曹端集》，中华书局2003年版，第40页。

质区别在于，曹端将人类社会的一切礼法上升到"天理"的高度，变"礼"为"理"。将先秦儒家"礼"的思想上升到本体高度，既为儒家的"礼"提供了形上哲学依据的论证，也以此说明了封建等级秩序永久存在的可能性而为当政者所采纳和使用。曹端继承宋儒，对现实社会中必然存在的道德理念和价值观念用"天理"这个理学的最高本体来诠释，无疑是想告诉社会中的所有人"礼"与"理"互融互摄，完全一致，封建社会中的价值准则不容置疑，如此便构建了理学作为终极价值的天理与人类社会道德伦理的双向联系，实现了天道性命的圆融无碍之贯通。天道既然如此，人类社会效法便是。具体地说，整个社会的全部政治制度与各级官员的具体实施都是天理在人间的合理展开，现实的伦理道德准则都是天理的圆融彰显，不容置疑，社会中的人们只需照搬即可。因此，在曹端的体系中天理便是整个宇宙（包括人类社会）的完美立法，更包含了儒家所有的道德准则与价值规范，因之，我们在此前提下便可展开曹端政道之论证。

第二节　曹端论"政道与治道"

所谓政道与治道，牟宗三先生曾做过专门的研究，在他看来："政道者，政治上相应政权之形式的实有、定常的实有，而使其真成为一集团共同地有之或总持地有之'道'也。——治道者，措施或处理公共事务之运用权也。"①从整体上对政道与治道作出概论性解释。在他看来，政道与治道都是当政者及其御用思想家针对治国平天下这一中心而提出的，其具体实施都是为了社会的秩序与国家的稳定，如果仔细区分，则政道关涉到政权，相当于国体的问题，而治道则是权力的具体使用，是针对社会现实所采取的具体政策。关于儒家的政道与治道，陈赟也曾指出："从中国古代思想传统来看，'政治'可以在两个维度加以理解：政与治。'政也者正也'，政治的'政'的维度归根结底意味着存在者的各正性命，它将每个个人都纳入到了政治的过程；

---

① 牟宗三：《政道与治道》，广西师范大学出版社2006年版，第18页。

而'治'则是'为政'所承担的事业，它意味着以各正性命为中心的治理活动或治理术。由此而形成了政权在民、治权在君，政道与治道分离的思想格局。然而，二者之间又通过'天'的观念获得了连续性，以至于民、君、天三者之间的相互通达而彼此限制本身形成了一种循环的圆圈性结构。"① 他之所以得出此种结论，笔者认为来源于对孔子以来的儒家思想家政道的深切体认，《论语·为政》开篇云："为政以德，譬如北辰，居其所而众星共之。"黄侃解释为："为政以德者，此明人君为政教之法也。德者，得也，言人君为政，当得万物之性，故云以德也。故郭象云：'万物皆得性谓之德。'夫为政者，奚事哉！得万物之性，故云!而已也，……人君若无为而御民以德，则民共尊奉之而不违背；犹如众星之共尊北辰也。故郭象云'得其性则归之，失其性则违之'。"②儒家一直认为民众不能自觉地反省自己、维护社会秩序，作为最高统治者必须采取一定的手段或措施引导民众走上文化政治的道路，国家才能保持长治久安，社会秩序才能在一定程度上保持不乱。其关键在于德治，即道德教化为主，法律刑法为辅。在儒家学者那里，知识分子阶层负有儒家道德伦理理论构建的责任，并作为王者师将当政者教育好，由他们将儒家的仁政思想投入到社会治理之中，彼此之间的权利与义务相辅相成。朝廷肯定儒学的目的在于维护皇权统治，儒学的仁政思想一方面可以维护社会的发展与稳定，同时也使儒学不再只是一种学术，它通过献计献策的方式轻而易举地获得了官方统治的地位，曹端也是如此。具体来说：

第一，封建专制的治理特色便是最高统治者位于政治权力的制高点，他的绝对权威无人能够挑战。正因有此原因，儒家思想非常看重君主在治国中的影响，认为：如果君主所为符合天命所赋之道义原则，用仁政来进行社会治理，便可天人合一，获得满意的效果。即使君主日常生活中似乎没有什么作为，但以德御民的举措却能让所有的社会问题迎刃而解。基于此，曹端的政治理论也对君主十分在意。他继承前人，论述了明初社会大背景之下的君主政道思想。

在他之前，也有很多儒家学者对君主政治做出自己的理解，如明代开国功臣宋濂曾为朱元璋的农民起义作征讨檄文——《谕中原檄》：

自古帝王临御天下，中华居内以制夷狄，夷狄居外以奉中国，未闻以夷狄治天下也。自宋祚倾移，元以北狄入主中国，四海内外，罔不臣服，此岂

---

① 陈赟：《中国古典思想传统中的政道与治道》，见《贵州师范大学学报（社会科学版）》2006年第5期。
② 《论语集解义疏》卷一。

人力，实乃天授。然达人志士，尚有冠履倒置之羞。自是以后，元之臣子，不遵祖训，废坏纲常。有如大德废长立幼，泰定以臣弑君，天历以弟鸩兄，至于弟接兄妻，子烝父妾，上下相习，恬不为怪。其于父子君臣之伦，渎乱甚矣。夫人君者，斯民之宗主。朝廷者，天下之根本。礼义者，御世之大防。所为如彼，岂可为训于天下后世哉！及其后嗣沉荒，失君臣之道，又加以宰臣擅权，有司毒虐，于是人心离叛，天下兵起，使我中国之民，死者肝脑涂地，生者骨肉不相保，虽因人事所致，实天厌其德而弃之之时也。古云胡虏无百年之运，验之今日，信乎不谬。当此之时，朕意天运循环，中原气盛，亿兆之中，当降生圣人，驱除胡虏，恢复中华，立纲陈纪，救济斯民。①

宋濂从正统的角度论证了君权政治的重要性。他认为儒家的礼仪规范和伦理道德对治国来说十分重要，社会上之所以出现道德沦丧、纲常败坏的现象，主要原因就是元代异族统治失君臣之道。现在要想从本质上改变，必须注重惩恶扬善、分清是非，做到立纲陈纪、救济斯民。他的礼法思想虽与前代儒者并无根本差异，却成功地奠基了明代二百多年的政治蓝图。曹端在前代思想家的影响下，也对君主的治国方略做出论证。他借用周敦颐《通书》对圣人"诚""几""德"的描述，并加以拓展来描绘有责任感的治国者形象。具体来说便是：

其一，诚则清明在躬，气志如神，精而明也。如前所述，曹端认为太极即理，是宇宙万象大化流行与人类社会产生发展之本源。因此，君王最清明的政道方略便是内圣外王，做到内圣便是自身的道德素质与涵养得到极大提高，也即太极之体得以完全彰显，在社会人生中的表现就是"诚"。"诚"在理学中是一切道德准则和行为终极价值根基，贯彻在圣人（治国者）身上便是真实无妄的本性，他们如能完整禀受太极之理，在现实中做到无过无不及，便能在治国中一展宏图，"气志如神，精而明也"，即具备高效、果断处理紧急状态、不测事件的能力，面对重大突发事件不至于反应失灵；又可以在老百姓面前、与他国交往中树立良好的政权形象，彰显君主本人及国家的实力，有效维护国家主权、安全和利益。

其二，神则不疾而速，不行而至，应而妙也。"神"这个词在中国哲学中频繁出现，一般有变化莫测，如《周易》之"阴阳不测之谓神"，以及心体或性体的知觉功能，如《正蒙》之"感者性之神，性者感之体"等两种主要内涵。我们认为曹端所阐释的君主之"神"能力应该与此处相似："神概念更多

---

① 《续修四库全书》（史部第457册），上海古籍出版社2002年版。

是从心性寂感功能作用的神妙不测、通贯一切天地万物、通贯一切动静阖辟而论，而实际上这正是性体的功能作用含义，……正相当于一般论性所言'觉性'概念，是从性体之周遍性、贯通性的作用角度而论，其含义有：（1）周遍无间而妙应不测，（2）恒感恒寂而非思虑聪明（无分别之寂感），（3）体物不遗而无有方所等。"①可见作为一个英明的君主，最重要的品质是勤政爱民，知人善任，当机立断。人的精力是有限的，政绩卓越的皇帝之所以存在，只因为他有过人的能力，就像有些人本身资质高，在各方面都能取得别人努力一生都得不到的成就一样。曹端认为治理天下的最高境界，就是君主的神机妙算，大臣无隙可钻，通过法律即"天理"的化身来约束其行为。贤明的君主如从根本上掌握了治国的原则和控制臣子的方法，就可以轻松自如、以静制动，以不变应万变。

其三，几则理虽已萌，而事则为著，微而幽也。早在《周易》中我们已经可以见到关于"几"的阐述。《易经》对"几"的描述便有多处，后世的《易传》推而广之，直接将《易》阐释为"极深而研几"的著作，说它"惟深也，故能通天下之志，惟几也，故能成天下之务"。《说文解字》说："几，微也，殆也；从丝从戍，戍兵守也。丝而兵守者危也。""几"就是微小的危机，任何人都要注意"几"，"居安思危"。曹端此处的"几"自然也有这种意思。这就是说，人们不论做什么事情，无论是事件还没有发生之前的萌芽时期，还是即将结束之时，都不能只见其利而不见其弊，应当及时地权衡利弊，使其向好的方面发展而不是让形势转而变坏。而当事人无论是处于安全的时期还是危机的时刻，都应时刻注意到形势转变的微小状态，积极地行动，力争小处见大，不失时机。而这一能力对于治国者来说尤为重要。全面完整的时机，是指别人的机遇与自己的机缘彼此相会的机会。机会是互相的，时机是双方的。发展自己的机会意味着同时也是发展别人的机会。在儒学中，"几"不仅是一个时间名词，还有一个重要的道德内涵，就是要求当事人要时刻注意自己的道德素质，特别是在独处或他人难以发现的时候。我们认为，此时也是当事人思想活动最激烈的时候。理学家们在阐述"几"的概念时十分强调人的思想动机对行为抉择的影响。曹端所说的"几"，也是指人的思想萌芽之时。所谓"几善恶"，是说"是非善恶"的分界线在于思想萌动的微小差别之间，或善或恶在此一举。他认为"凡人之几有善有恶，所谓五性感动而善恶分者也。……圣人之几有善无恶，所谓无欲主静，而天下之故常感通于寂然不动

---

① 刘鹿鸣：《易传心性论抉隐》，见《周易研究》2008年第5期。

之中也",①认为对"善几"要想方设法使之彰显,对"恶几"要尽一切可能将其消灭在萌芽之中,这样才可以存天理、灭人欲,保持社会秩序的稳定与国家的长治久安。

第二,儒家一直看重君臣关系,官员在政权中的地位与影响也非常重要,曹端在仔细研究历朝历代官员腐败对朝廷政治的影响之后,提出了独具特色的"官箴"说,不仅对当时,而且对我们现在的社会发展也有一定的启示。

年谱记载:"永乐二十有二年甲辰,先生年四十九岁,西安知府郭晟问政,先生以'公廉'告之。晟,字巨成,霍州高弟。擢西安府同知,过蒲而问政。先生答曰:'其公、廉乎!古人云:吏不畏吾严,而畏吾廉。民不服吾能,而服吾公。公则民不敢慢,廉则民不敢欺。'"②即公元1424年,曹的学生郭晟(霍州人),中举授官后问曹为政之道。他教导学生说:"吏不畏吾严,而畏吾廉;民不服吾能,而服吾公。廉则吏不敢欺,公则民不敢犯。其公、廉乎!"此资料在乾隆《新修曲沃县志》与道光五年(1825)《霍州志》中均有记载,可见它影响力之深远。郭晟确实也不负老师的教导,为官九年未曾贪污,深受百姓爱戴。后来,山东巡抚、著名清官年富将曹端的这几句话勒石记载,为后世官员做出警示和勉励。

"公生明"最早可见于战国末期之《荀子》。《荀子·不苟》有"公生明,偏生暗"之说。就是说人们做事公正廉洁便可明察事理,偏袒自私就昏暗愚昧,做事难免会犯错误。后来的廉政官员把这句话进一步拓展为:"为政之道,莫若至公。"这不仅是官吏的自觉,也是帝王的要求,只有做到为官清正,才能对上效忠于皇帝,对下无愧于百姓。在《朱文公政训》里,朱熹曾说:"官无大小,凡事只是一个公。若公时做得来也精彩。便若小官,人也望风畏服。若不公,便是宰相,做来做去也只得个没下梢。"③在朱熹眼里,让老百姓敬佩并自觉按朝廷命令办事的官员应该具有公正无私、坦荡磊落的品格,如果能做到这一点,无论他的官阶如何低微,都能受到社会的尊重。否则,即使此人位高权重,也无法得到他人的信服,老百姓所做的只是服从命令而已。历朝历代有很多实例可以证明,此不赘述。有此教训,历代传统官箴都十分在意官员的品德,而"公正"则是其中最重要的一环。对于官员来说,"公"是为政的前提,"廉"则是为政的保证,一名官员如果没有廉政的品质,为官的一切都不能保证。无论是先秦时期的《晏子春秋·内篇杂》之"廉者,政

---

① [明]曹端:《曹端集》,中华书局2003年版。
② [明]曹端:《曹端集》,中华书局2003年版。
③ [宋]朱熹著,朱杰人等编:《朱子全书》,上海古籍出版社2002年版。

之本也";《韩非子·十过》之"廉外则可以大任,少欲则能临其众",还是汉代刘向《说苑·政理》之"临官莫如平,临财莫如廉,廉平之守,不可攻也"以及宋朝《州县提纲》之《洁己》:"居官不言廉,盖居官者分内事,孰不知廉可以服人?"都表达了类似的观点。从上,我们认为在儒家思想中,官员的廉洁十分重要,它是做人、做官的根本。只要做到"廉",其他的才能即使不特别出众,也能得到百姓的拥护,为政一方,青史留名。反之,一名官员即使治国理政的才能和谋略都十分出色,"贪"却会毁掉一切。正因为"公""廉"对官员来说是压倒一切的品质,人们说及为官的准则时,往往"公""廉"并提。

曹端作为一名有责任感的儒家学者,对官员的从政之道自然不陌生,他希望能够通过自己的亲身示范给周围的人一些有益的启迪,所以他对最得意的学生郭晟讲了以廉政约束自己、以公正获得民心的为官之道。他认为,做官最起码的准则在于"公"和"廉",一切以"公廉"为基础,当官的才能上无愧于君主的信任,下无负于百姓的爱戴,老百姓自会有公正的评价。反之,官员就算颇有治国的才干,没有了公正廉洁的基础,做什么事都以权谋私,徇私枉法,难免误国损民,最后落得身败名裂的下场。所以曹端说"民不服吾能,而服吾公","公则民不敢慢"。这就是其官箴之要义。所以,公廉对一个人,特别是官员来说是一种境界,是一种品格,也是做人的准则。它是一个人内心之善念的外在彰显,也是治国兴邦的最佳选择。

第三,传统儒学所提倡的仁义道德观念绝不是书本上的理论,士大夫阶层之所以自认为他们的历史使命任重而道远,关键在于他们承担着儒家思想构建的重担,而这种道德伦理,他们必须将之付诸于社会治理之中,作为构建社会秩序、实施社会教化的指导思想,那么作为儒家学者的他们的终极使命才算完成。深受儒家思想熏陶之曹端也不例外。因之,他十分在意社会中人的道德教化及效果,并为之提出一系列举措。

曹端认为,人生于天地间,禀受了太极之理和纯然至善之气,理应成为明事理、做善事的社会有为之人,但人终归是社会的人,大多数人禀赋有限,不可能生而知之,难免会受到社会中不良习气的熏染,或气禀之偏、恶俗之诱惑,故社会中还是存在不少丑恶现象,必须变化气质方可。正如曹端所述:"人固有生而知之者,生而无知则蒙矣。"[①]需要师长的教导才能成就完美的人生:"苟非性之,而不有明师以教导之,益友以辅责之,则不可得矣,是以

---

① [明]曹端:《曹端集》,中华书局2003年版,第82页。

君子隆师而取友。"①又曰:"彼生而蒙者,及其长也,有名师以开导之,有益友以辅责之,则可以启其蒙而进于明,道义亦为身之所有而尊贵焉。"②虽然孔子曾说过生而知之的话,但社会中的人都是生下来蒙昧无知的,只有受到各方面的教育才能成就有为的人生,在此期间需要良师益友的辅助与开导,也需要具备师友资质的君子无私地做到"仁者爱人",以己之力去教化万民,也即"恶无不劝,故不弃一人于恶。惟不弃一人于恶,则不有用其爱敬矣。且君子非欲使人爱敬而后为,此亦尽吾当然之道而已,而人之爱敬不期而至焉"。③如此这般,不仅社会中蒙昧之人会大量减少,君子之人也会因其教化之举措得到世人的尊敬和爱戴。所以,曹端在为官乡里的大部分社会实践中,都是想方设法地兴办学校,提高人们的学养与道德素质。这与当政者的思维方式是完全一致的:"致天下之治者在人才,成天下之才者在教化,教化之所本者在学校。"④此语适用于中国的任何朝代,推广教化也是明政府设立官学的根本目的。可以说在整个明代,政府大力兴办官学都是为了通过一定方式来推行政府法律条例和教化思想,使士农工商四民都成为朝廷顺民。这样,官学自然而然也就成了明政府推行礼乐教化的主要场所。"夫兴学育才,而迪之彝典,斯化民俗出其中"。⑤洪武五年,朱元璋亲作"农桑学校诏",其诏略云:"农桑,衣食之本;学校,道理之源。""彝伦不整,实君、师之过;坐享民供,亦岂职分之当为。""特敕书令有司:今后敢有无农桑,学校者,论拟违制,杖降罚,历三年后,注以吏事出身。"⑥可见明政府对兴办官学,履行教化功能的重视与决心。其主要发展情状是:由朝廷设立中央官学,这就是"国子学",洪武十五年,改称"国子监"。永乐元年,又增设北京国子监,由此形成南、北两京国子监并立的体制,一直延续到明末。永乐二十年,两监在监监生高达一万五千余人。⑦

　　正是在这样的学术大背景下,曹端认为礼教与法制的遵行离不开最基本的文化素养,而且应从孩童做起,利用学校对儿童进行启蒙教育,把读书知礼仪作为教育的重点内容,注重培养德才兼备的社会有用之才,提倡以"明

---

① [明]曹端:《曹端集》,中华书局2003年版,第81页。
② [明]曹端:《曹端集》,中华书局2003年版,第82页。
③ [明]曹端:《曹端集》,中华书局2003年版,第62页。
④ 胡瑗:《松滋县学记》,转引自孟宪承等编《中国古代教育史资料》,人民教育出版社1961年版,第339页。
⑤ [清]阮元:《广东通志》(万历年卷七),上海商务印书馆,1934年版。
⑥ [明]朱元璋:《明太祖集》(卷1),黄山书社1991年版。
⑦ [明]黄佐:《南雍志》(卷十五)。

人伦"为目标的德育优先、兼顾全面之培养方式。基于对人伦和心性学说的重视,曹端往往将儒家的伦理道德观念放在乡村教育的主导地位,这些积极措施促成了坊间百姓受教育水平和道德素养的提升。曹端推行乡村教育的基本内容,一言以蔽之,就是明伦之学,教人知书达理,正确使用社会中各种待人接物的礼节,成为对社会有用之人,这不仅是古圣先贤一脉相承的传统,也是他理学思想的根本宗旨。

但是,个人素质的全面提高不能仅靠外界环境的优越和良师益友的极力栽培,个人的后天努力与学习过程才是最重要的。学习的内容非常多,到底哪些对提高人的道德素养、维持社会秩序的稳定有用呢?曹端指出:"君子之学,进己之德,修己之业。"又说:"为学须以孝义切切为务,若一向偏滞词章,深所不取。"①面对当时学人在学习上追求功名和科举考试成功,不惜一切代价学习词章之学,却忽视了个人道德素质提高的现实,他提出自己的看法:"子孙八岁入小学,十二岁出就外传,十六岁入大学,聘致明师训饬,必以孝悌忠信为主,期底于道。"②"成家之计,莫先于教子孙为善"。③认为只教学生"读书穷理"是不够的,还必须把"读书穷理"与"躬行践履"相结合,引导学生把掌握的知识义理付之于亲身实践,在社会中学以致用,修身的目的是为了治国平天下。即做人的根本在于"孝悌忠信",只有做到入则孝,出则悌,对国家忠诚,对朋友讲诚信,此人才真正是天理的化身,在社会中才能做到德业双修,造福一方百姓。但是,这种人不是天生的,必须聘请名师,从小培养。在教育他们的时候,必要的文字、词章学习是不可缺少的,却不能把主要精力放在此处,主要的应是教子孙为善——进己之德,修己之业。儒家很早就有"古之学者为己,今之学者为人"的说法,也就是说,有责任的学者修习儒家经典是为了提高自身的道德修养,进而为社会、国家做出自己的贡献,曹端对此也持肯定态度。因此,他并不是从外在角度要求学习的人有很高的文字、文学涵养,而是要求人们读圣贤经典之后能有所反思,将自己投身到社会中,成己成物,才不枉此生为人。正如钱穆先生所说:"宋明新儒家热心讲学的目的,固在开发民智,陶育人才。而其最终目的,则仍在改进政治,创造理想的世界。"④我们认为以曹端为代表的明代学者不袭古人,独立思考,贵在创新的精神,不仅为当时思想的发展和弘扬做出了贡献,

---

① [明]曹端:《曹端集》,中华书局2003年版,第201页。
② [明]曹端:《曹端集》,中华书局2003年版,第202页。
③ [明]曹端:《曹端集》,中华书局2003年版,第228页。
④ 钱穆:《国史大纲(下)》,商务印书馆1994年版。

而且为近代教育的发展做了学术思想和教育思想的准备。可以说,曹端本人虽不存在了,然其治学的精神永世长存。

对于巩固国家政权、维持社会的秩序来说,历朝历代的血腥实例证明了仅仅依靠社会中人们道德素质的极大提高是完全不可能的,君主与官员个人素质再好、道德教化措施再完善也难以避免社会动荡的可能。所以必须辅之以刑罚,如荀子提出"士以上则必以礼乐节之,众庶百姓则必以法数制之"①的观点,认为对知书达理之人可以用礼节、教化的方式使之改邪归正,而对于没有知识的庶民,他们犯了错只能用刑罚才能使之悔改,单纯的道德说教压根不起作用,开儒家礼法并用之先河。董仲舒提出"承天意以从事,任德教而不任刑","以教化为大务"②的观点。他之所以将刑罚与德教、教化并提,说明他也认可刑罚在社会治理中具有一定的作用,至少不可以完全废弃。二程指出:"自古圣王为治,设刑罚以齐其众,明教化以善其俗,刑罚立而后教化行。虽圣人尚德而不尚刑,未尝偏废也。"③指出在社会治理中教化与刑罚各有其用,二者不可偏废,否则就会事倍功半。

曹端在继承前人的基础上,也提出他的礼法并举之政道思想。他指出:"圣人中天下而立,定四海之民,则必法天而行。乃以仁政养天下之民。……然苟不肃之以刑,则亦不可得而齐也。"④他认为统治者治理国家、人民,应以德教为主,用感化的手段使广大老百姓服从政府的命令,这是主要的方面,严刑峻法虽然也有存在的必要,一般情况下还是不要使用,除非针对十恶不赦之人或极端残酷的社会案件,刑法只是治理国家、教化民众的辅助手段。使用杀戮的手段不是为了杀死更多的人,而是为了制止杀戮。作为当政者有治理四海的权利与义务,必须按天理之规则顺之而行,以仁政作为主要手段来生养天下百姓,但百姓并非人人知理,对不懂礼法之刁民,只能肃之以刑,否则仁政难以取得预期的效果。在他看来,刑罚禁令和道德教化在当政者的治国方略中缺一不可,二者功用不同,规范的人群不一样,有的民众"既富且庶焉,外则欲动而不可遏,内则情剩而不可约,于是民以利害交相攻伐,若不以刑禁之,则民相贼灭,而人伦何有哉"⑤。虽然生活富足却没有多少文化知识,他们对情感的控制力较差,又不知礼仪道德规范,面对社会中的

---

① [战国]荀况:《荀子校释》,上海古籍出版社2005年版。
② [清]苏舆撰:《春秋繁露义证》,中华书局1992年版。
③ [宋]程颢,程颐著,王孝鱼点校:《二程集》,中华书局2004年版。
④ [明]曹端:《曹端集》,中华书局2003年版,第107页。
⑤ [明]曹端:《曹端集》,中华书局2003年版,第107页。

诱惑难以约束自己，难免会对社会造成一定的危害，出现纲常沦丧的不可控之社会危局，面对此种情状，必须使用刑法。此时刑法在社会治理中的作用就远胜于道德教化，是道德教化的必要补充，二者都不可少。

继之，曹端进一步指出了刑法存在的必要性和可行性。他说："故天下之民，必得圣人之刑而后治焉。大抵圣人之心真，与天地同德，品物或自逆于理，以干天诛，则夫轻重取舍之间，亦自有决。"①从国家治理的整体角度指出刑罚的不可或缺，他认同当政者的道德涵养与天地合流且时刻保持着纯正性，但他也发现了社会中的丑恶现象时刻存在，面对这些，当政者必须当机立断，做出抉择。即当政者面对丑恶现象时适用刑法是十分必要的。当然，刑罚必须，可是如何使用更是一种策略和手段。曹端认为刑罚是对仁政的辅助，所以必须选对实施者才能事半功倍，否则，就会功亏一篑。他说："中正，本也。明达果断，用也。然非明达，则果断无以施；非果断，则明达无所用，二者又自有先后也。言理词讼者，苟不得中正之德、明断之才，则不能理矣。"②即实施刑罚的人必须公正、果断、中正方可。如此便与天地同流，明辨是非。此处，曹端对传统的礼法观进行了理论改造，从天地合流的角度论证了德治与刑罚的不可分离以及实施者的素质对刑罚使用后果的重要影响，从更深的层次上论证了社会治理中礼法合一的必要性。所以，对于当政者和国家治理来说，仁政必须，法治也不能缺少，它们同时成为国家治理中的必备品。既然天理流行中，人欲始终存在，曹端便想出了"化礼为理"的方法（见前章），将道德伦理准则演化为天理与礼法合流。最后，他又引用张栻的话③得出了刑罚与德治在事实上并无优劣先后的观点，并借鉴朱熹"明刑弼教"的相关内容，从多种角度论证了法治的必要性，从而为明初的法治建设提供了可资借鉴之路。

我们认为，曹端对礼法观念的论证对明代的治国方略来说还是有一定启发意义的。他的礼乐教化理论的制定与实施成为明初自上而下、体系严密的教化系统之重要组成部分，为巩固明初政权、恢复"先王之治"、整合基层民众、扭转元末生产力凋敝和人心浮躁的社会状况，发挥了积极的作用。在儒家传统治国方略中，礼制最重要，其他的一切都是礼制的延伸，国家治理需要法制的保障，但是法制的设计必须有"礼"作为根基，否则就无法起到相应的作用。事实证明，礼法兼治在社会上的正确运用，对于人民生活水平

---

① [明]曹端：《曹端集》，中华书局2003年版，第107页。
② [明]曹端：《曹端集》，中华书局2003年版，第108页。
③ [明]曹端：《曹端集》，中华书局2003年版，第109页。

的提高,国家的安定团结是非常有效的,把化民成俗与有法可依结合起来,这是儒家思想家与实践家的共识。曹端此处的论证并没有什么新意,就是恩威并济,这是典型的两手政策。但是他能够再次将这一思想提出来,为当政者提供理论思考,对于明代社会发展来说,还是影响巨大的,确实在一定程度上有利于社会的稳定和生产的发展,在一定程度上巩固了明王朝的统治。

第四,曹端在论述政道与治道的相关观点之时,还对儒佛道关系做出正确解释。在明代,随着社会政治、经济的发展,整个社会呈现出与以往不同的新面貌,思想文化领域也出现了前所未有之繁荣景象。随着学术下移思潮的进一步发展,出自社会基层和民间的知识精英越来越多,佛道中的很多人也开始参习儒家义理。一时间,三教的学者们互相参禅悟道,切磋学术,思想领域呈现出与前代完全不同之景象。不仅儒家学者出入佛老,返于六经,佛道的学者们也纷纷"习儒术",出现了大批儒学化程度很深的"儒僧"与"儒道",意味着这一时期存在着不少深通佛理、道教学说的僧与道,是佛学中国化、道教思潮进一步发展的中坚骨干;同时他们也是对儒家文化深有所得的硕学之士,对儒家经典、哲学思潮深有体会。加之,明政府出于治国的需要,对儒道释三教都不排斥,在一定程度上促进了佛道的发展。但鉴于佛道思想与儒家学统的格格不入,曹端没有像当政者那样对佛教和道教采取宽容的态度,他接续前朝儒士批判佛道的做法,继续对佛道开展猛烈的批判,我们认为他的观点不无道理,且对社会秩序的稳定和国家治理来说也有一定的实用价值。

他论述了社会中鬼神与佛道流行对国家治理的危害:

其一,助长老百姓的侥幸心理。他们在外界环境的引诱下不做善事,甚至恶贯满盈,却怀有祭祀鬼神和佛道的想法,企图不仅逃脱惩罚,甚至还能靠做坏事发家致富,如果社会中的大多数人都有此种心理,那么社会秩序的稳定和乡村中邻里的和睦关系是非常难以保证的,更不用说什么道德修养、自身素质的提高了。正如曹端的泣血控诉:"今人谄求鬼神,使神而郭神耶,亦将讨死。使非其人,安用事为?设一人犯盗,一人杀人,上司追求至紧,二人各挟珍宝,暮夜请求免罪,太守可受而放之乎?今人不务为善,臣不忠,子不孝,弟不逊,妇不顺,积恶有罪,天理不容,乃谄媚鬼神,在乡广建淫祠,惑诱乡人,在家装图神像,朝夕奉献,苟无灾祸,曰'事神所致也'。苟或不免,曰'所事不恭也'。而修身为善初不暇计。"①

---

① [明]曹端:《曹端集》,中华书局2003年版,第278,279页。

其二，曹端在经过周密的社会调查后发现，在当时，佛道的奢靡之风对人们生活水平的提高和社会经济的加速发展是一个巨大的障碍，如不限制佛道的蔓延，对整个国家来说没有好处。他指出："彼释迦、老聃之书，本无斋醮之论，而梁武、宋徽之君妄为斋醮之说，故武饿死台城，而徽流落金虏，本欲求福，反为得祸，奈何世不知戒，踵缪成俗，言至于此，甚可痛也！"① 又借朱子之口说："且说尧舜三代，世无浮屠氏，乃比屋可封，天下太平。及其有浮屠氏，而为恶者满天下"。②

所以在明初佛道对社会发展造成一定影响的情况下，曹端提出必须对其加以限制才能更好发展社会生产力、提高人们的生活水平。最好的办法便是"辟佛"。他说："孟子论乡原乱德之害，而卒以反经为说，此所谓上策，莫如自治者。况异端邪说日新月盛，其出无穷，盖有不可胜非者。惟吾学既明，则彼自息灭耳，此学者所当勉而不可以外求也。"③ "吾儒拒彼者至矣，彼未尝不求附吾儒，不如是，则尤反侧无以自安矣。其理之悖、说之穷，此亦可见"。④ 作为一名有责任感的资深儒家学者，曹端认为，外来文化即使对本土的文化思想有重大影响，它不向本土思潮靠拢也是难以长久的。所以，作为本土思想的重要代表的儒学无论何时、无论在社会中的境遇如何都不必太过担心自身的地位，必须对外来的不适合本土社会发展的佛教思想大力批判，而且他认为对佛教的批判只有激烈而切当，才能更好地发展儒学自身。这样会促使佛教发现自身文化特质与本土的重大不同而不得不放低姿态祈求融合。因此，辟佛无损于儒，不辟佛却有可能让儒学在社会中难以继续站稳脚跟。那么如何辟佛最贴切呢？曹端认为，佛道等异端邪说在社会中流行，占据了很多人的思想，不是因为自身有什么高明之处，而是人们的道德信仰出了问题，人们无法使用正确的理念来认识社会，改造自我。儒学本来就是治世的学问，但由于各种原因，社会中的很多人难以正确理解儒学之真谛。所以，佛老当道、异端盛行的社会现实并不可怕，可怕的是人们没有正确认识儒学。而儒者的任务就是尽自己最大的力量来昌明儒学，如果社会中的人都对儒学有正确的理解，相信圣人治国的理念，那么佛道等异端邪说在社会中的危害都可以不攻自破。

所以，曹端在当学正的同时，一方面通过各种方式如建宗祠、设家规等

---

① [明]曹端：《曹端集》，中华书局 2003 年版，第 124 页。
② [明]曹端：《曹端集》，中华书局 2003 年版，第 142 页。
③ [明]曹端：《曹端集》，中华书局 2003 年版，第 248 页。
④ [明]曹端：《曹端集》，中华书局 2003 年版，第 234 页。

普及辖区老百姓的儒学知识,另一方面又制定了比较严厉的惩罚措施,如乡民崇信佛道,有违反乡规民约的行为,便严加拷问,没有一丝懈怠。曹端为此写下了《夜行烛》《家规辑略》等著作,将批判佛道异端邪说与大力倡导孝亲等伦理道德规范放在同等重要的地位。中国古代以儒家为代表的思想在西方更多地被认定为一种道德理论,而不称其为哲学思想的主要原因在于它对家国天下理论的充分重视,把人伦道德视为人生最重要的法则。《大学》提倡修齐治平,将修身作为重要一环,而人生的伟业则在于光显于父母,封妻荫子。因此,儒家学者首重孝悌思想,认为这是人之所以为人之本:"君子务本,本立而道生,孝悌也者,其为仁之本与!"①而事亲"有三道焉,生则养,没则丧,毕则祭。养则观其顺也,丧则观其哀也,祭则观其敬而时也。尽此三道也,孝子之行也。"②对父母亲人要做到生前尽力赡养,不仅使之衣食无忧、身心健康、保持精神愉快,死后还要将其妥善安葬,每逢时令还应定时祭祀,并将这种祭祀活动永久流传下去,所以"不孝有三、无后为大",只有这样才能真正做到对父母的孝。当然,当自己长大成人升格为父母之时,也可毫无争议地享受这种待遇。既然个人的生老病死都有了以家庭为单位的保障,那么社会的安定也就比较容易实现了。因此,这种尊老思想与实践被中国古代的所有统治者认可,并制定相关条约和法律来切实保障执行的力度,曹端也大力推行这一思想。我们认为,曹端批判佛道,大力倡导孝亲思想,无疑是与官方意志和大多数老百姓的观点相适应的,他的倡导也得到了大多数人的肯定,正如他的观点:"孝子保亲全家之道,当以进谏为心也,且先意承志谕父母于道者,其孝大于养极甘脆者矣。和色柔声谏父母于善者,其孝大于拜医求药者矣。"③认为孝子的言行对家庭的稳定与长久发展具有重要作用。那么孝子应该怎么做呢?他需要所作所为都符合道德伦理和法律规范,而且他对家庭中所有人包括父母的言行负有监督责任,对于父母的过失,他如能做到和色柔声地劝诫,则善莫大焉。这是一套不会引起民众反感的,在潜移默化、温情脉脉中便可使之服从朝廷统治的治理策略,从而达到举国上下"贵贱有别,长幼咸安""一道德,同风俗"的社会理想。而家规则是普通老百姓最可以接受和喜闻乐见的方式,因此,曹端的家规也将礼仪文化的建设和传播放在日常生活中,使广大民众对礼仪文化了然于心。

其实,不仅朝廷所重视的《明集礼》中所列之礼制为礼仪文化,普通老

---

① [清]阮元校刻:《十三经注疏》,中华书局 1980 年影印本。
② [清]阮元校刻:《十三经注疏》,中华书局 1980 年影印本。
③ [明]曹端:《曹端集》,中华书局 2003 年版。

百姓日常生活中必须经历的生老病死、婚礼嫁娶也是礼乐文化，对他们普及相关知识，在日常生活中做到进退有度，不仅有利于朝廷的治理，对老百姓来说，也是他们必须面对的人际与社会现实。正如吕柟对一个成功家规的评价："幼养其相信哉，德礼以导之于先，刑政以齐之于后，而又以令律例之，切近者补解约之未备。许民有不入善者鲜矣。"①我们认为，曹端所编写的家规等道德伦理规范也有相似的作用。所以，曹端在他的家规中，尽力渲染了祠堂在一族一家中的重要作用，又指出对于一个家庭来说家长具有"总治一家大小事务，凡事令子弟分掌，然需谨守礼法，以制其下"②的主宰地位。所以，在祠堂家规的理论指导下，在家长总治一家大小的前提下，一大家人如宗子、诸子、诸妇便可按日月运行的规律，朝廷的法律规范，人生必需之伦理道德安排好日常生活的一切，生息繁衍，社会也因此不断发展。这样一来，社会即使偶然经历战乱、灾荒，也不会中断历史的进程。

但是，自从佛教进入中国、道教产生以来，随着其进一步平民化进程的深入，在明代社会中却有很多人不相信儒家的礼法制度，转而把时间精力放在供奉佛道上，佛教的一个基本修行方式是出家，正如《涅槃经》所云："居家迫迮犹如牢狱，一切烦恼由之而生。出家宽旷犹如虚空，一切善法因之增长。"认为人世间的一切特别是家庭生活是对个人身心的束缚、对大波若智慧的戕害，人们所有的有关物质与欲望的烦恼都是由家庭生活的繁杂所产生，人们抛却世俗的生活才能增长善法，才有可能得道成佛，明代的佛教信众也不例外。这便给当时生产力尚不发达、人口数量决定社会发展的明代社会带来巨大的不便之处：一方面大量人口进入佛寺，求神拜佛，不事生产，造成大批土地荒废；另一方面，出家人需要大量的劳动力所生产的产品的供养，这一矛盾如不能很好解决便会加剧社会发展的矛盾，造成社会发展的不稳定。所以，曹端提出"佛老只是一个不夫妇，把父子君臣、天地上下之理殄灭尽矣，区区慈悲不杀，清净不忧，夫何补哉"，③认为佛教不尊重儒家的家庭发展规律，长久发展下去，就会导致人口凋零、社会倒退的恶果，它就算倡导清静无为，试图帮助大众离苦得乐，证悟佛陀，又有什么用处呢？所以他坚决批判佛道在社会中的流传，想方设法的杜绝它们的影响。在曹端的认真努力下，他的批判佛道与支持儒家伦理同步并行的治道与政道理念终于在所辖区收获了成效并在整个社会中广泛传播，产生了深远之影响。

---

① 嘉靖：《许州志》（卷四），《天一阁明代方志选刊四七》，上海书店影印本1961年版。
② [明]曹端：《曹端集》，中华书局2003年版，第185页。
③ [明]曹端：《曹端集》，中华书局2003年版。

总之，曹端理学思想的经世致用之社会实践——政道与治道理念，是对人的生命价值和整个社会生存发展的深入思考。无论对生命个体还是社会而言，都具有重要的理论价值和现实意义。他要求学者不断地涵养心性，内圣成德，提高自身境界，进而以士大夫的角色意识之自觉，立在君师之位去教化君主或亲身去躬行实践，淑世济民，成就外王的功业，为儒家学者所一贯主张的理想社会的理论构建和发展做出合乎时代要求的贡献。正如徐复观先生所指出的："现代文化的危机，根源非一。但人的情感因得不到安顿以趋向横决；人的关系，因得不到和谐，以至于断绝，应当也是主要的根源。我这时提出中国人文的礼乐之教，把礼乐的根源意义，在现代中，重新加以发现，或者也是现代知识分子，值得努力的课题之一。"[①]故以曹端为代表的明代政治思想仍是我们现代社会所应借鉴和传承的宝贵思想资源。

---

① 徐复观：《中国思想史论集》，上海书店出版社2004年版，第240页。

第六章　曹端理学思想对明代学术之影响

《明儒学案》曾对曹端做出如此之评价："先生门人彭大司马泽常称'我朝一代文明之盛，经济之学，莫盛于刘诚意、宋学士；至道统之传，则断自渑池曹先生始'。……予谓方正学而后，斯道之绝而复续者，实赖先生一人，薛文清亦闻先生之风而后起者。"① 可见黄宗羲对曹端推崇至极。我们认为此言不虚，曹端理学确对明代理学思想有开创之功。

第一节　奠定明初理学之基础

明代学者陈建所著《通纪》称"本朝武功首推刘诚意，理学肇自曹静修（曹端）"。《明史》指出："原元明初诸儒，皆朱子门人之支流余裔，师承自有，矩矱秩然，曹端、胡居仁笃践履，谨绳墨，守儒先之正统，无敢改错。"② 可见曹端对明初理学的开创之功。本书认为他的思想与明初理学的几位著名学者如薛瑄、胡居仁的思想联系极为密切，正是在他们的共同努力下，明初理

---

① [清]黄宗羲著，沈芝盈点校：《明儒学案》，中华书局1985年版。
② [清]张廷玉：《明史》，中华书局1974年版，第7222页。

学保留了朱子学之原貌,并被陈白沙所吸收借鉴,为明中后期心学的兴起与大盛奠定了思想之根基。

1. 对薛瑄的影响

薛瑄(1389—1464),明初著名理学家,河东学派创始人。《四库全书总目》说:"大抵朱、陆分门以后,至明而朱之传流为河东,陆之传流为姚江,其余或出或入,总往来于二派之间。"①也即四库全书的编纂者将明代哲学思想分为河东、姚江两个大的派系,将薛瑄及其学派与对明代学术产生重大影响的王阳明思想相提并论,可见薛瑄思想地位之重要。清代立国之后,王门后学因放荡乖张而受到批判,薛瑄及河东学派得到前所未有之重视。因之,薛瑄的思想对明清学术的影响不言而喻,而其思想又深受曹端之影响。

薛瑄作为明初理学的重要代表人物,学术思想自然带有明初"矩矱秩然"之特色,然又因其讲学的需要"从学者甚众",加上明代社会与宋代的重要区别,他的思想对朱子学的发展来说可以定义为既尊崇又超越,其中最鲜明的特色则是他"以日光喻鸟"的理气论。

众所周知,"理"与"气"是理学中最重要的一对范畴。理与气的关系,是理学家要着重进行论述的重要内容。程朱一派格外重视理与气的先后问题,然究其深意,无外乎三种情况,气先理后、理先气后和理气无先后。朱子在总结其他思想家观点后指出:"天下未有无理之气,亦未有无气之理。"②"才有此理,便有此气;才有此气,便有此理。天下万物万化,何者不出于此理,何者不出于阴阳?"③认为理气相即不离,无无理之气,亦无无气之理,将前期思想家的三种理气观统一起来并作出比较权威之定论。明初思想家既然都是朱子学之余绪,自然也都对他的这一思想认可,但他们在理解体认的过程中间或也有自己的发明,曹端如此,薛瑄亦如是。曹端的理气观即"活人骑马"的比喻前已论及,此处单论述薛瑄的观点——"以日光喻鸟"。

或言:"未有天地之先,毕竟先有此理。有此理便有此气。"窃谓理气不可分先后。盖未有天地之先,天地之形虽未成,而所以为天地之气,则浑浑乎未尝间断止息,而理涵乎气之中也。及动而生阳,而天始分,则理乘是气之动而具于天之中;静而生阴,而地始分,则理乘是气之静而具于地之中。分天分地,而理无不在;一动一静,而理无不存。以至"化生万物,万物生

---

① [清]永瑢等:《四库全书总目》(全两册),中华书局1965年版,第815页。
② [宋]黎靖德编,王星贤点校:《朱子语类》,中华书局1986年版。
③ [宋]黎靖德编,王星贤点校:《朱子语类》,中华书局1986年版。

生而变化无穷",理气二者盖无须臾之相离也,又安可分孰先孰后哉?孔子曰"易有太极",其此之谓与!①

他对朱子之"理在气先"的前提假设提出异议,认为朱子过分看重"理"的先在性,在形上的角度看,朱子认同"理在气先","此本无先后之可言,然必欲推其所从来,则须说先有是理"②。从现实的角度分析,朱熹又认为"天下未有无理之气,亦未有无气之理",即理气不离不杂,也即朱熹认为从本体的角度"理在气先",然现实生活中,理气分离不利于解释宇宙万象的生存与发展,这也是朱熹理气论的矛盾之处。正是看出了朱子学说的不足之处,薛瑄在他理气一体论的基础上进一步提出:③

理无所不有。如天地之初,都无一物,只有此理,而天地万物自能生。假使合世天地万物一时俱尽,而此理既常存,又自能生万物。可谓万物必待有种而后能生乎!

气有形,理无迹;气载理,理乘气。二者浑浑乎无毫忽之间也。

圣人论道,多兼理气而言。如所谓"一阴一阳之谓道""形而上下"之语,皆兼理气而言也。

"形而上者谓之道,形而下者谓之器"。圣人论理、气最分明,又无离而"二之"之病。

理无穷而气亦无穷,但理无改变而气有消息。如温热凉寒,气也;所以温热凉寒,理也。温尽热生,热尽凉生,凉尽寒生,寒尽温复生,循环不已,气有消息,而理则常主消息而不与之消息也。"气有聚散,理无聚散",于此又可见。

笔者认为,以上内容虽然驳杂,却真实反映了薛瑄对理气问题的基本看法:理气相即不离。不离主要表现在"圣人论理、气最分明,又无离而'二之'之病"。他也多次强调理气不可分先后,如"理只在气中,决不可分先后";"太极动而生阳",动前便是静,静便是气,岂可说"理先而气后"也?④

现实生活中宇宙万象的存在是有理有气的,但理与气在万物构成中的作用与地位又完全不同:从形上的角度来说理气相即不离,但现实中,"气有聚散,理无聚散",彼此之间又当如何?薛瑄进一步指出:"理、气虽不可分先

---

① [明]薛瑄:《薛瑄全集》,山西人民出版社1990年版。
② [宋]黎靖德编,王星贤点校:《朱子语类》,中华书局1986年版。
③ [明]薛瑄:《薛瑄全集》,山西人民出版社1990年版。
④ [明]薛瑄:《薛瑄全集》,山西人民出版社1990年版。

后，然气之所以如是者，则理之所为也。"①认为在现实中理、气虽然没有先后之分，但气作为构成宇宙万象的质料因，之所以能呈现万千之状态，其背后却有主宰，这便是理的主宰之功。其实，在薛瑄这里，如从本源上追溯，还是理为气之主宰。只是在宇宙万象的变化中，理气相即不离，"气有形，理无迹；气载理，理乘气。二者浑浑乎无毫忽之间也"而已。

那么在宇宙万象的大化流行中，理气关系到底怎样？气作为质料因，自然是经常运动不已，但是作为本体与主宰的"理"呢？它是否能与"气"同步运行？朱熹提出"活人骑马"的比喻，曹端因错误理解了朱熹之"骑马"论而写出名篇《辨戾》，②但在薛瑄看来，朱熹、曹端用人马之喻对理的理解很难达到水乳交融的程度。理是万物的本原与主宰，气在运动变化的过程中产生宇宙万象。人马之喻，对理气的不离不即做出很好说明，但是这个证明却难以永久存在，一旦人马分离，就容易让人产生人是人、马是马，难以成为一体的印象，因此无论是朱熹还是曹端的人马之喻，形象说明理气关系的同时也会使"理"失去形上性与本原性的特色，而且也容易让人把理与气理解成截然二分的两个部分。因此，薛瑄完全不赞成朱熹与曹端的理气关系如人骑马的比喻，而独创新意，用日光飞鸟来比喻彼此的浑融无间。

理如日光，气如飞鸟。理乘气机而动，如日光载鸟背而飞。鸟飞而日光虽不离其背，实未尝与之俱往，而有间断之处，亦犹气动而理虽未尝与之暂离，实未尝与之俱尽，而有灭息之时。"气有聚散，理无聚散"，于此可见。③

在薛瑄看来，理就如日光，气就如飞鸟，理乘气动就如同飞鸟在日光的影子中飞翔，而且薛瑄着重指出鸟的飞行虽然时刻与日光如影随形，但鸟和日光其实未尝一起动静，也就是说薛瑄倾向于"理"的先在性与本体性特征，它不是现实中有形可见的事物，所以不能随意动静，朱熹的理乘气动更符合理的特征，曹端的比喻不正确。但同时他又认为朱熹的人马之喻并不能很好说明"气有聚散，理无聚散"的关系，只有日光飞鸟这种既实际又虚幻的光影之喻才能很好地表达理气关系。但我们认为，理气关系这种理气相即不离的表达本身就存在理论问题，它只是理学家的先天预设，因此，无论何种解释都不能圆满回答问题。正如陈来先生所指出的："薛瑄的这一说法，把理比做日光，气比做飞鸟，理不仅完全成了一种外在于气的特殊实体，就理气动静而言，也无法显示出理'能为动静'的特质。当

---

① [明]薛瑄：《薛瑄全集》，山西人民出版社1990年版。
② 参见本书第一章。
③ [明]薛瑄：《薛瑄全集》，山西人民出版社1990年版。

然，薛瑄在主观上并不是以这个比喻整个地来讨论理气关系，而是侧重于说明理气的聚散关系。然而，如果鸟的飞行运动表示气的聚散变化，那么由于鸟在甲处被照射的一束日光与在乙处被照射的一束日光虽然都来自太阳，却并不是同一束日光，于是随着气的运动变化，气之中的理也就成了不断变化的了。如此一来，物之中的理就不再是之前的理了，而这与薛瑄所宣称的'物之中的理不变'相悖了。"①

同时，为了回应社会中人为什么会为善作恶的现实问题，儒家思想家提出人性、心性的观点。早期的学者提出"天命之谓性，率性之谓道，修道之谓教"的观点，孟子的性善论、荀子的性恶论以及汉代的董仲舒、唐代的韩愈提出性三品说等，他们的研究为理学心性论的出现与发展提供思想基础，并进一步将之发展为心性论。两宋时期，儒学达到登峰造极的地步，明初理学的发展虽不尽如人意，但远承朱子学之余绪，他们也非常重视心性问题，曹端提出天命之性与气质之性和事心之学的理念，薛瑄则将心性视为为人之根本，提出"七十余年无一事，此心惟觉性天通"。

薛瑄在借鉴前人心性二元论观点的基础上，将理气与心性融合而提出"心者，气之灵而理之枢也"，"人惟一心，操之为君子，放之为小人"②的观点，认为人作为宇宙间最有灵性的存在，心是蕴藏理气的场所，人在社会中或善或恶的作为，都是心的作用。所以，有志于君子人格的学者，必须注重心的修养："具有天命之性，行率性之道，德仁义理智之德，全天地之体用者，皆本于心。"③人作为理气合一的生命存在，自然禀受了天理之纯然至善之心性，在现实生活中之所以能率此性而为，表现出仁义礼智之道德，在宇宙大化流行中、在社会人生中体现人之所以为人的本质，全在心体的全体大用。因此君子之人在日常生活中需要"每呼此心曰：主人翁在室否？至夕必反省曰：一日之所为之事合理否？"④时时刻刻反省自身，最好早晨反问自己，我的心是否还是自己思想与行为的主宰？晚上再对一天的所思所想、所作所为进行反思，今天做的所有事情是否合理合法？通过每日三省，来考察自己所做之事是否在心的主宰中、是否符合社会的伦理道德规范，进而与天理一致。在薛瑄那里，不仅个人的所思所想、社会的伦理规范，乃至国家、社会的治理都与"心"关系密切。他指出"唐虞三代之治，皆自圣人一次推之，无非

---

① 陈来：《宋明理学》，华东师范大学出版社2004年版，第249页。
② [明]薛瑄：《薛瑄全集》，山西人民出版社1990年版。
③ [明]薛瑄：《薛瑄全集》，山西人民出版社1990年版。
④ [明]薛瑄：《薛瑄全集》，山西人民出版社1990年版。

顺天理因人心而法也","自古兴亡治乱之几,皆本于心之存亡"。①他认为上三代之所以出现政治清明、百姓和乐、国治民安的社会场景,都是国君具备圣人的道德素质,上顺天理下因人心的结果,如心的自控能力很强,能够把握自己,国家便昌盛;如心之体流失了,人心被欲望所占据,国家的治理自然不会很好,甚至会出现国破家亡的惨剧。不管怎样,薛瑄所重视的是"心"在人的伦理道德修养以及国家治理中的重要作用。我们认为他的这一观点与曹端的思想差别不大,都认为宇宙的构成在理气,但人作为万物之灵,对理气的掌控在于心。所以曹端提出事心之学的观点,薛瑄指出"人惟一心"的理论,其实都是明初理学家在继承朱子思想的同时又秉承元代理学朱陆和会之余绪的结果。虽然薛瑄在此处的贡献不次于曹端,但曹端的开启之功不容低估。

2. 对胡居仁的影响

第一,胡居仁的理学思想。

胡居仁(1434—1484),明代学者,字叔心,号敬斋,江西人。他一生以讲学授徒为业,无意仕进,在明初理学家群体中颇有理论建树。著作有《易象钞》《居业录》《居业录续编》等。后与薛瑄、陈献章、王守仁一起成为明代从祀孔庙的四位大儒之一。《明史》称"人以为薛瑄之后,粹然一出于正,居仁一人而已"。②由于学宗程朱,他的思想的研究范围也基本集中在理气论、心性论、境界论(对孔颜乐处)的探讨上,如果与曹端的思想相参详,我们认为他也在一定程度上受其影响。

在宇宙观上,胡居仁基本上延续了前期理气论的观点而指出:"天下古今,一理而已,予惟究其极,天地之所以阖辟,万物之所以生生,幽而鬼神,明而礼乐,显而人事,无非一理之所为。"③"理""太极"所派生的"气"而化生的人和万物,却是万殊不一的,这就是"分殊"。由此胡居仁对"理一分殊"作了解释。他说:"有是理必有是气。故曰:太极便生两仪,有是气必具是理,故两仪既判,太极即具其中。故曰:一物一太极。又曰:万物共一太极。""天人之理虽一,天人之分则殊"。其实这便是自朱熹、曹端以来的比较成熟的理一分殊观点,但是胡居仁提到的理一分殊,更多地不是考虑宇宙自然如何化生演变,而是人类社会中的礼乐教化,宗族仪轨等法律制度如何

---

① [明]薛瑄:《薛瑄全集》,山西人民出版社1990年版。
② [清]张廷玉:《明史》,中华书局1974年版,第7222页。
③ [明]胡居仁:《居业录》,文渊阁四库全书本,上海古籍出版社1987年版。

在天理的关照下更加适合历史的发展进程。

既然宇宙万象都是天理的化生，人类社会中的道德规范诸如礼仪等也不例外。他说："万物只一理，以其流行不息，赋与万物者谓之命。万物各有禀受，而此理无不全具，谓之性。性中生意粹然，为众善之长谓之仁。裁度断制，处得其宜，乃性之义。仪章品节，天秩灿然不乱，乃性中之礼。分别是非，条理分明，乃性中之智。实有此理，元无虚假，谓之信。见于日用，各有所当行者，谓之道。"①也即在人类社会中存在着性、仁、义、礼、智、信、道等道德规范，看似非常复杂，如仔细分析起来不过是天理在人类社会不同场景中的彰显，如人性之善之仁，便是人在出生之时，在本质上被天理赋予了仁善之性，义作为道德品质也是性，即人的本质的题中应有之义，人如能完具天理，自然在日常中能够裁度断制，处得其宜，……总之，社会中的"道"看似高妙，其实也不过是天理在日常中的展现，人们如能正确把握，便是道。

在此理一分殊的思路下，天理下贯于人身，便是心性。所以，胡居仁十分重视心性论。毕竟在历代理学家那里，天理的重要性不在宇宙自然而是社会人生。他指出："盖心具众理，众理悉具于心，心与理一也。 故天下事物之理虽在外，统之在吾一心。""盖心具是理，理无不在，千万古共此理，千万里共此理，所以思无所不到"。"天下人共一个心，如克己在我，天下归仁，岂非同此心乎！"②既然人也是天理在社会中的彰显，所以"我"的心在应然的角度就应该完具理的一切，心与理在本质上应该一致，所以理学家所指称的外在之理，只是理解的角度不同。其实，从心与理一的角度分析，心统此理，天下人的心都是理的化身，而天理又是无处不在，"千万古""千万里"是相同的，所以圣人与我同此心同此理，他们可以克己复礼为仁，普通人只要觉悟到了天理本于我心，也可如此这般。可是应该如何觉悟呢？胡居仁与前期理学家一样，提出了做工夫的方法，只是他的工夫论源于前人又略有不同。

作为明初理学的传承者与承上启下的重要人物，胡居仁的思想虽有兼综朱陆的特色，但着力点仍在"居敬穷理"和"做工夫"上。他提出"孔子只教人去忠信笃敬上做"，"笃敬是孔门第一等工夫"③的观点，我们知道理学家虽不重章句文本，只看义理，但他们往往对孔孟之语倍加推崇，胡氏将忠信笃敬与孔子相提并论，可见他对"敬"的重视，可以说他把"敬"作为人身修养工夫的第一要义。正如程光鄂在为《居业录》出版作序时所指出的：

---

① [明]胡居仁：《居业录》，文渊阁四库全书本，上海古籍出版社1987年版。
② [明]胡居仁：《居业录》，文渊阁四库全书本，上海古籍出版社1987年版。
③ [明]胡居仁：《居业录》，文渊阁四库全书本，上海古籍出版社1987年版。

"敬斋先生……其醇然大儒之言,而其要柢则一以敬为主,尝自励曰'诚敬既立,本心自存',先生居敬之功可谓至矣。"①可谓一语中的。

既然"敬"的工夫十分重要,又当如何践履呢？胡居仁提出:"敬以直内,是养得仁义礼智之在内,不偏不倚,故曰中,曰大本;义以方外,是达得恻隐羞恶辞让是非之情,各得其宜,故曰和,曰达道。直内是内里正当,非僻之干无自入矣;方外是外面处置得当,条理分明,各有体面,各有准则,移易不得。"②他对《周易》原有之"敬以直内、义以方外"做出新的合乎时代需要的理论诠释,认为"敬以直内"便是儒家思想所一贯提倡的中庸之道,人禀受了天理之天地之性,便在社会生活中根据不同的场景表现为仁义礼智。敬以直内,便是将此"四端"圆融地在自己的内心中加以衡评,不偏不倚;与"四端"相对应的是"恻隐、羞恶、辞让、是非"的感情与识辨能力,但人们由于欲望的无限膨胀,这些感情与能力未必能够在社会中圆满彰显出来,所以人们在日常生活中必须修身、持敬,也就是"义以方外",将内心已衡量得当的仁义礼智之本,在现实中发用,且要做到各得其宜。无论是内心的"内"还是外在行动的"外"都"条理分明,各有体面",这便是君子之人"敬"的最佳状态。

为了让每一个儒家学者清楚地知道如何"持敬",胡居仁对此作出进一步解释:第一,"学者持敬,只就衣冠容貌、视听言动上做,便是实学","敬赅动静。静坐端严,敬也;随事检点致谨,亦敬也。敬兼内外,容貌庄正,敬也;心地湛然纯一,敬也"。③也即"敬"的工夫就在我们的日常生活中,衣冠容貌、视听言动,看似普通,但对儒家学者来说这就是实实在在的学问。如果做到了时时事事"持敬",检点自己的思想、行为便可以本心自存,成为圣贤之人。可是要时时处处做到"持敬",自觉地反省并不容易,必须涵养心性,修身自勉。因此,胡居仁又提出他的第二条方法——"主一"之谓"敬"。他指出"心精明是敬之效,才主一则精明,二三则昏乱矣","敬如何便存得天理？盖心中只是理,别无物,放其心,理便失,敬则心存理便在。主敬不是便有一敬,将心去主他,只心自敬耳。主敬是专要如此而不闲也"。④"持敬"虽然是思想与行为合一的表现,但根源在于内心,心是天理的流行,所以必须时刻把握住内心,做到不放失,如果放心,那么"理"便随着心的流失而

---

① [明]胡居仁:《居业录》,文渊阁四库全书本,上海古籍出版社1987年版。
② [明]胡居仁:《居业录》,文渊阁四库全书本,上海古籍出版社1987年版。
③ [明]胡居仁:《居业录》,文渊阁四库全书本,上海古籍出版社1987年版。
④ [明]胡居仁:《居业录》,文渊阁四库全书本,上海古籍出版社1987年版。

流失，人便失去主宰，在或多或少的外物诱惑中迷失自我。所以，人要想成为天理的圆融展现，必须主一持敬，才能时刻有此警觉之心。

第二，曹端对胡居仁思想之启发与影响。

综上所述，我们认为，相比起薛瑄仅在理气关系上与曹端思想有些许关联来说，胡居仁显然在更多方面如理气论、心性论、工夫论等角度受到曹端的影响，虽然胡氏更多地是从朱熹思想的层面加以论证，但我们如能详加分析，他的论断更多地是托名于朱熹，而实际来源于曹端。

关于理气关系，胡居仁所提的"天下古今，一理而已"，无疑是对曹端"宇宙之间一理而已"思想的继承与发展，也是对朱熹理气论观点的继承，严守其矩矱。如胡居仁所说："有理必有气，理所以为气，气乃理之所为，生万物者气，理在气中。"①认为理是宇宙万象存在和发展的终极根基，理气关系不离不即，理在气先，理是价值依据，气是质料因，理气一体、不离不即。关于理气关系，曹端认为，理是"活理"，对气的驾驭是主动的，对整个世界的掌控也是第一位的，气只能随着"理"的运行而运行，是被动的、第二位的，但是理气之间却永远都相即不离。所以曹端的著名篇章《辨戾》，便是告诉世人理气地位的截然不同。而胡居仁的观点："理乃气之理，气乃理之气，混之则无别，二之则不是。理是气之主，气是理之具，二者原不相离，故二之则不是。"虽然也认为理在这个世界上起决定性作用，但是气绝不是"理"的随从，它与理不离不即，不可混淆、不能分离。理只是本原，气才是构成物质形体的质料因，本体固然重要，但它不能离开具体的事物而独立存在、发展，理气是相依相从的关系。这是胡居仁与曹端思想的相通与相异之处，而正是这种对朱子思想继承发展的不同，大力推动了明代理学的发展进程。

关于理一分殊，结合前章的论证，我们认为曹端无论是宇宙领域还是人生领域都各自呈现出"理一而分殊"和"分殊而理一"两种不同的情状，从宇宙自然的角度，太极作为"理一分殊"中"理一"的化身、生化万物的终极本原，理所当然地贯通和制约着宇宙生化的整个过程。而从分而言之的角度，一物各具一太极，这里的太极指的是分理，宇宙万象之所以能够真实存在，在现实中展现为一个丰富多彩的世界在于"分殊"。从社会人生来说，"理一分殊"之"理一"为人类社会的总规律，"分殊"则因不同的生活场景而有"仁义礼智"的不同表现。与曹端相比，胡居仁的思想更多地论证了社会人生中"理一分殊"的真实情状，包括两方面的内涵：从"理一"的方面来说，

---

① [明]胡居仁：《居业录》，文渊阁四库全书本，上海古籍出版社1987年版。

"仁、义、礼、智"的道德准则之能够在社会中存在与展现，皆源于它背后的终极依据，即它们之所以为其所是的价值根基，也就是"理"，作为儒家最高的道德准则，具有道德理想的超越性；从"分殊"的方面来说，"仁、义、礼、智"必须发用，针对社会现实中的方方面面，按照不同的场景，真实地展现为不同的伦理法则与道德规范。虽然对宇宙自然的论述较少，但我们认为他的观点无疑是对曹端思想的全面肯定。

关于胡居仁的"持敬"，我们认为他的"主一"观点虽然源于程颐和朱熹，但是更多地发展了曹端"立基于敬"的内容。正如曹端所言："学圣希贤，惟是存诚，则五常百行，自然无不备也，无与便觉自在。"①他把"存诚"在心上做工夫放在十分重要的位置，胡居仁便是受曹端的影响，他说"持敬而无间断，则诚矣"，"诚敬虽是二事，其实一体"，②语言表达虽不同，内容实质却一致，从中我们可以体会到二人思想的继承与发展之脉络。

既然"存诚"与"持敬"都是在心上做工夫，曹端与胡居仁在心性论上也有不少相同之处。如前所述，曹端的心有知觉之心与主宰之心的含义。知觉之心用来认识世界，指挥人的行动来进行道德践履；主宰之心是天理所赋予人的天命之性的现实表现，它主宰人的一切思想与行为。而胡居仁的"心虽主乎一身，体之虚灵足以管乎天下之理。理虽散在万事，用之微妙实不外乎一心，知此则内外体用，一而二，二而一也"，③无疑也认为"心"具有这两种内涵，具有主宰与知觉的功能。可以说胡的"心论"是对曹端"事心之学"的另外一种表述方式，其含义完全相同，也即"一心具众理"，"心与理一"。

总之，我们认为曹端的思想、学术体系立足于明初理学大环境，在继承前儒特别是程朱理学的基础上，重新探索了天人关系，对天道性命相贯通的问题提出了新的见解、作出了新的诠释，更加突显了人在天人关系中的主体性地位，重点开显了它的形而上之意蕴，从即超越即内在的角度，通过打通形上与形下，为我们建构了一个和谐、有序而通泰的人类社会之图景。不仅如此，他的学术成果为后人研究程朱理学做出了良好的铺垫，并为明中期以后阳明心学之大兴，学术方向的转向提供了很好的理论先声，而在明初理学史上占有重要地位，这便是曹端理学研究之价值。

---

① 黄宗羲：《明儒学案》，中华书局2008年版，第1063页。
② [明]胡居仁：《居业录》，文渊阁四库全书本，上海古籍出版社1987年版。
③ [明]胡居仁：《居业录》，文渊阁四库全书本，上海古籍出版社1987年版。

第二节 曹端理学思想在宋明理学史上的地位

曹端以太极为核心,建构了一个太极即理而为宇宙万象终极根基的总体天人宇宙图景,增进了人们对天道本体的理解;以原始儒家和宋儒的相关心性理论为依据,通过对已有命题如性即理、天命之性与气质之性、已发与未发等的新诠释,发展了儒家的心性理论;借鉴程朱理学"居敬穷理"和陆氏心学"发明本心"的工夫论学说,建立了合乎时代要求的、兼综两家优点的以"立基于敬,体验于无欲"为特征的心性涵养工夫论;又以儒家学者所特有的责任感与使命感,为学者、世人成贤成圣提出了可资借鉴的天地圣人无二道的圣贤境界。

他的学术不但继承了前期儒家(原始儒家、汉唐儒学特别是宋元理学)的相关思想,而且开启了儒学在新时期的发展方向,有如下之意义:

第一,曹端的思想以明初理学大背景为依托,重新探索了天人关系,对相关问题提出了新的见解,并为明代中后期阳明心学的大兴提供了理论契机。

程朱理学自南宋末年以来,学术地位日益上升,逐渐成为官方哲学,到明初已经完全处于独尊的地位。在此严酷的思想统治之下,人们的思想不能像以前那样挺立自身的主体性,受到了极大的禁锢,学术也不能自由发展,造成了原本富含创造力和自主精神的程朱理学真精神的蜕变和"掏空"。但明初以来,以曹端为代表和继之而起的薛瑄等理学家们并没有完全屈从于当政者。一方面,他们在学宗程朱、躬行实践的同时,也试图赋予已有的理学问题以时代新见。如前所述,曹端曾对朱熹太极动静的学说发生疑问、理气二分的观点提出异议,并根据自己的理解作出新的诠释。他反对朱熹"太极只是动静之理"、"用人乘马来比喻理乘气"的说法,认为"太极可以动静",并主张以"理驭气"的说法代替"理乘气",从而把理变活,成为气以及宇宙万象的真正主宰。我们认为在明初,程朱理学作为官方哲学而独尊的情况下,他的这种不畏权威、大胆质疑的学术胆识和魄力是难能可贵的。同时,他的这一理论也为以后的理学家研究理气关系问题提供了一个新的路向。如这一质疑得到了薛瑄的继承和发挥,薛瑄进一步将理气关系发展为"日光载鸟"的比喻。他把理比作日光,把气比喻成飞鸟,认为理与气不可分离,不分先后,理气相即。在此基础上,他又明确提出"道亦器,器亦道"观点,并影响到罗钦顺、王廷相等对理气问题的看法。如罗提出"理只是气之理，……若有一物主宰乎其间，而使之然者，此理之所以名也"①的"理气一物"②的观点；王廷相提出"故气也者，道之体也。道也者，气之具也"③的"元气实体"④的观点等，而曹端的理学思想对于这一思潮的启蒙和影响作用是不容忽视的。

另一方面，以曹端为代表的明初理学家们站在时代学术的立场上，逐渐自觉地抛弃了不合时代要求的繁琐理论，采取各种切实有效的方法，力争找到突破程朱理学理论框架和回归程朱理学真精神的新途径，以求更好地解决理论与社会问题，体现了儒者对历史的责任与使命。如曹端提出"事心之学"的新观点，主张"事事于心上作工夫，是入孔门的大路"。薛瑄提出"心体至虚至明，寂然不动，即喜怒哀乐未发之中，天下之大本也"⑤等。他们在时代学术的大环境、大背景之下，一方面学宗程朱，上接周敦颐、张载等著名理学大儒；另一方面又在和会朱陆思潮的影响下，积极吸收、借鉴心学的相关思想和理论内容，更加重视与提倡"心"的主体性作用，引发了理学家对心学研究的兴趣。这一转型冲击了明初学界程朱理学官方哲学的地位，逐渐结束了其独尊的局面，并为明代中后期阳明心学的大兴开辟道路。可以说正是曹端等理学家的学术创新和发明，才导致了明代理学的重大转变和心学的昌盛，这也是他被后世学者推尊为"明初理学之冠"的重要原因之一。同时，他的这种治学方法也启发和引导了后来的一大批学者，如薛瑄、吴与弼、胡居仁、陈献章等，他们更进一步吸收和采用心学的内容，成为明代理学和会朱陆思潮的代表人物。所以说，尽管明代初期程朱理学独尊于学界，但到了明代中后期出现了以王守仁思想为代表的心学，并成为这一时期的主导思想，这种转变不是偶然的，其历史原因与必然性就在于明初曹端等理学家的学术努力与贡献。

第二，处于明初理学大环境下，学术上的传承较之于理论上的创新更为重要。曹端则在对此问题有着清醒认识的基础上，对传统思想和文化特别是程朱理学进行了不遗余力的传承，为宋明理学的延续和发展做出了巨大的贡献。

---

① [明]罗钦顺：《知困记》，中华书局1990年版，第68页。
② 陈来：《宋明理学》，华东师范大学出版社2004年版，第230页。
③ [明]王廷相：《王廷相集》，中华书局1989年版，第809页。
④ 陈来：《宋明理学》，华东师范大学出版社2004年版，第230页。
⑤ 《薛文清公读书录》，卷之二《大学》，转引自陈来：《宋明理学》，华东师范大学出版社2004年版，第181页。

人类历史的发展是宇宙生命之洪流，而思想、文化的发展则是其中最为重要的一环。它永远都处于变化之中，在不同的现实场景、状况之中，呈现出复杂多样的发展态势。特别是对于处在朝代转换和思想转型期的人们而言，展现在他们面前的是一个丰富多彩的学术世界，可以有多种选择的路径，选择的对错将直接关系到他们的学术生命。所以，对于在历史上有所建树的思想家来说，其学术思想之所以能够流传并为后人所重视，在于他们作出了正确的选择。曹端也不例外。

如前所论，元代以后程朱理学上升为官方哲学。然而，它的发展却进入相对迟缓、徘徊的状态，是一个少见的学术相对贫乏的年代。在这样的年代，开展学术思想的创新工作固然很难，原原本本地守其成也并非易事，这一情形到了明初，仍没有根本性的改变，明初理学在学理上的发展早已进入举步不前的状态，学术空间也远没有宋代宏阔，它在一定程度上已经失去了生命创新活力与内在发展动力。因此，面对理学官方地位独尊，其思想发展却大不及两宋的理论困境，挽救学术时弊，又不触犯当政者的利益，便成为曹端等理学家的当务之急。在此大环境下，学术上的传承较之于理论上的创新更为重要，而曹端的思想体系之所以能够顺利地建立，无疑是对当时学术思想的正确选择。他的首要任务是学宗前儒，特别是程朱理学。但又不能墨守成规，必须在原有思想的基础上融旧铸新，根据时代思潮做出新的合理解释。也正是基于这样一种对理学的理解方式，才更好地成就了他在明初理学乃至宋明理学史上的地位。事实上，这种对传统文化的理解与把握的方式，对于处于21世纪的我们传承、发展传统文化，依然具有启发和借鉴的意义。

总之，曹端的理学思想用词简约而内涵丰赡，其学理体系立足于明初学大背景，以继承前儒为理论特征，以躬行实践为工夫进路，以成就圣贤为最终目标，并根据时代变化发展之、超越之，对时代特征作出了较好的反思和回应，是理学自身发展的必然产物。它不仅扫尽了宋元理学之积弊，为理学的进一步拓展提供了新线索，而且在哲学思维上也有较大的贡献。

曹端本人作为一名具有深沉的历史意识、责任感和担当感的儒家学者，以悲天悯人之现实情怀与宏大博约之哲理思维，在学综前儒的基础上，对宋元理学进行了不遗余力的继承、传播、诠释和发展，同时又对佛道理论在学理上和实践上进行了批判，不仅在一定意义上保存了宋元理学精华，而且能够融旧铸新，为明代中后期心学的复起与大兴创造了有利条件，为人心的净化、境界的提升以及社会的有序、和谐与通泰做出了应有贡献。正如薛瑄所题："质纯气清，理明心定。笃信好古，距邪崇正。有德有言，以淑后人。美哉君子，光辉日新。"①所以，他的思想至今仍值得我们借鉴和阐发。这不仅是研究他的思想的需要，是研究宋明理学发展、演变过程的必然路径，而且对于我们今天的学术研究也有很大的启发意义。

---

① [明]曹端：《曹端集》，中华书局2003年版，第341页。

结　语

写到此处，我们已经对曹端理学思想和他所处的时代风貌、背景有了比较深入的了解，同时也对明初的理学思想作出一定的诠释。众所周知，宋明新儒学亦即理学（又称道学）作为中国思想历数千载的演进而出现于世的一大事因缘，不仅为中国传统思想发展的巅峰，而且影响近世中国达七八百年之久，形成了一个所谓"理学"时代。①我们认为，理学之所以为理学，在于以程朱为代表的思想家所创立的以"天理"为最高本体的思想派别，他们为了解决社会中的善恶问题，汲取前期儒学思想之精华，并扬弃佛道的内容，在宇宙观、心性论、工夫论、境界论等方面对人之所以为人的内涵和本质、人在宇宙中的地位和贡献，从形上与形下角度试图作出完美之解答。此外，陆九渊在与朱熹经过几次学术上的交锋之后，受到孟子"本心"的启发，自创心学学派。自此以后，理学与心学思潮此消彼长，对后世中国传统思想与文化形成不可磨灭之影响。但是无论是心学还是理学，它们都远不够完美。明初，由于统治者的支持，程朱理学被定为一尊，取得压倒一切的优势力量，成为官方意识形态。以曹端为代表的明初理学家在深受元代理心交融思潮影响的前提下，与时代大背景相结合，对钦定的程朱理学以自己的生命与生活环境为注脚，做出了新的理解与诠释，使明初理学的发展呈现出多样化的态势：一是更加注重对天理的体认，下学上达的道德践履工夫在这里得到了充分发展，形成明初理学的一大特色；二是继承了陆氏心学的相关内容，凸显

---

① 文碧方：《宋明理学中理学与心学的同异及其互动》，见《武汉大学学报》（社会科学版）2005年第4期。

"心本体",为后世阳明心学之大兴做出最佳理论铺垫。

明初学术正是沿着以曹端为代表的理学家所开启的方向进行。就曹端来说,他注重道德躬行,通过乡村教育、教化的实践让地方风俗得到极大的净化,在日常生活中时时处处以儒家伦理的标准严格要求自己、乡民以至一切人,并以此来对抗佛道的虚幻与不实。薛瑄与曹端相比,更加注重心性,他临终时说"此心始觉性天通",说明了他对静坐读书的身心修养工夫更有体会。吴与弼曾主建"小坡书院",在教学收徒的过程中,他比较在意在读书或耕田这些日常小事中涵养心性。一言以蔽之,他们都在自己的生命实践中,尽心尽力体会程朱理学"格物穷理"的心性工夫,并试图在本人这里有前人所未得之突破,然天理昭昭,本心难知,无论是单纯的天理还是本心,都很难对人类社会中的善恶现象及解决办法做出完美的解答。所以,明初理学家一方面竭尽全力诠释"天理"之超越,在严守朱子学门墙的前提下,力图从道体、心性、工夫和境界上有所突破,但现实又是残酷的,他们无法超越天理,不得不从心上做工夫,无论是"事心之学"还是"主一"都比程朱之学更进一步强调"心"的主控力。其实天理玄远难知,本心深奥莫测,它们在解决实际问题上都有先天的弊端,只有将两者结合起来,才能更好地描述现实中的善恶问题,也才能更好地从内外双控的角度来掌握人的思想与行为,收到好的社会效果。此后,陈献章以"自然为宗"终归于"自得",提出"道也者,自我得之,自我言之可也。不然,辞愈多而道愈窒,徒以乱人也"①的观点,认为"道"也即儒家的伦理道德,通过书本或者他人的教训是没有办法获得的,必须通过个人的自我学习与实践才能深切体会,凸显了个体在道德实践中的重要地位。从此,明代学术由陈献章而出现了新的转换,他上承陆九渊而重开心学研究的新篇章,结束了明初理学独尊的单一局面,正如黄宗羲所述:"有明之学,至白沙始入精微,……至阳明而后大。"②所以,陈献章是明代理学向心学的转向的关键性人物,自此以后,心学大兴,人们的思想得到了空前的解放与自由发展。

在明初思想界曾占有一席之地,到后世逐渐销声匿迹的曹端思想,就像深山中的野百合,高雅、素净,少有人关注,在灿若群星的宋明理学家群体中显得微不足道。但是,正是在以曹端为代表的明初理学家的共同努力下,才使得兴起于北宋,发展于南宋而又历经了元朝文化沙漠之后的理学体系得

---

① [明]陈献章:《陈献章集》,中华书局1987年版。
② [清]黄宗羲著,沈芝盈点校:《明儒学案》,中华书局1985年版。

以保全，且在一定程度上还有了进一步的发展。所以，随着这本研究曹端理学思想的作品的完结，我们对以曹端为代表的明初理学家应该有新的认识，只把他们简单评价为"守先儒之正传""恪守宋人成说"是远远不够的。所以曹端理学在思想史上的意义，就在于传承并发展，一方面他尽己所能将宋代理学之精华如周敦颐、张载、二程与朱熹的著作原封不动传承下来，供后人学习与研究，并将他们的理论付诸日常生活与道德实践。这种对学术的传承与发展的模式，使在宋代已经比较普及和大众化的理学向更加平民化和世俗化的方向发展，而且比起宋代理学家注重心性理论来说，曹端更注重平实简单的教育方式，更在意个人的躬行实践的过程，在一定程度上补救了宋代理学注重心性却忽视践履的弊端。

众所周知，明代的政治以残暴出名，很多开国元勋甚至因统治者的无端猜忌而丧命，在此高压政治的严控之中，很多原本能够顺利进入仕途的知识分子，面对这种无可奈何的政治体系选择了退却，回到家乡找个小地方闭门读书，间或做些有益于民众的事业。时间的充裕、心境的豁达，以及免俗的生活方式，使这些文化与思想的精英有更多检讨前人思想过失和省察自己内心的时间，在反思与实践的过程中，他们希望在不惹怒当政者的情况下，顺利实现自己的政治抱负，开辟自己事业的宏伟蓝图。同时，在"穷则独善其身"思想的指引下，他们又广设书院等教育体系，将希望寄托在下一代人身上，希望有更多年轻的知识分子可以继承他们的学统，完成他们未竟之事业，曹端也是如此。他虽然历任州县的学官，但人微言轻，在当朝政治中几乎不起什么作用，虽然也努力过，但现实政治制度的残酷却几乎把他排除在外。所以，曹端对学术和当时政治的贡献，更多地是从旁观者的角度、学理体系建构的应然层面加以论证，他的躬行实践虽然也在他的大力倡导下有所实施，但范围确实是有限度的。但不管怎样，中国思想史15世纪上半季的历史，便以曹端、薛瑄、胡居仁等人的读书收徒而展开，又以他们的遵行和发明而结束，这样一个看似简单的开始和结束，并不是全部，他们的努力看似平淡无奇、默默无闻，他们却以自己的方式保留了中华文化的传统精髓，特别是开山于北宋的理学与心学之精华，正是他们的永世不灭之功勋，使得它们在明初历经了貌似沉寂的几十年之后，便以心学的形式勃然大兴。

这样一种学术发展和对待学术的态度也是值得深思的。

习近平总书记在纪念孔子诞辰2565周年国际研讨会上的讲话中指出："传统文化在其形成和发展过程中，不可避免会受到当时人们的认识水平、时代条件、社会制度的局限性的制约和影响，因而也不可避免会存在陈旧过时或已成为糟粕性的东西。这就要求人们在学习、研究、应用传统文化时坚持古为今用、推陈出新，结合新的实践和时代要求进行正确取舍，而不能一股脑儿都拿到今天来照套照用。要坚持古为今用、以古鉴今，坚持有鉴别的对待、有扬弃的继承，而不能搞厚古薄今、以古非今，努力实现传统文化的创造性转化、创新性发展，使之与现实文化相融相通，共同服务文化人的时代任务。"①

我们认为，就理学思想来说，它在宋元明清时期要解决的问题是如何将它作为官方指导思想来维持当政者的统治。如今，基于全球一体化的时代要求，不断反省、充实、转化，使儒学在现代哲学语境中返本开新，获得新的存在与发展方式，关键则是如何把儒学的道德信仰真正转化为个人道德修养、实践的动力。我们认为，躬行实践、大力倡导道德的力行品格才能使之真正成为培养人们道德素养和改善社会风气的强大精神动力。从总体上来看，我国社会主义的道德建设和社会风尚已历经六十多年的风风雨雨，在曲折中不断向前发展，令人鼓舞。党和政府一贯提倡"为人民服务""献身社会"的价值导向，近年来以"八荣八耻"为主要内容的社会主义荣辱观，已经成为我国道德建设的主流，引领着我国的道德建设新气象。但是，国际社会与市场经济的负面影响也使一部分国民在利益面前迷失了方向，如造假事件等已不仅是一个严重的道德问题，也给社会安定和国民的健康带来很大的危害，这些都值得我们深思。今后对此类事件决不能姑息，要着重打击说与做严重背离的道德失范现象。

党的十八大报告②浓墨重彩地突出了道德建设的重要地位，为我们进一步开展公民道德建设提供了目标和方向。其中"推进社会主义文化强国建设"部分对未来我国道德建设提出的四点重要部署，是为公民道德建设提出的更为具体并且具备可操作性的方法，如"要坚持依法治国和以德治国相结合，加强社会公德、职业道德、家庭美德、个人品德教育，弘扬中华传统美德，弘扬时代新风"，又如"推进公民道德建设工程，弘扬真善美、贬斥假恶丑，引导人们自觉履行法定义务、社会责任、家庭责任，营造劳动光荣、创造伟大的社会氛围，培育知荣辱、讲正气、作奉献、促和谐的良好风尚"，"深入开展道德领域突出问题专项教育和治理，加强政务诚信、商务诚信、社会诚

---

① 习近平：《在纪念孔子诞辰2565周年国际学术研讨会暨国际儒学联合会第五会员大会开幕会上的讲话》，见《人民日报》2014年9月25日。
② 胡锦涛：《坚定不移沿着中国特色社会主义道路前进，为全面建成小康社会而奋斗——在中国共产党第十八次全国代表大会上的报告》。

信和司法公信建设",从社会生活的各个领域、阶层出发对我们当前社会中出现的道德现象与行为一一做出规范,其中着重强调了道德力行的重要性。

当今世界正处在经济一体化、政治多极化的飞速发展时期。这一现代化发展趋势不仅是政治的、经济的,也是思想的、文化的,传播的手段与方式日益多样化、世俗化、大众化,不同类型文化、思想的相互碰撞、沟通、交流越来越频繁,在整个世界范围内形成开放的情状:文化兼容、价值互补。所以在当前,我们党指出构建社会主义和谐社会,实现"中国梦",公民的道德素养是其中最为关键的一环。如何化民成俗?要靠社会思想政治教育的引导;如何行之有效地培养具有道德素养和科学内涵的社会主义建设人才?要求我们把启发公民的道德自觉和发挥其在社会实践过程中的主体性地位放在一个重要位置。要使他们把科学素养与道德内涵融为一体,儒家教化的本质就是学问与生命的一体合流,道德教育最终要达致人自我完善、身心和谐的目标,用"礼"导引人的行为,用"乐"和谐人的思想。因此,我们应该对儒家思想以合乎现代性的语境进行重新诠释,对儒家思想特别是教化思想中正面、积极的价值极力发扬,做适应现时代的转化与创新,同时对儒家思想的负面影响进行现代性改造和剔除,让儒家思想在现时代获得生命力。正如汤一介教授所述:"新的现代儒学应该是返本开新的儒学,返本才能开新。返本必须对儒学的源头有深切的了悟,坚持自身文化的主体性,我们对儒学来源及其发展了解得越深入,它才会在新世纪有强大的生命力。开新要求我们全面系统地了解当今人类社会所面临的亟待解决的生存和发展的重大问题和思想文化发展的总趋势。这必须对儒学作出适时的、合乎现代精神的新解释。返本和开新是不能分割的,只有深入地发掘儒家思想的真精神,我们才可能适时地开拓儒学发展的新局面。"①我们通过对曹端思想的研究和分析,提出相应的解决方法,对我们思考当今社会中出现的问题无疑有十分重要的启发之意义。

综上所述,本书的写作目的便是以曹端为个案,力图重新阐释传统儒家思想在现在与未来的关联,指出它的现代性。当前我国是处于社会主义初级阶段的发展中国家,虽然与发达国家存在着差距,但我们也应努力寻求国民精神的现代化,也即人的现代化和道德涵养的极大提高,在社会中以平等和谐的方式积极应对与他人、社会和国家的关系,追求个体幸福与社会发展的统一,这将是未来社会发展与道德教化的大方向,我们依旧任重而道远。从

---

① 张兴华:《儒学研究要返本开新》,见《中国教育报》2010年6月23日,第3版。

这些角度分析，我们认为儒家思想对当代社会乃至未来的发展都具有不可替代的重要作用。我们作为当代学人，对传统思想之精华的弘扬和糟粕的否定，可谓任重而道远，这也是我们当前和未来需要认真研究和反思的。

附录一　曹端思想研究文献综述

曹端（1376—1434），字正夫，号月川，河南渑池人，明初理学的重要代表人物。他平生不喜佛道，为学力主躬行实践，提倡"读儒书、明儒礼"，因"倡明绝学，论者推为明初理学之冠"。①清人曾说："明初醇儒以端及胡居仁、薛瑄为最，而端又开二人之先。"②可见他的理学思想在宋明理学史乃至中国哲学史上的重要地位。

鉴于曹端思想在明初理学中的地位，早在明代就已经有许多学者出于各种原因，以著作、年谱和颂赞的形式来介绍他的生平和思想学术渊源，评价他的思想倾向和理论贡献。这方面的相关资料主要有：明代学者真定赵邦清所辑录的《曹月川先生语录》，新安孟化鲤所编纂的《曹月川先生录粹》，韶阳张信民初纂，古燕张璟裁定的《曹月川先生年谱》一卷，黄宗羲的《明儒学案》，清代张廷玉的《明史·儒林传》，乾隆年间成书的《四库全书总目提要》以及明清各位学者的颂赞、评价等。这些不仅为我们研究曹端提供了丰富而全面的第一手资料，也为我们研究他的思想提供了方向。

在近人之中，对明初理学进行比较深入透彻研究的主要有容肇祖先生。他虽然没有正面提到曹端及其哲学思想，但他对明初理学的贡献的研究，仍然为我们研究曹端的学术思想提供了难得的资料。

在容肇祖先生之后，随着时代的发展，学界对于明初理学的研究日益广泛。无论是中国大陆、港台地区还是海外的学者，都提出了许多有价值的观

---

① [清]张廷玉：《明史》，中华书局1974年版，第7239页。
② [清]永瑢等：《四库全书总目》（卷九二），中华书局1965年版，第776页。

点，出现了一大批成果。其中有不少涉及曹端的研究。使得这位具有"明初理学之冠"之誉的大学者重新走近我们，进入了现代学者的研究视域。

特别是近年以来，对于曹端思想的研究有了很大的进展，出现了许多有价值的成果。分为三个方面：一是已经出版的著作，在其中提到他的思想或将他的思想与其他哲学家相比较。如牟宗三先生的《心体与性体》，钱穆先生的《朱子新学案》，林继平先生的《明学探微》，祝平次先生的《程朱理学与明初理学的发展》，侯外庐先生的《宋明理学史》，陈来先生的《宋明理学》，张学智先生的《明代哲学史》，苗润田先生的《中国儒学史·明清卷》，李书增先生的《中国明代哲学》等。二是发表的论文。有代表性的如唐宇元先生的《论明初曹端的理学及其历史意义》（发表在《河北学刊》1987年第2期）、刘宗贤先生的《明代初期的心性道德之学》（发表在《中国哲学史》1999年第2期）、王广的《理学正当性视界中的曹端易学》（发表在《周易研究》2014年第1期）、熊贵平的《"辟其道而敬其人"：曹端处理儒佛关系的新方法》（发表于《学习月刊》2011年第18期）以及《试述曹端及其人才观》《明朝大儒曹端的教育思想及其现代价值》《论曹端"事心之学"》《曹端对朱子"太极"之阐发及其诠释学意义》《论曹端礼乐教化思想的核心特质》《曹端对周子〈太极图说〉的理学诠释》等。三是有关曹端思想的学位论文。如苏州大学张俊歌的《明初理学思想特征研究》、南昌大学邹建安的《曹端理学思想研究》、湘潭大学石中玉的《论曹端理学思想》、苏州大学钱芳芳的《曹端理学思想述解》、陕西师范大学郭锋航的《明初朱子学研究》等。

虽然对于曹端某一方面思想研究的成果数量不少，涉及其学术宗旨、思想内涵、与程朱理学和其他学派的关系、其思想在明初理学乃至整个宋明理学史上的地位以及学术价值和历史意义的诸多方面，但将曹端思想作为选题进行专门研究的作品，并不多见。这与他"明初理学之冠"的学术地位是不相称的。

一、关于曹端思想内涵的分专题研究

曹端的思想具有鲜明的时代特色。它既学宗程朱，又借鉴了陆氏心学，是明初理学中和会朱陆的杰出代表。因此，学界关于曹端思想内容及特色的研究，也主要围绕这一主题而展开，为我们研究曹端的思想提供了有价值的资料。

（一）太极动静与理气关系

太极论是曹端宇宙论的重要组成部分，也是其思想的理论支柱。他对这一问题十分重视，其贡献在于继承前儒又有所突破和发挥，对周敦颐、朱熹等人的相关思想，提出新的见解。这主要体现在其著名的哲学论文《辨戾》上。因此，后世学者对曹端的研究重点也集中在这一方面。

首先对这一问题进行学术探讨的是明末清初的著名思想家黄宗羲。近现代学者则根据自己的理解和人生感悟，对曹端的《辨戾》进行衡评，提出新见。他们大多认为曹端并没有理清朱子的《太极图说解》和黎靖德的《朱子语类》在不同语境下对太极和理气关系的诠释。他的《辨戾》是基于对这一问题理解的偏差而写出的。但正是这种理解，显示出曹端与朱熹理气关系学说的不同之处以及明初理学在这一问题上的理论发展。他们大致从以下三方面对曹端的这一学说进行了解读和诠释：

其一，认为曹端的《辨戾》说是对朱熹太极论的误读。牟宗三先生是在论述朱熹对周敦颐"太极"学说理解的偏差时，提到曹端的。他认为曹端并没有真正理解朱熹思想中的"理"，黄宗羲对于曹端"理气为二"的评价也是错误的。[1]正如他所明确指出的："曹端（号月川）见出濂溪之意实是'太极动而生阳'，'静而生阴'、'阴阳之生由乎太极之动静'，此是也，但以为朱子之注语亦是'明备'而'不异'乎此，则非是。彼不解朱子注语之背景。至于彼以为濂溪所言之太极是'活理'，是也，但以为朱子注语所说之太极亦是活理，至《语录》才成死理，则非是。此关涉到一最根本之问题，即对于道体本身之体会是也。"[2]又如钱穆先生的评论："朱子乘马之喻，特谓理必载于气，气必载理而行，月川看呆了，遂有死人乘活马之疑。因疑此理亦是死理。但朱子言理气，主要在言宇宙自然界，故有理弱气强之说，若使宇宙自然界，理之乘气，亦如活人乘马，出入行止徐疾，一由乎理之驭之，则此宇宙自然，当已一切尽美尽善，更何待乎人之赞育？老子言道生一，庄子言道在太极之先。正贵天道自然，不烦再有人为。天地人生只是一气之化，而此

---

[1] 牟宗三：《心体与性体》（上），上海古籍出版社1999年版，第333页。
[2] 牟宗三：《心体与性体》（上），上海古籍出版社1999年版，第332~333页。

化便是道，正因有活理驭之也。朱子则谓天下未有无理之气，而理却不曾造作，日用间运用，都由这个气，而气又必不违乎理。故理与气，必当合而观，又当离而观无极而太极，此太极指理。太极动而生阳，此太极乃是指气。故曰太极非是别为一物，即阴阳而在阴阳也。"①

其二，关于曹端思想中理气关系是一体，还是二分，学者们根据自己的理解，提出了不同的看法：

第一，有些学者认为在曹端的体系中，理气关系是一体的。钱穆先生提出"月川所疑，盖因过分看重了理气之合而为一，而不曾细看得理气之可离而为二也"，②是在论述朱熹的理气关系学说时，随带对曹端的《辨戾》加以评论的。他认为在朱熹的体系中，太极有理和气两层含义，理和气是二分的。曹端的《辨戾》，其理论缺陷在于他误读了朱熹的理气关系，过分看重理气合一，没有体会出朱熹理气二分的内涵。正是他过于重视理气一体，从而导致了对朱熹学说的误读。唐宇元先生从"理气一体之说"和"理气一体的影响及其意义"两方面阐述了曹端的这一学说。他指出："曹端与朱熹虽然都承认理是绝对的，是哲学的最高范畴，这可以说，曹端还是以理为绝对的理学家。但就理的本身来说，曹端与朱熹是扞格的。朱谓理是万物的极致、准则，是万物变化的所以，而曹端说的理，是同气'浑融'、'未尝有异'，是为一体，故这个理的内涵外延，同朱熹说的理也就不尽一致。"并指出曹端《辨戾》的理论意义就在于"作为朱学人物的曹端，通过委婉曲折的办法，直接就理学中心的理气问题，提出了'与朱子不同'的理气一体，这不啻是从内部对朱学造成了裂缝。事实上，当曹端理气一体提出之后，即对稍后的薛瑄、罗钦顺等人，就已产生了不同的影响"。③侯外庐先生等在《宋明理学史》中提出，"曹端所着意的，是周惇颐'千载不传之秘'的太极论，曹端所论的太极，其用心在于强调太极是绝对的本体。他不同意朱熹把太极与动静、理与气看成是二物的说法，而认为太极自能动静。他用唯心主义思辨方法，论证理是气以至万物的主宰，也并不是通彻圆融的。就在他论证的过程中，他所谓理气'一体'、理气'未尝有异'，理驭气等的说法也是自相矛盾的"。④ 苗润田先生指出，(曹端)"不同意朱子把太极与动静、理与气看成是'二物'的说法，而认为太极与动静不可分，太极自能动静，理与气'无彼此之间'、'浑融无

---

① 钱穆：《朱子新学案》（第一册），台湾三民书局1982年版，第279~282页。
② 钱穆：《朱子新学案》（第一册），台湾三民书局1982年版，第279~282页。
③ 唐宇元：《论明初曹端的理学及其历史意义》，见《河北学刊》1987年第2期。
④ 侯外庐，等：《宋明理学史》，人民出版社1997年版，第107~111页。

间'、'未尝有异',是'一体'的。唯其如此,理或太极才能真正成为万化之原。……曹端的这种'活理'论,从理与气的统一性和理的能动性方面,进一步强调了理对气的主导作用,从而更加突出了太极或理的本体意义,是对朱熹理气说的重要修正,也是对理学本体论的深化"。①邹建安认为,(曹端)"虽然反对'太极'是气,但曹端认为太极与气是密不可分的。意谓作为理的太极和阴阳二气是紧密结合的,有理便有气,有气便有理"。②

第二,有些学者认为在曹端的体系中理气关系是二分的。黄宗羲提出,"其辨太极:'朱子谓理之乘气,犹人之乘马,马之一出一入,而人亦与之一出一入。若然,则人为死人,而不足以为万物之灵,理为死理,而不足以为万物之原。今使活人骑马,则其出入、行止、疾徐,一由乎人驭之如何尔。活理亦然',先生之辨,虽为明晰,然详以理驭气,仍为二之。气必待驭于理,则气为死物,抑知理气之名,由人而造,自其浮沉升降者而言,则谓之气,自其浮沉升降不失其则者而言,则谓之理。盖一物而两名,非两物而一体也"。③认为曹端的观点,虽然指出了朱子理气论的缺陷,在一定程度上纠正了朱熹理气关系学说的不足,但他以理气二分来解释太极,仍然没有把握好理气关系,理解理(太极)气一物而两名的真正内涵,从而出现了"详以理驭气,仍为二之"的理论错误,得出了理气相分的结论。而这一结论出现的主要原因在于他没有弄明白理气本是"一物而两名,非两物而一体也"。衷尔钜先生也认为,(曹端)"提出的'理驭气'说来修正朱熹的'理乘气'说,却使理气二元化色彩更浓了。朱熹在理气关系上,本一再强调理为气本,气之先,为气之主。显然把'理'作为最高和最基本范畴,经曹端解释为'理驭气',却成了两物之一体,开了明代理气为二的先声"。④

第三,有些学者认为曹端的思想虽然与周敦颐、朱熹有差异,但仍然是他们的继承者。这种差异是对他们思想的发展,在理学史上具有重要的学理意义。崔大华先生指出:"曹端的怀疑主要是发生在'太极动静'这一具体问题上,曾作《辨戾》申述之。他基本上是固守在宇宙生成论的理论角度上来研判这两个属于不同理论层面的命题,并最终选择了属于宇宙生成论层面上的观察结论。在这个意义上可以说,他的'动静'之疑并没有越出朱学的范围。但是,曹端活理之论,在理论的观念中注入了自主、自为的意蕴,这是

---

① 苗润田:《中国儒学史·明清卷》,广东教育出版社1998年版,第27~29页。
② 邹建安:《曹端理学思想研究》,南昌大学硕士论文,2007年,第11、12页。
③ [清]黄宗羲:《明儒学案》,中华书局1985年版,第1064页。
④ 衷尔钜:《论明代的理学和心学》,见《中州学刊》1990年第1期。

某种具有实体性的主宰或根源才有的特征,则迥异于朱熹理本体的哲学性质。"①陈来先生认为"曹端继承了朱熹的思想",认为"太极"就是"理"。曹端在对《太极图说》的解释方面,基本上沿袭朱熹的思想,唯独在太极是否能动静的问题,提出了与朱熹不同的意见。曹端要强调的是理(太极)对于事物运动的能动作用,这种能动性并不意味着太极具有时空内的机械位移。他所理解的理的能动性近于活人骑马,理对于气虽然有乘载其上的关系,但更有主导、驾驭的作用。因此,曹端反对朱熹"太极不自会动静",并不是认为太极自身会运动,而是突出太极作为所以动静者对于气之运动的能动作用,用他自己的话来说,就是把"死理"变为"活理"。②张学智先生提出:"曹端认为,对太极之义理解最为正确的是朱熹。但朱熹《太极图说解》与《朱子语类》中的说法有抵牾。出现这种情况,当以《太极图说解》为正。因为《语类》所载多未定之说,或者出于仓猝应答之际,且非朱子自著之书。一些理学家以《语类》中的说法否定《太极图说解》中的说法,无异于'弃良玉而取顽石,掇碎铁而取成器'。从这里可以看出,曹端固守的是朱熹以太极为理、为宇宙万物的最后根基的观点,他的《太极图说述解》及《通书述解》皆以此为原则。曹端关于太极动静的基本思想与朱熹的《太极图说解》相同。他之所以指出《朱子语类》中某些表面上与《太极图说解》不一致的地方,意在突出理的绝对的能动的性质。他的《太极图说述解》基本上用朱熹的观点,有些解说直接套用朱熹的注语。夸大曹端与朱熹思想的相异之处,是不适当的。"③李书增先生指出:"曹端继承了朱熹'太极只是一个理'的思想,太极与理同为本体范畴,二者处于同等地位。然曹端敢作《辨戾》,对朱熹理气说提出异议,仍不失首开新风。"④林继平先生通过将曹端的相关思想与周敦颐、朱熹比较,并结合黄宗羲对曹端的评价而得出以下结论:"月川以活人骑马的比喻是很适当的。……他所根据的本体观念,乃系一高度哲学慧境,又是我们应当认识和肯定的。"⑤

通过以上分析,我们认为,虽然学者们对这一问题所进行的详尽分析,如曹端对周敦颐"太极动静"的继承、契合与发展,对朱熹"太极动静"和"理"的继承与误读等,都十分的精辟和到位,为我们研究曹端的思想提供了

---

① 崔大华:《儒学引论》,人民出版社2000年版,第528、529页。
② 陈来:《宋明理学》,华东师范大学出版社2004年版,第169~171页。
③ 张学智:《明代哲学史》,北京大学出版社2000年版,第2~5页。
④ 李书增,等:《中国明代哲学》,河南人民出版社2002年版,第146页。
⑤ 林继平:《明学探微》,台湾"商务印书馆"1984年版,第15页。

丰富的资料。但是，他们却没有指出曹端的这一观点在诠释学理论发展史上的重要贡献，不能不说是一个小小的遗憾。同时，学者们对曹端太极论方面的研究，据笔者所见，几乎都集中在太极动静与理气关系上，而对于其他方面，如"理一分殊"等的研究较少。只是崔大华先生在《儒学引论》中稍有提及，他说："……这不仅是指作为理学家的曹端、薛瑄他们的'理'之观念实际上正是朱熹所谓'一物各具一太极'、'万物各有一个理'的分殊之理（分理），其内涵也正是朱熹所界定的'所以然之故与其当然之则'。"①这也不能不说是一个遗憾，还有待于我们作进一步的发掘与研究。因此，笔者在本书的第一章对此问题进行了较为详细和深入的探讨。

（二）性命学说

关于曹端心性论的研究，学者们大多集中在性命学说上，认为他的性命学说是对前儒如周敦颐、张载等的继承和发展。如侯外庐先生指出："曹端由太极、理气谈到心性。在心性方面，有一些是重复程、朱的观点。但细辨起来，曹端在由太极谈到'性即理'时，也不尽同于朱说。这是他从万物来谈一物有一太极，故万物各一其性，以此解说程颐、朱熹的'天下无性外之物'的观点。这里，他所说的性，显然是指流行于万物中的性，是杂乎形气的性。可见，曹端所谓性，只有气质之性，性气不分，是一而非二等观点，显然是同他的理气'未尝有异'的说法相联系的。"②张学智指出："曹端以诚为理。他的重要概念'性'和'命'也围绕理来展开。曹端论性继承了张载、程颐、朱熹的说法，既言天地之性，又言气质之性。这一点不同于周敦颐。他明确地把五常作为人性，这是他用朱熹思想补充周敦颐处。"从而得出结论："曹端的性论以张载、二程、朱熹天地之性，气质之性之二分为主，间取周敦颐之说以补充。在天地之性上，以张、程、朱熹之说加强周敦颐天地之性不突出的缺点。在气质之性上，以周敦颐刚柔之说补充张载、朱熹笼统说气质，未在其中详细论证的疵病。"③持这一观点的还有张俊歌的硕士论文。④

其实，如果我们能够全面地分析曹端的心性论思想，就会发现他的这一

---

① 崔大华：《儒学引论》，人民出版社2000年版，第531，532页。
② 侯外庐等：《宋明理学史》（下），人民出版社1997年版，第112~114页。
③ 张学智：《明代哲学史》，北京大学出版社2000年版，第6~8页。
④ 张峻歌：《明初理学思想特征研究》，苏州大学硕士论文，2006年，第16页。

思想比较广博，不仅涉及性命学说，还包括了其他的方面，如道心、人心、已发、未发等。可惜学者们没有对此问题引起足够的重视。因此，笔者在本书的第二章对此问题进行了力所能及的论述。

（三）工夫论

工夫论是宋明理学家思想体系中不可缺少的一个重要理论环节，曹端也不例外。清初理学大儒黄宗羲曾指出"立基于敬，体验于无欲。其言'事事都于心上做工夫，是入孔门的大路'"，①为后人研究其工夫论思想提供了坚实的理论根基。

在近现代的学者中，大多数都受黄宗羲的影响，认为曹端的工夫论是一种心学的工夫论思想，是对陆九渊的继承和发展。如林继平先生通过将他的工夫与陆象山、王阳明和刘蕺山等作比较而指出："先强调个人内心的修养，正是象山'发明本心'的初步工夫，也是此后阳明'悟得良知'的紧要工夫。……实则内心修养的吃紧工夫，即是此后刘蕺山倡的'慎独'的工夫。循着此项工夫长期磨炼下去，即可'见道'——象山的心本体、阳明的良知本体之涌现，目前呈现一片光明的世界。"②侯外庐先生指出："曹端的道德修养方法为'事心之学'。在讲到心之已发、未发时，特别重视心之未发时的'预养'工夫，所谓'预养'，就是涵养其心的功夫，它是曹端为学方法的关键。"③张学智先生指出："曹端的功夫论，注重通过对道体的体认，通过在具体事物上省察克治，直接在心地上做功夫。他很少讲到格物致知，这一点和朱熹从格物致知入手的修养途径有很大的不同。"④李书增先生指出："曹端注重'事心之学'，强调在人的道德修养方面，必须时时事事注意意识的修养，一切工夫都要在'心'上来做。这一思想显然是受了心学修养论的影响，所以后来刘宗周和黄宗羲都很推崇他的这一思想。"⑤邹建安指出："曹端的工夫论强调直接在心上做工夫，进而与理为一，其所表现出的视经典为糟粕的态度与朱熹重视格物致知的工夫入路形成了较大的反差，代表了明初学者的一般情

---

① [清]黄宗羲：《明儒学案》，中华书局1985年版，第1064页。
② 林继平：《明学探微》，台湾"商务印书馆"1984年版，第14页。
③ 侯外庐等：《宋明理学史》（下），人民出版社1997年版，第114~115页。
④ 张学智：《明代哲学史》，北京大学出版社2000年版，第8、9页。
⑤ 李书增，等：《中国明代哲学》，河南人民出版社2002年版，第146，147页。

况，对有明一代的工夫理论影响巨大。这种工夫论取向是与其本体论和心性论相适应的。"①

事实上，笔者认为曹端的工夫论思想不仅局限于对陆氏心学的吸收和继承，他在很大程度上也受到了程朱的影响。正如他自己所说，"程子曰：'涵养须用敬，进学在致知'，此言最停当"。说明他还是比较注重致知的工夫论方法的。然而，持此观点的学者不多，就笔者所见，只有崔大华先生赞同。他指出："曹端一如程朱将修养工夫（'为学'）基本上划分为涵养与致知，或居敬与穷理两个密切联系的方面；他一如朱熹将'敬'放在涵养的重要位置，并且以'不妄动'、'为所当为'为静，实际上是在'静'的内涵中注入'敬'的性质，即是'敬贯动静'。"②

（四）境界学说

对于曹端境界学说的研究，林继平提出："学养到了不怨不尤的地步，自然是已臻于理学中的圣人境界。这一境界，就是形上光明本体世界。……现在曹月川从工夫中也证实了，同样可以达到此等境界，故刘蕺山以濂溪来比喻是最适当的，这是月川在哲学造诣上的最高境界。按此境界——洒落明莹的形上本体世界，此后王阳明谓之'真己'，李二曲径称为'真我'（按：真我一词，创自程门的谢上蔡），是理学家不折不扣的宗教人生。"③从总体上对曹端的境界学说进行了把握和阐述，认为这一境界与周敦颐以及此后的王阳明、李二曲的境界学说有异曲同工之妙，都是"理学家不折不扣的宗教人生"。此外，学者们对曹端境界学说的看法大多是片段式的，主要集中在他对"孔颜乐处"命题的阐释上。

关于曹端对"孔颜乐处"的认识，学者们的理解大同小异，认为曹端无疑是境界很高的理学家。他不但自己对这一命题有着切身的体会，把儒家哲学的重要范畴——"仁"的内涵与"孔颜乐处"的内涵相结合，提升到境界的高度来加以阐释，而且将孔颜乐处的深意"说破"，为后来的学者提供了一个良好的入门之路。林继平认为："自程明道'识仁篇'为孔子仁的观念觅得仁的本体后，无异乎就把仁的观念提升其层境，跃入一形上的明莹的本体世

---

① 邹建安：《曹端理学思想研究》，南昌大学硕士论文，2007年，第36页。
② 崔大华：《儒学引论》，人民出版社2000年版，第532页。
③ 林继平：《明学探微》，台湾"商务印书馆"1984年版，第12页。

界。安住此本体世界，自可享受无穷的精神快乐，这就是理学家所谓的孔颜之乐。故月川才如是云云。这一思想来源，与庄子、禅宗有密切关联。"①在宋明理学大背景下，从本体的高度对曹端这一学说的内涵进行了探讨。侯外庐先生认为："曹端说孔、颜之乐，就在于获得'己与天地万物为一体'的这种精神境界当中，对其自身处境能'裕如'处之，无忧患之心。"进而指出曹端为学者"说破"的孔颜之乐其实质是："在为学修道中获得'圣人之心'之后，在现实生活中能随遇而安，泰然无忧。"②陈来先生指出："曹端把孔颜之乐解释为仁中自有之乐，是合乎程颢《识仁篇》的思想的，与程颐反对把乐理解为对于某一对象的乐的观点也是一致的，这说明曹端在这个问题上是有较为深刻体验的。他把乐理解为一个具有很高精神境界（仁）的人所具有的一种心理状态，比起二程要来得明确。"进而指出其在哲学史上的理论意义就在于"曹端坚持仁的本源性，坚持仁是儒学的最高的完满的境界，是符合儒学传统的"。③执此观点的还有李书增等。④苗润田先生指出："按曹端的看法，孔颜乐处之乐是'仁者'之乐。这种'乐'不是为追求'仁'而乐。而是达到了'仁'的境界的一种乐。这是一种高级的精神享受，也是一种很高的人生境界。"⑤李煌明指出："到明初，'孔颜之乐'论中的'自然'与'天道'的成分便被进一步地清除了出去，'乐'也几乎成了完全的道德与理性之'乐'。为此，曹端、薛瑄、胡居仁等虽然都认为'乐'也是心与理合一的境界，但是他们此时的理，更加倾向于道德的理性即他们所说的'当然之理'。"⑥与此相似的还有他的论文《践行义理，不忧即乐——论明代理学中的苦乐观》⑦等。总的来说，学者们认为曹端对"孔颜乐处"命题的阐释，是对宋元以来理学家相关观点的继承和发展，是其理学宗旨和境界学说的具体展现，体现了他的伟大人格和精神风貌。

---

① 林继平：《明学探微》，台湾"商务印书馆"1984年版，第13页。
② 侯外庐：《宋明理学史》（下），人民出版社1997年版，第117、118页。
③ 陈来：《宋明理学》，华东师范大学出版社2004年版，第172、173页。
④ 李书增等：《中国明代哲学》，河南人民出版社2002年版，第148页。
⑤ 苗润田：《中国儒学史·明清卷》，广东教育出版社1998年版，第31页。
⑥ 李煌明：《宋明理学"孔颜之乐"理论的发展线索》，见《哲学研究》2006年第4期。
⑦ 李煌明：《践行义理，不忧即乐——论明代理学中的苦乐观》，见《阿坝师范高等专科学校学报》2006年第6期。

(五)对佛道的批判

明代初期,由于受当时社会风气的影响,佛道二教在社会中的负面作用越来越明显,为了挽救时弊,曹端从理论内涵与社会影响两个角度对佛道的境界学说进行了不遗余力的批判。当代已有学人注意到这些问题,如熊贵平指出:"曹端对佛教持猛烈批评态度,延续了前朝儒士排佛的风格,所不同的是,曹端在辟佛之时却坚守'敬其人',明显表现出人道二分的思维方式;而明确提出'敬'人,更使其超出前贤,从而在儒佛关系史上占有一席之地。"①

(六)有关曹端政道与治道的研究

在当前,关于此方面的研究主要集中在曹端的人才观和官箴上。如阎现章先生指出:"曹端突出的教育成就,来源于他有一套系统的人才观。他认为,人才的培养首先要涵养其德性,……克尽私欲,表现在外就是善,就成了社会需要的人才。"②认为曹端在为当政者培养有用的治国人才方面有独特的眼光。李文林先生的《曹端和他的官箴》③、成笃文先生的《霍州署衙的官德文化》④则对曹端"其公廉乎?吏不畏吾严而畏吾廉,民不服吾能而服吾公;公则民不敢慢,廉则吏不敢欺"的官箴大加赞赏,指出他的廉政思想在当今社会中的意义与社会影响,认为廉政思想在任何社会中都有积极的价值。

二、关于曹端在宋明理学史上的影响和地位

曹端作为明初的一名理学家,其思想深受时代学术特别是程朱理学与和会朱陆思潮的影响,在宋明理学史上具有承前启后的影响。正如《明史》所指出的:"明兴三十余载,而端起崤、渑间,倡明绝学。论者推为明初理学之

---

① 熊贵平:《"辟其道而敬其人":曹端处理儒佛关系的新方法》,见《学习月刊》2011年第9期。
② 阎现章:《试述曹端及其人才观》,见《晋阳学刊》1994年第4期。
③ 李文林:《曹端和他的官箴》,见《中州今古》2000年第7期。
④ 成笃文:《霍州署衙的官德文化》,见《记者观察》2014年第11期。

冠。"①刘宗周认为："愚谓方正学而后，斯道之绝而复续者，实赖有先生一人。薛文清亦闻先生之风而起者。"②又如林继平言，曹端"于学术上，则居于开路先锋的地位，刘蕺山喻之为周濂溪，开导明代理学的发展，不无重大贡献"，③从"宗教人生、艺术人生与道德人生"的角度出发，对曹端的宇宙论、心性论和工夫论加以诠释。他认为其思想体系"乃系一高度哲学慧境"，既是对象山心学的继承，又"与程朱有不解之缘"。④陈来先生从"太极之动"与"敬与乐"两个方面入手论述了曹端的相关思想，认为曹端"为学主于力行，对理学的形上学也有所发明"。⑤可见其思想体系与学术地位的重要性。然而，由于其学术思想处于明初，深受程朱理学与和会朱陆思想的双重影响，其思想具有兼综朱陆的双重特征。因此，学者们在对其思想地位和影响进行定位的时候，就出现了其是属于理学还是心学的争论，大致有几种观点：

其一，有些学者认为曹端的学术思想是对程朱理学的继承，只是在"矩彟秩然"前提下的发明。如侯外庐先生站在马克思主义哲学的立场，从太极与理气论、主静立诚的求道方法以及由仁求乐的圣人境域三个方面入手，来论述其理学思想。指出："曹端的理学思想基本上还是沿着程朱理学发挥的。其间虽然有一些新的议论，但正如'丸之走盘'，仍然不出程朱理学的'圆盘'之外。《明史》本传称其'大旨以朱学为归'，大体上是符合实际的。"⑥张学智指出"曹端之学，自二程、朱熹最平正无偏、最笃实安稳处入手，故其学虽无波澜而平正通达"等。⑦

其二，有些学者认为曹端的学术思想属于心学的体系。如刘宗周提出："先生之学，深有悟于造化之理，而以'月川'体其传，反而求之吾心，即心是极，即心之动静是阴阳，即心之日用酬酢是五行变化，而一以事心为入道之路。"⑧林继平指出："月川治学路径与程朱并不类，倒与明道、象山接近。……其心字意义，亦与'此理'同。"⑨笔者认为这种观点有失偏颇，曹端的思想无论从哪一方面解读，都应属于程朱理学的体系。其思想中出现对

---

① [清]张廷玉：《明史》，中华书局1974年版，第7239页。
② [清]黄宗羲：《明儒学案》，中华书局1985年版，第2页。
③ 林继平：《明学探微》，台湾"商务印书馆"1984年版，第13页。
④ 林继平：《明学探微》，台湾"商务印书馆"1984年版，第11~15页。
⑤ 陈来：《宋明理学》，华东师范大学出版社2004年版，第169页。
⑥ 侯外庐：《宋明理学史》（下），人民出版社1997年版，第118页。
⑦ 张学智：《明代哲学史》，北京大学出版社2000年版，第8、9页。
⑧ 侯外庐：《宋明理学史》（下），人民出版社1997年版，第118页。
⑨ 林继平：《明学探微》，台湾"商务印书馆"1984年版，第11页。

"心"的重视，并不能够说其学即是心学。关于此方面的论述详见本书第三章。

其三，有些学者认为曹端思想属于程朱理学的体系，然其处于和会朱陆的学术大背景之下，因此更加重视"心"的作用，并为明代中后期心学的大兴铺垫了道路。如祝平次认为，"明代以后，一批重视笃实践履的儒者渐渐开始突显'心'的意义，从曹端（月川，1376—1434）、薛瑄（敬轩，1389—1464）、吴与弼（康斋，1391—1469）、胡居仁（敬斋，1434—1484）到陈献章（白沙，1428—1500），这种心、理结构的关系发生了变化，这种变化慢慢被加深扩大"。①认为他是"一批重视笃实践履的儒者"中的一位。在他们的倡导下，"渐渐开始突显'心'的意义"。②对曹端在明代理学发展史上的影响和地位作出了判定。张俊歌认为："……可以说在朱学占绝对统治地位的情况下，这种敢于质疑朱学的学术精神是难能可贵的，也为他们能够吸收陆学的观点创造了主观上的条件。加上和会朱陆思潮这一客观条件的影响，也就出现了曹端重内省的事心之学。……由于朱陆思想的易位，心学也就逐步取代了理学的学术地位，从而也就出现了王阳明的心学。明初理学的发展与后来王阳明心学的出现确实有着密切的联系。"③张学智先生从太极理气、诚与性命、诚敬与仁等几个方面探析了曹端的本体论、心性论、工夫论和境界论思想。他认为："曹端之学，自二程、朱熹最平正无偏、最笃实安稳处入手，故其学虽无波澜而平正通达，以存养性理为大端，对理学重要命题多有辨正。""他一生潜心理学，深造有得，开此后理学大家薛瑄、胡居仁之先河"④。邹建安认为，"曹端是一个程朱理学学者，在绍述朱熹学说的同时也有修正发展，其体系应归属于理学，而其表现出的心学色彩则说明其学说处于由朱熹理学向心学转化的中间状态"等⑤。

其四，有些学者认为曹端学说是程朱理学的歧出，他只是对其思想一方面的继承与发展。钱穆认为，"明儒继起，惩元儒之弊，又转而薄文章，重性道，于是有如康斋、敬斋、月川、敬轩、整庵诸人，其于朱学，皆重性理，轻经史，偏向一边"。⑥对于这种观点，笔者认为难免有些牵强。曹端首先是重视经史的。他在著作中提出："六经、四书，天下万世言行之绳墨也，不可

---

① 祝平次：《朱子学与明初理学的发展》，台湾学生书局1994年版，第115页。
② 祝平次：《朱子学与明初理学的发展》，第115页，转引自葛兆光：《中国思想史》（第二卷），复旦大学出版社2001年版，第297页。
③ 张俊歌：《明初理学思想特征研究》，苏州大学硕士论文，2006年，第26页。
④ 张学智：《明代哲学史》，北京大学出版社2000年版，第1，11页。
⑤ 邹建安：《曹端理学思想研究》，南昌大学硕士论文，2007年，第39页。
⑥ 钱穆：《中国学术思想史论丛（六）》，安徽教育出版社2004年版，第42，43页。

不使先入其心。"然而,面对明初理学研究中学者们读书的目的不是为了明儒礼、重性理,而只是为了博取功名的状况,曹端又不得不从理论上加以批驳,更加注重对性理的诠释。但这并不能说其思想就是"重性理,轻经史,偏向一边"。在笔者看来,其重性理的思想是建立在重经史的基础之上的。

三、曹端思想的现代价值

曹端的理学思想是对宋元理学的继承和发展,又下启明清理学思想,并在道德教化、躬行实践方面做出突出贡献而成为学界之典范。他的思想不仅在当时起作用,对我们当前社会的发展也具有深远影响和实践意义。在当前有学者看到了这一点而撰文指出:"曹端德育思想中的行孝、明礼、尊师重教等内容,与我们现行的德育教育非常相近。曹端育人要发扬'仁爱'精神,提倡'遵礼明理',……用天道的和谐观点来处理人与人、事之间的关系,互帮互助,彼此和谐,营造一种团结友爱的氛围!所以在构建社会主义和谐社会进程中,我们更应该重视曹端的德育思想。和谐社会,贵在'和谐'。这不正是曹端德育思想的价值所在吗?在现代社会建设中,我们应该大力发展曹端德育思想的精华,发挥其在当今德育教育中的积极作用,改变一些不良的社会风气,营造和谐的社会环境。"[①]又如"曹端一些教育思想在当时仍具有一定的先进性,如反对死读书,主张躬行实践等。他的一些教育思想甚至在今天看来仍具有积极的意义"[②],指出了曹端思想的现代性与社会意义,这些都是我们汲取传统文化,建设社会主义新文化的丰富资源。

可以说,宋明理学的大部分研究内容,在作为"明初理学之冠"的曹端思想中都可一览无余。理学思潮的起源便是对宇宙本体的形上探究,曹端的思想也从此展开,并没有脱离"太极"和"理"的范畴,如"太极动静""理气关系"等,也与程朱的理解大致相同。但我们认为思想的接近并不代表其学术没有新意,如《辨戾》篇便是曹端对朱熹学说的质疑,虽然他的质疑是误读,也没有超出朱子学理论的大范畴,却显示了他不畏权威的真精神。此

---

① 倪玲玲:《论理学大家曹端的德育思想及其现代价值》,见《河南机电高等专科学校学报》2013年第7期。
② 邹秀云:《明朝大儒曹端的教育思想及其现代价值》,见《世纪桥》2010年第5期。

外，他又汲取了元代理心交融的研究方法，提出"事心之学"的工夫论，并对明后期阳明心学的大兴有重要的启蒙。这些都可以认为是曹端理学之"新"。我们认为，曹端理学的"新"主要还是其思想对社会人生指导作用的"新"，所以他著作有很大一部分在理学所规范的社会人生准则的大范围下，又结合明代政权的实际，提出了人之所以为人的本质和行为的规范，如《夜行烛》《家规辑略》《孝经述解》等，为明政权的巩固和社会的安定出谋划策。曹端之后的薛瑄、吴与弼、胡居仁，同他一样，也是在不脱离程朱之学的大范围内对前期学术有所质疑和发展，如薛瑄对朱熹的"太极自会动静"和"理乘气"说的修正等，这便是明初理学的独特存在方式。

综上所述，虽然学者们越来越关注明初理学，对曹端思想的研究也日益深入和细化，陆续有论文发表和著作出版，并提出了许多有价值的观点和结论，为我们研究其思想提供了指路明灯，然而，对他的研究还不够完善，这与他的学术地位是不相称的。因此，我们作为当代学人，应及时发现这些不足之处，抓住机遇去研究这些领域中有价值的学术问题，以更好地弘扬中华民族的优秀文化传统与人文精神。

附录二 作者发表的有关曹端理学思想研究的论文目录

1.《曹端易学视域下的理学建构》,《周易研究》(CSSCI),2007 年第 5 期。

2.《试论曹端的理一分殊思想》,《中共济南市委党校学报》,2007 年第 4 期。

3.《曹端对周敦颐〈太极图说〉的理学诠释》,《齐鲁学刊》(CSSCI),2008 年第 1 期。

4.《曹端理学视野下的孔颜乐处》,《西南科技大学学报》,2010 年第 10 期。

5.《曹端对朱子"太极"之阐发及其诠释学意义》,《河南科技大学学报(社会科学版)》,2010 年第 6 期。

6.《上蔡儒佛会通视域下的理学建构》,《兰州学刊》(CSSCI),2013 年第 9 期。

7.《曹端礼乐教化思想的核心特质》,《东岳论丛》(CSSCI),2014 年第 5 期。

8.《论佛道的影响与宋明理学教化新模式的形成》,《河南师范大学学报(社会科学版)》(CSSCI),2014 年第 3 期。

参考文献

[1] 曹端. 曹端集. 北京：中华书局，2003.
[2] 屈守元，常思春. 韩愈全集校注. 成都：四川大学出版社，1996.
[3] 欧阳修. 欧阳修全集. 北京：中华书局，2001.
[4] 周敦颐. 周敦颐集. 长沙：岳麓书社，2002.
[5] 邵雍. 观物篇. 上海：上海古籍出版社，1992.
[6] 张载. 张载集. 北京：中华书局，1978.
[7] 程颢，程颐. 二程集. 北京：中华书局，2004.
[8] 朱熹，朱杰人，等. 朱子全书. 上海：上海古籍出版社，2002.
[9] 黎靖德，王星贤. 朱子语类. 北京：中华书局，1986.
[10] 朱熹. 四书章句集注. 北京：中华书局，1983.
[11] 胡宏. 胡宏集. 北京：中华书局，1987.
[12] 陆九渊. 陆九渊集. 北京：中华书局，1992.
[13] 陈亮. 陈亮集. 北京：中华书局，1987.
[14] 脱脱. 宋史. 北京：中华书局，1977.
[15] 薛瑄. 薛瑄全集. 太原：山西人民出版社，1990.
[16] 王守仁. 王阳明全集. 上海：上海古籍出版社，1992.
[17] 黄宗羲. 宋元学案. 北京：中华书局，1986.
[18] 黄宗羲. 明儒学案. 北京：中华书局，1985.
[19] 黄宗羲. 黄宗羲全集. 杭州：浙江古籍出版社，2005.
[20] 张廷玉，等. 明史. 北京：中华书局，1974.
[21] 永瑢，等. 四库全书总目（全两册）. 北京：中华书局，1965.
[22] 冯友兰. 中国哲学史新编. 北京：人民出版社，1999.

[23] 冯友兰. 中国哲学史. 上海: 华东师范大学出版社, 2000.
[24] 冯友兰. 中国哲学简史. 北京: 北京大学出版社, 1996.
[25] 钱穆. 朱子新学案. 台北: 三民书社, 1982.
[26] 钱穆. 程朱理学提纲. 上海: 上海三联书店, 2002.
[27] 钱穆. 宋明理学概述. 台北: 台湾学生书局, 1977.
[28] 钱穆. 中国学术思想史论丛. 合肥: 安徽教育出版社, 2004.
[29] 牟宗三. 心体与性体. 上海: 上海古籍出版社, 1999.
[30] 牟宗三. 从陆象山到刘蕺山. 上海: 上海古籍出版社, 2001.
[31] 牟宗三. 宋明儒学的问题与发展. 上海: 华东师范大学出版社, 2004.
[32] 牟宗三. 中国哲学十九讲. 上海: 上海古籍出版社, 1997.
[33] 牟宗三. 中国哲学的特质. 上海: 上海古籍出版社, 1997.
[34] 牟宗三. 生命的学问. 桂林: 广西师范大学出版社, 2005.
[35] 陈荣捷. 朱学论集. 台北: 台湾学生书局, 1986.
[36] 徐复观. 中国人性论史. 上海: 华东师范大学出版社, 2005.
[37] 唐君毅. 中国哲学原论: 原道篇. 北京: 中国社会科学出版社, 2006.
[38] 唐君毅. 中国哲学原论: 原性篇. 北京: 中国社会科学出版社, 2005.
[39] 唐君毅. 中国哲学原论: 原教篇. 北京: 中国社会科学出版社, 2006.
[40] 唐君毅. 中国哲学原论: 导论篇. 北京: 中国社会科学出版社, 2005.
[41] 罗光. 中国哲学思想史: 宋代篇. 台北: 台湾学生书局, 1980.
[42] 刘述先. 理一分殊. 上海: 上海文艺出版社, 2000.
[43] 熊琬. 朱子理学与佛学之探讨. 台北: 台湾文津出版社, 1985.
[44] 劳思光. 新编中国哲学史: 三卷. 桂林: 广西师范大学出版社, 2005.
[45] 容肇祖. 明代思想史. 济南: 齐鲁书社, 1992.
[46] 余英时. 士与中国文化. 上海: 上海人民出版社, 2003.
[47] 余英时. 中国思想传统的现代诠释. 南京: 江苏人民出版社, 2003.
[48] 蔡仁厚. 宋明理学: 南宋篇. 台北: 台湾学生书局, 1980.
[49] 蔡仁厚. 宋明理学: 北宋篇. 台北: 台湾学生书局, 1977.
[50] 韦政通. 中国思想史: 上下册. 上海: 上海书店出版社, 2003.
[51] 容肇祖. 明代思想史. 上海: 上海开明书店, 1941.
[52] 林继平. 明学探微. 台北: 台湾"商务印书馆", 1984.
[53] 刘述先. 理一分殊. 上海: 上海文艺出版社, 2000.
[54] 张岱年. 中国哲学大纲. 北京: 中国社会科学出版社, 1983.
[55] 侯外庐, 等. 宋明理学史. 北京: 人民出版社, 1997.

[56] 侯外庐. 中国思想通史: 上册. 北京: 人民出版社, 1995.
[57] 李泽厚. 中国古代思想史论. 天津: 天津社会科学院出版社, 2003.
[58] 吕思勉. 理学纲要. 北京: 东方出版社, 1996.
[59] 余敦康. 内圣外王的贯通——北宋易学的现代阐释. 上海: 学林出版社, 1997.
[60] 刘大钧. 周易概论. 济南: 齐鲁书社, 1986.
[61] 崔大华. 儒学引论. 北京: 人民出版社, 2001.
[62] 卢国龙. 宋儒微言. 北京: 华夏出版社, 2001.
[63] 王葆玹. 今古文经学新论. 北京: 中国社会科学出版社, 1997.
[64] 张立文. 宋明理学研究. 北京: 中国人民大学出版社, 1985.
[65] 张世英. 哲学导论. 北京: 北京大学出版社, 2002.
[66] 蒙培元. 理学范畴系统. 北京: 人民出版社, 1989.
[67] 蒙培元. 心灵超越与境界. 北京: 人民出版社, 1998.
[68] 蒙培元. 中国哲学的主体性思维. 北京: 人民出版社, 1997.
[69] 蒙培元. 理学的演变——从朱熹到王夫之戴震. 福州: 福建人民出版社, 1984.
[70] 葛荣晋. 中国实学思想史. 北京: 首都师范大学出版社, 1994.
[71] 张学智. 明代哲学史. 北京: 北京大学出版社, 2000.
[72] 余英时. 朱熹的历史世界. 北京: 生活·读书·新知三联书店, 2000.
[73] 余英时. 中国思想传统及其现代变迁. 桂林: 广西师范大学出版社, 2000.
[74] 陈来. 朱子哲学研究. 上海: 华东师范大学出版社, 2000.
[75] 陈来. 中国近世思想史研究. 北京: 商务印书馆, 2003.
[76] 陈来. 宋明理学. 上海: 华东师范大学出版社, 2004.
[77] 陈来. 宋元明哲学史教程. 北京: 生活·读书·新知三联书店, 2010.
[78] 葛兆光. 中国思想史. 上海: 复旦大学出版社, 2005.
[79] 于浩. 宋明理学家年谱. 北京: 北京图书馆出版社, 2005.
[80] 杨国荣. 善的历程——儒家价值体系的历史衍化及其现代转换. 上海: 上海人民出版社, 1994.
[81] 洪汉鼎. 诠释学——它的历史和当代发展. 北京: 人民出版社, 2001.
[82] 景海峰. 中国哲学的现代诠释. 北京: 人民出版社, 2004.
[83] 苗润田. 中国儒学史: 明清卷. 广州: 广东教育出版社, 1998.
[84] 郑家栋. 断裂中的传统. 北京: 中国社会科学出版社, 2001.
[85] 陈鼓应, 辛冠洁, 葛荣晋. 明清实学思潮史. 济南: 齐鲁书社, 1989.

[86] 贾顺先. 宋明理学新探. 成都：四川人民出版社，1987.
[87] 徐远和. 理学与元代社会. 北京：人民出版社，1992.
[88] 丁为祥. 虚气相即——张载哲学体系及其定位. 北京：人民出版社，2000.
[89] 彭永捷. 朱陆之辩：朱熹陆九渊哲学比较研究. 北京：人民出版社，2002.
[90] 卢国龙. 宋儒微言. 北京：华夏出版社，2001.
[91] 杨柱才. 道学宗主——周敦颐哲学思想研究. 北京：人民出版社，2004.
[92] 方旭东. 尊德性与道问学. 北京：人民出版社，2005.
[93] 韩强. 现代新儒学心性理论评述. 沈阳：辽宁大学出版社，1992.
[94] 潘富恩，徐洪兴. 中国理学：第四卷. 上海：东方出版中心，2002.
[95] 蔡方鹿. 宋明理学心性论：修订版. 成都：巴蜀书社，2009.
[96] 祝瑞开. 宋明思想和中华文明. 上海：学林出版社，1995.
[97] 付长珍. 宋儒境界论. 上海：上海三联书店，2008.
[98] 李承贵. 儒士视域中的佛教. 北京：宗教文化出版社，2007.
[99] 石峻，等. 中国佛教思想资料选编：第三卷第二册. 北京：中华书局，1987.
[100] 王国良.明清时期儒学核心价值的转换.合肥：安徽大学出版社，2002.
[101] 朱鸿林. 明人著作与生平发微. 桂林：广西师范大学出版社，2005.
[102] 吴康. 宋明理学. 台北：台北"华国出版社"，1955.
[103] 唐宇元. 论明初曹端的理学及其历史意义. 河北学刊，1987（2）.
[104] 李云. 曹端理学思想. 平顶山学院学报，2007（6）.
[105] 李霞. 明初理学向心学的演变. 江淮论坛，2000（6）.
[106] 石中玉. 论曹端"事心之学". 传奇·传记文学选刊，2012（4）.
[107] 张师伟. 中国传统政治哲学的内部逻辑. 政治学研究，2009（4）.
[108] 罗予超.论中国古代政治哲学.湖南师范大学学报：社会科学版，2009（3）.
[109] 刘宗贤. 明代初期的心性道德之学. 中国哲学史，1999（2）。
[110] 熊贵平."辟其道而敬其人"：曹端处理儒佛关系的新方法. 学习月刊，2011（9）.
[111] 徐梓. 西安碑林官箴考. 文化学刊，2008（4）.
[112] 张峻歌. 明初理学思想特征研究[D]. 苏州：苏州大学，2006.
[113] 邹建安. 曹端理学思想研究[D]. 南昌：南昌大学，2007.
[114] 郭锋航. 明初朱子学研究[D]. 西安：陕西师范大学，2012.
[115] 钱芳芳. 曹端理学思想述解[D]. 苏州：苏州大学，2011.
[116] 石中玉. 论曹端理学思想[D]. 湘潭：湘潭大学，2013.

后 记

随着时间的流逝和一次次艰苦的修改，本书的写作总算可以告一段落。看着即将付梓的第一本著作，开心与快乐荡漾在心间。关于此书的写作过程，更多的是回忆与不舍。本书的撰写来源于我的博士论文《曹端理学思想研究》，从2006年动笔写作开始，距今已有近十年的历史。古语说"十年磨一剑"，但我这写论文的十年，却不知能否交出一份合格的答卷。

依稀记得，2005年的4月份，我在一个阳光明媚的春日里，初次来到百年山东大学的校园，面对着肃穆、古雅的教堂，茂密繁盛的小树林，不时在校园中路过的安详恬静的老者与脚步匆匆的青年学子，憧憬与崇敬之情油然而生，从此便开始了我对中国哲学的探寻之路。想起曾经学习、生活过的地方，多少个挑灯苦读的夜晚，在电脑前的苦思冥想，在图书馆中一本本查阅资料的艰辛。工夫不负有心人，这本书终于被我一个字一个字地从电脑中打出。无论是当年，伴随着泉城三月柳絮的飘飞在小树林边向老师、同学的虚心请教，还是现在我自己在陋室中的艰苦探索，一切尽在不言中。在写作的过程中，我最欣赏的莫过于"古之学者为己"这一句话，竭力使这本书能够成为自己学术水平的真实代表，也曾徘徊于义理之性与气质之性之中，思索如何才能成为一个真正意义上的人，日子就这样犹如白驹过隙，转眼而逝了。

从读博士至今，已经十年了，在这十年之中，对我的学术最有帮助的当数我的博士生导师王新春教授。问学期间，王老师始终以他渊博的学识、精湛的学术造诣和儒雅的学者风度教化、影响着我，使我在如沐春风的同时，在学术上也得以进入中国哲学的神圣殿堂，体会到了作为生命学问的中国哲学的博大精深。我更从王老师的道德文章、言传身教中学到了为人处世的道理。恩师严谨的治学态度、诲人不倦的治学精神将永驻我心，是我终生学习和仿效的榜样。

在我论文的写作期间，王老师更是自始至终给予我极为细心、严格的指导。从论文的选题、框架的构思、资料的搜集、方法的运用直到论文的定稿，王老师倾注了大量的精力和心血，论文写作过程中的每一步，都离不开他的亲切指导与热情鼓励。可以说，正是在王老师的提携之下，我才能够顺利完成此书的撰写。

虽然已经毕业多年，回想当年读书的情状，仍然历历在目，宛若昨日。想起刘大钧教授、丁原明教授、林忠军教授、颜炳罡教授、何中华教授、苗润田教授、刘玉建教授、李尚信教授和哲社学院的各位老师们，他们热情扶掖后学，悉心传授我学问，对我的教益至今受用，在此深表谢忱。

感谢我现在的工作单位——商丘师范学院法学院的全体同事，特别是王济东教授，他为本书的撰写提供了各种便利；高建立教授，一位颇具理学气象的和蔼学者，他对本书的谋篇布局也提出了许多有益之参考。可以说，他们为我的工作创造了最佳的学术环境。

感谢我的父母，多年的养育之恩，对我学习与工作的无私付出，女儿将永远铭记在心。

当然，还要感谢西南交通大学出版社编辑的大力支持，正是在他们的辛勤劳动下，此书能够顺利出版。

路漫漫其修远兮，吾将上下而求索。做学问是一件严肃而艰辛的事情，需要敬畏之心和无私奉献之精神。我将铭记诸位老师的教导，走好今后的学术之路。

王　蕾

2015 年 1 月于百乐居